FGM廃絶に取り組むローカルNGOが日本大使館の援助を得て建設したアディスアベバ近郊の学校にて
(オロミア州・はじめに)

NGOの教育推進イベントにおける女子教育推進のための寸劇
(オロミア州・第2章)

ティグライ女性協会による貧しい女性への援助
(ティグライ州・第3章)

政府と関係の深いローカルNGOアムハラ復興開発組織による援助食糧の配布（アムハラ州・コラム1）

JICAの森林管理プロジェクトにより家の横に作られた高床式コーヒー乾燥棚（オロミア州・コラム2）

コーヒーチェリーの選別方法を教えるJICAのポスター（オロミア州・コラム2）

HIV治療活動にたずさわるNGO
デブレミトマク・マリヤム
修道院協同組合のメンバーと
研究者（アムハラ州・第4章）

ローカルNGOによる食料援助
プロジェクトと現地住民を
集めたセレモニー
（南部諸民族州・第5章）

活動によって得たお金を見せる
アルボレ女性組合の創設メンバー
（南部諸民族州・第5章）

上・2011年に行われた政府と
ローカルNGOの共催による平和儀礼
（南部諸民族州・コラム5）

左・南スーダン難民の地域社会組織
メンバーの女性たちが育てた玉ねぎ
を初収穫（ウガンダ・第6章）

国家支配と民衆の力
— エチオピアにおける国家・NGO・草の根社会 —

宮脇 幸生 編

大阪公立大学共同出版会

目　次

略称一覧

はじめに……………………………………………………………………… 1

序　章　国家・市民社会・NGO　―エチオピアからの視点―
　　　　………………………………… 宮脇　幸生・利根川　佳子　10

第1章　「慈善団体および市民団体に関する布告」(No.621/2009)
　　　　の影響についての検討　………………… 児玉　由佳　37

第2章　エチオピアにおけるNGOの活動領域の検討
　　　　―市民社会に関する法律の影響とNGOの対応と認識―
　　　　………………………………………………… 利根川　佳子　57

第3章　内戦支援からNGOへ
　　　　―ティグライ女性協会の活動を中心に―…… 眞城　百華　104

コラム1　政府系・非政府組織とは？
　　　　　―食糧援助体制のなかのNGO―…… 松村　圭一郎　140
コラム2　住民参加型開発プロジェクトの行方…… 吉田　早悠里　144

第4章　エイズと聖水
　　　　―HIVの治療活動に携わるNGOの活動―…… 佐藤　美穂　151

コラム3　「NGOランド」に展開されるプロジェクト…… 田川　玄　184
コラム4　NGOの活動地域にみられる中心・周辺構造…… 藤本　武　190

第5章　女性のエンパワーメントと地域社会組織の展開
　　　　―農牧民ホールにおける女性組合の事例から―
　　　　………………………………………………………… 宮脇　幸生　197

　コラム5　ローカルNGOによる平和構築活動の成果と挫折
　　　　………………………………………………………… 佐川　徹　234

第6章　難民の市民社会組織にみるローカルな生存戦略
　　　　―ウガンダの南スーダン難民の事例― …… 村橋　勲　240

索引 ………………………………………………………………… 273

執筆者紹介 ………………………………………………………… 276

　　　　　カバー写真：(おもて) ティグライ女性協会世話役の会合
　　　　　　　　　　　　　　　　　　　　　　（写真提供：眞城百華）
　　　　　　　　　　(うら) 市場でコーヒーとビーズを売るアルボレ組合の女性
　　　　　　　　　　　　　　　　　　　　　　（写真提供：宮脇幸生）

略称一覧

ADA	Amhara Development Association	アムハラ開発協会
AEPDA	Atowoykesi Ekisilil Pastoralist Development Association	平和のための牧畜開発協会
AFD	Action for Development	アクション・フォー・ディベロプメント
AGP	Agricultural Growth Programme	農業発展計画
ARCSS	Agreement on the Resolution of the Conflict in the Republic of South Sudan	南スーダン共和国停戦合意（南スーダン共和国の紛争解決に関する合意）
ART	Anti-Retroviral Therapy	抗レトロウイルス治療
ASCOT	Alliance of Civil Society Organization of Tigray	ティグライ市民社会組織同盟
AWA	Amhara Women's Association	アムハラ女性協会
AWD	Acute Watery Diarrhea	急性水様性下痢症
CARA	Control of Alien Refugee Act	ウガンダ難民取締法
CBO	Community-Based Organization	地域社会組織
CDC	Centers for Disease Control and Prevention	アメリカ合衆国保健福祉省疾病管理予防センター
ChSA	Charities and Societies Agency	慈善団体・市民団体庁
CRDA	Christian Relief and Development Association	キリスト教救援開発協会
CSF	Civil Society Fund	市民社会基金
CSO法	Civil Society Organization Law	市民社会団体法
CSP	Charities and Societies Proclamation	慈善団体および市民団体に関する布告
DA	Development Agent	開発エージェント
DAG	Development Assistance Group	開発援助グループ
DAR	Development Assistance for Refugee Hosting Areas	難民受け入れ地域に対する開発援助
ECS	Episcopal Church of Sudan	スーダン聖公会
EHRCO	Ethiopian Human Rights Council	エチオピア人権委員会
EPaRDA	Ethiopian Pastoralists Research and Development Association	エチオピア牧畜民研究・開発協会

EPRDF	Ethiopian People's Revolutionary Democratic Front	エチオピア人民革命民主戦線
ERO	Ethiopian Relief Organization	エチオピア救済組織
EWLA	Ethiopian Women Lawyers Association	エチオピア女性弁護士協会
FGM	Female Genital Mutilation	女性性器切除
FHI	Food for Hungry International	国際飢餓対策機構
GAD	Gender and Development	ジェンダーと開発
GIPA	Greater Involvement of People Living with HIV/AIDS	エイズ対策のすべての段階におけるHIV陽性者の積極的な参加
GONGO	Government Organized NGO	政府系NGO
HAART	Highly Active Anti-Retroviral Therapy	高活性抗レトロウイルス治療
HRCO	Human Rights Council	人権委員会
HTP	Harmful Traditional Practice	有害な伝統的慣習
I-TECH	International Training and Education Center for Health	アイテック
ICU	Islamic Courts Union	イスラム法廷会議
IDP	Internally Displaced People	国内避難民
IOM	International Organization of Migration	国際移住機関
LC	Local Council	（ウガンダ）地方評議会
LCED	Lacha Community and Economic Development	ラチャコミュニティと経済開発
LNGO	Local NGO	ローカルNGO
LRA	Lord's Resistance Army	神の抵抗軍
NGO	Non-Governmental Organization	非政府組織
OPM	Office of the Prime Minister	（ウガンダ）首相府
ORDA	Organization for Rehabilitation and Development in Amhara	アムハラ復興開発組織
PDC	Peace and Development Center	平和・開発センター
PEPFAR	The United States President's Emergency Plan for AIDS Relief	米国大統領エイズ救済緊急計画
PFM	Participatory Forest Management	参加型森林管理
PSNP	Productive Safety Net Program	生産的生活保障計画

ReHoPE	Refugee and Host Population Empowerment	難民とホスト住民のエンパワーメント	
REST	Relief Society of Tigray	ティグライ救済協会	
RWC	Refugee Welfare Council	ウガンダ難民福祉評議会	
SDA	Seventh-Day Adventist Church	セブンスデー・アドバンティスト教会	
SDGs	Sustainable Development Goals	持続可能な開発目標	
SOS	SOS Sahel Ethiopia	エスオーエス・サヘル・エチオピア	
SPLM/A	Sudan People's Liberation Movement/Army	スーダン人民解放運動／軍	
SPLM/A-IO	Sudan People's Liberation Movement/Army-in-Opposition	スーダン人民解放運動／軍野党派	
SRS	Self-Reliance Strategy	自立戦略	
TDA	Tigray Development Association	ティグライ開発協会	
TNO	Tigray National Organization	ティグライ民族組織	
TPLF	Tigray People's Liberation Front	ティグライ人民解放戦線	
UNDP	United Nations Development Programme	国連開発計画	
UNHCR	United Nations High Commissioner for Refugees	国連難民高等弁務官事務所	
USAID	US Agency for International Development	アメリカ合衆国国際開発庁	
VSLA	Village Savings and Loan Association	村落貯蓄貸付組合	
WAT	Women's Association of Tigray	ティグライ女性協会	
WFAT	Women Fighters' Association of Tigray	ティグライ女性兵士協会	
WFP	World Food Programme	国連世界食糧計画	
WID	Women in Development	開発と女性	

はじめに

宮脇　幸生

　私がエチオピアのNGOに関心をもつようになったのは、2000年代の初め、女性性器切除（Female Genital Mutilation, FGM）の調査をしていたときだった。当時アフリカ各地でFGMの廃絶を目指すローカルNGOの活動が開始され、注目を集めつつあった。1970年代からこの運動を主導してきた西欧のフェミニストたちが、アフリカ人フェミニストたちによって独善的・植民地主義的であると批判されるなかで、当事者であるアフリカ人による活動は、この廃絶運動を地に足がついたものにし、新たな展望を開くものに思われた。

　このような動きに触れ、私もエチオピアで、FGM廃絶にたずさわるNGOを調べたいものだと思った。そこで日本で廃絶運動に関わるNGOの方に、エチオピアでFGM廃絶に関わるNGOを紹介してもらうことにした。

　アディスアベバのオフィスで会うことのできたそのNGOの代表は、当時エチオピアでFGM廃絶を目指すNGOの諸団体を統括する立場にあり、とても忙しそうだった。彼はエチオピアにおけるFGMとその廃絶の現状についてたずねる私に、英語の報告書を手渡しながら、「自分は海外のドナーへの報告書を作るので手一杯だ。現地の状況がどうなっているのかは、私には分からない。そのかわりに、現地で着実に廃絶運動をしているNGOを紹介してあげよう」というようなことを語った。ローカルNGOのスタッフは現地の事情に精通しているだろうという私の期待は、ここでもろくも崩れた。

　紹介してもらったNGOの代表T氏は、恰幅の良いオロモ人で、私と

ほぼ同い年だった。彼はアディスアベバの近郊のアカキというオロモ人の居住地域で、FGMと略奪婚の廃絶に取り組んでいた。アディスアベバの近郊であるにもかかわらず、ランドクルーザーで道なき道をたどって数時間もかかる都市近郊の辺境のような地域が、このNGOのフィールドだった。はるか遠くに、アディスアベバ空港を飛び立つ飛行機が見える。「アディスの近郊なのにアディスではない。ここは取り残された地域なのだ」というのが、T氏の決め台詞だった。

私はここでこのNGOのスタッフの何人かと知り合ったのだが、意外なことに彼らはよそ者であったり、この地域のバラバット（帝政時代の地域の領主）の子弟であったりと、明らかに現地の農民とは異なる地域・階層の出身者たちだった。それどころかT氏自身、ここから数百キロ離れたバレという地域の出身で、最高学府アディスアベバ大学を卒業し、前政権時代は政府の高級官僚だったのである。

T氏は自分の活動している村に私を案内してくれた。農民たちが集められ、私の前で地域の問題やこのNGOの恩恵について、あまり流暢ではないアムハラ語（彼らの母語はオロモ語である。ちなみにT氏はオロモ人だが、共通語のアムハラ語のほうが得意である）で説明してくれた。彼らはT氏の前で、緊張しかしこまっているように見えた。

私はT氏に、なぜこの地域の人たちはFGMをするのか、とたずねた。T氏は「いろいろと理由は言うのだけれど、本当のところはよく分からない。日本から若い研究者を連れてきて、ここで調査させてみたらどうだ？」というようなことを私に提案した[1]。

当事者たちがFGMの廃絶運動をすることで、どのような新たな展開

---

[1] 若い研究者を派遣することはなかったが、私はT氏に日本大使館の草の根援助を紹介し、T氏はそれによってアカキ地域にいくつかの小学校を建設することができた。これをきっかけに、私はその後もT氏と親交を続けることになった。

が生まれるのか、というのが、当初の私の関心だった。ところがここエチオピアでは、もっとも地域に密着しているといわれるNGOでも、当事者たちとはかなりの距離があるようだった。草の根のNGOを通しても、なかなか草の根の実情に触れられないもどかしさを、私は感じたのだった。

　もうひとつ私の注意を引いたことがあった。それは現地の村のある若い女性が、この活動に積極的に加わろうとしていたことである。ほかの村人とは異なり、彼女は明らかにFGMを廃絶すべき悪習だと考え、このNGOのシェルターの運営に関わり、NGOの活動の「尖兵」となって村の慣習を改革しようとしていた。なぜこの女性はこれほどまでに、廃絶活動に熱心なのか。T氏にたずねても、「それは分からない」と言う。だがNGOの活動が、この地域を確実に変えて行くであろうことは、実感できたのだった。

　このときの出会いは、私に強い印象を残した。それと同時にさまざまな疑問も残した。エチオピアのローカルNGOの担い手とは、いったいどのような人々なのか。NGOと国家の関係、そしてドナーとの関係は、いかなるものだろうか。現地の人々はNGOを、どのようなものとして見ているのだろうか。現地の当事者とは、いったい誰なのだろうか。NGOの活動は、現地にどのような影響をおよぼしているのだろうか。

　2000年代に入り、エチオピアは年10パーセントを超える経済成長を続けるようになり、首都のアディスアベバだけでなく地方も、大きく変貌している。かつての社会主義軍事政権時代とは異なっているのは、このような経済成長を支えているのが政府だけでなく、民間の資本や援助機関も加えた多様なアクターたちであるという点だ。またこの間、経済だけではなく政治においても、自らの政治的見解を主張し、民主主義的な政治体制を求める市民運動が勃興してきた。エチオピア政府は経済成長

を促進しつつ、内外の政治的動向を見極めた上で、市民社会に対する統制を行おうとしている。本書の執筆者たちは、このような動きのなかで、エチオピアおいて新たな変革勢力となり、政治的にも経済的にも大きな役割を演じているNGOの活動に焦点をしぼり、変貌するエチオピア社会をとらえようと試みた。本書ではエチオピアにおけるNGOの実態を、国家とNGOの関係、草の根社会とNGOの活動という2つの観点から見て行くことにする。以下に本書の内容を簡単に紹介しよう。

序章で宮脇と利根川は、この30年ほどで、アフリカをはじめとする第三世界のNGOの置かれた状況がいかに変化したのかを明らかにしている。第三世界のNGOが1980年代以降脚光を浴びたのは、冷戦の終結と新自由主義的な経済政策の席巻が背景にあった。第三世界では、NGOは民主主義的な市民社会の担い手として期待されると同時に、政府にかわる効率的なサービスの送り手としての役割も期待されたのである。国際機関による援助も、NGOを通したものが増加した。だが2000年代に入り、NGOブームは終焉を迎える。ひとつはテロの撲滅が国際的な課題となり、第三世界の政府がその尖兵として期待されたため、そして市民社会の担い手としても、公共サービスの送り手としても、NGOの実績は当初の期待を裏切るものであったためである。アフリカではこれに加えて、中国の二国間援助が増加したことも背景としてあげられる。NGOの開発援助に多くを依存する必要のなくなったアフリカ諸国家の政府は、ときとして反政府的となるNGOの活動を規制する法律を制定するに至った。そしてエチオピアもその例外ではなかったのである。次の第1章から第3章は、このような規制も含む、国家とNGOの関係を考察する論文がおさめられている。

第1章で児玉は、エチオピアにおけるNGOを規制する法律である「慈善団体および市民団体に関する布告」（CSO法）について分析を加えて

いる。この布告は、活動資金に外国からの資金がどれほどの割合で含まれているかによってNGOを区別し、人権活動を行えるNGOは、外国からの資金が10パーセント以下のNGOに限るとしている。エチオピアの多くのNGOは国際NGOなどからの資金によって活動をしているために、この布告により国内での人権活動を行うことが困難になった。また児玉によれば、人権活動でもキャパシティ・ビルディングのような社会権の向上については政府も寛容であり、規制の対象としているのは政府批判につながりやすい自由権に関わる活動であるという。この布告が政治的な目的のために施行されたことは、明らかであろう。

第2章で利根川は、NGOについての先行研究を踏まえた上で、CSO法がエチオピアのNGOに対してどのような影響を与え、それに対してNGOがいかなる対応をとったのかを、インタビュー調査を通して明らかにしている。この法律の施行によりまず消えたのが、名目だけのいわゆるブリーフケースNGOだった。また管理費の上限が30パーセントとされたことで、活動資金の大半を職員の給与に充てているようなNGOも減少した。利根川によればこの点は、NGOを本来の活動目的に向かわせるという意味でこの法律の評価されるべき点である。だが他方で、活動資金や活動内容に対する厳格な規制は、NGO関係者の活動を萎縮させている。かつて第三世界のNGOには、住民の声を集約し、政府に対して提言活動を行い、変革を促すという市民社会を形成・涵養する役割が期待されていた。しかしCSO法は、このような理想に逆行するような結果を招いているのである。

第3章で眞城は、ティグライ女性協会の成立から現在に至る活動の流れを、反政府運動の時代から詳細に跡づけている。ティグライ州は、現政権の中核を担うティグライ人民解放戦線（TPLF）の出身地域である。TPLFは1970年代末から80年代にかけての反政府闘争の時代から、徹底

的な地域の組織改革を行ってきた。眞城が焦点をあてるティグライ女性協会は、TPLFの戦闘組織である女性兵士協会とそれを支える地域組織である女性協会を母体として組織された政府系NGOである。アフリカのNGO研究において、政府系NGOは有力政治家が私腹をこやすために結成する組織として揶揄されることが多い。だがティグライ女性協会が興味深い点は、内戦時の女性兵士協会や女性協会が、地域社会の家父長制を廃し、ジェンダー間の平等を目指す組織として形成されたという点である。ティグライ女性協会は内戦終了後も、女性の経済的エンパワーメントを目的に活発な活動を続けている。政治権力とサバルタンの結びつきを肯定的な形で示す事例として、ティグライ女性協会は注目すべき事例であろう。

　眞城の研究は、国家と草の根社会の関係を俯瞰的にとらえているが、次の第4章から第6章には、より草の根に近い視点から見たNGO活動と草の根社会の関係についての研究がおさめられている。

　第4章で佐藤は、エチオピア正教会の傍らでHIV感染者の支援活動を開始し、NGOを設立した男性の奮闘と、その成功の要因を明らかにしている。エチオピアのHIV成人罹患率は1.1パーセントで、67万人を超える人々がHIVとともに生きている。2004年以降エチオピアにおいても抗レトロウイルス治療が無料で提供されるようになったが、キリスト教会の聖水に頼る伝統的治療も行われており、教会関係者が抗レトロウイルス治療を中止することを求めることもある。自らHIVウイルス保持者で、当初修道院に身を寄せていた男性が、デブレミトマク・マリヤム修道院協同組合を立ち上げて抗レトロウイルス治療を開始したときにも、同様な困難に逢着した。佐藤はこの男性が協同組合の運営を軌道に乗せていくプロセスをていねいにたどり、男性とともにこの協同組合を運営した協力者たちの取り組みの在り方や、そのころ流行した疾患の治療に

おいて近代医療の効力が認められたことなどが、この取り組みを成功に導いた要因であることを明らかにしている。アフリカのローカルNGOの多くが資金ドナーと草の根社会の板挟みになり、効果的な援助を行いえないなかで、この協同組合の事例は、NGO活動がもたらす新たな市民社会を垣間見ることのできる数少ない事例のひとつである。

　第5章で宮脇は、南部諸民族州の農牧民社会で形成された農牧民女性たちによる「女性組合」の活動を紹介している。エチオピア西南部周辺にはいくつもの農牧社会があるが、いずれも女性の地位がきわめて低い家父長制社会である。そのような社会のひとつであるホールで、1人の女性の発案から始まった女性組合活動は、紆余曲折を経ながら20年以上も継続し、今では会員数100名を超えるに至っている。この女性組合は、日用品の販売と、氾濫原での商品作物の栽培により利益をあげている。財を所有することのできなかったホールの女性たちは、この組合の活動を通して初めて自分の力で金を稼ぐ方法を身につけ、実際に現金を獲得できるようになった。またそれによって家庭内で夫に対して強い立場に立つことができるようになっただけでなく、女性たちが自分の力を確信できるようになったのである。宮脇はそれが成功した要因として、女性たちの結合的ネットワークと、それに1人加わっていた男性の架橋的なネットワークが結合されたことや、組合の活動目標がきわめて柔軟だったことをあげている。さらに、この活動を政府に登録したり、大きなNGOの傘下に入ったりしなかったことが、柔軟で融通無碍な活動を可能にしたのだと推測している。草の根の力を考える場合、NGOにも満たないこのような草の根の活動を考察の対象とすることも重要だろう。

　第6章で村橋は、ウガンダの難民キャンプにおいて南スーダン人の男性によって始められた自助的なNGOと地域社会組織の成立の経緯について報告している。南スーダンでは大統領派と元大統領派の戦闘に端を

発する内戦によって、2013年以来大きな混乱が続き、隣接するウガンダに大量の難民が流入している。今日の難民研究者は、難民キャンプは国家秩序からはみ出た人々を統制管理する施設となっており、支援・管理する側と支援され・管理される側が截然と分かれていると言う。だが難民を地域開発に利用しようとするウガンダでは、ほかの国々の難民キャンプと比べると、自立支援型の難民支援が行われており、難民の移動や経済活動の自由が認められてきた。村橋が注目する2人の南スーダン人難民は、ウガンダ難民キャンプのこのような状況を利用し、スーダンとウガンダにまたがるNGOや、難民キャンプ内での地域社会組織を立ち上げ、国連機関やNGOとスーダン難民を仲介することで、難民の生活再建や生計支援活動を行っている。この2人の南スーダン人難民は、単なる「紛争の犠牲者」や「支援の受益者」ではない。グローバルな支援の理念を巧みに取り込みながら、外部と草の根をつなぐ結節点となっているのである。私たちはここでも、国際援助機関や国家に取り込まれることなく、それを利用しつつ、草の根と連携する「民の力」を見ることができるだろう。

　なおこれらの諸論文の間には、今日のエチオピアに見られる国家とNGO、草の根の人々との間の関係を、それぞれ独自の視点で切り取ったコラムがおさめられている。国家と政府系NGOの相互依存的な関係、住民参加型開発の直面したアポリア、NGO好みの開発が地域住民と乖離する皮肉、NGO活動の地域的偏りとその実態、NGOの平和維持活動に政府の規制が与えた影響など、いずれも今日のエチオピアのNGOが置かれた状況を鮮やかに映し出すテーマである。これらのコラムを通して、私たちはNGOのもつ力と同時に、そのジレンマも知ることができるだろう。

はじめに

　本書は、日本学術振興会科学研究費基盤研究B（海外学術調査）「NGO活動の作りだす流動的社会空間についての人類学的研究 ——エチオピアを事例として」（課題番号25300049　2013〜2016年）による研究成果をおさめたものである。この研究は、エチオピアにおけるNGOの活動と地域住民への調査を通して、援助組織の諸活動によりエチオピアにおいて形成されつつある新たな社会空間の実態を明らかにすることを目的としていた。これらの調査の遂行にあたっては、多くの方々にご協力いただいた。在エチオピア日本大使館の大使館員の方々、アディスアベバ大学エチオピア研究所の方々、エチオピア慈善団体・市民団体庁の方々、そしてご協力いただいたNGO、CBO、そして現地の方々には、厚くお礼を申しあげます。

序　章

国家・市民社会・NGO
―エチオピアからの視点―

宮脇　幸生・利根川　佳子

1. はじめに

　1990年以降エチオピアでは、NGOの数が急激に増加した。エチオピア政府は当初これらのNGOに対して一定の距離を置きつつ協力関係を保ってきた。しかし2008年になると「慈善団体および市民団体に関する布告」を制定し、一転してNGOの活動に対し強い規制をかけるようになった。本章ではエチオピアにおけるNGOの増加、および政府－NGO間関係の変化の社会的背景について述べ、第2章以降の事例研究を理解するための背景知識を提示する。

　まず本書でNGOを、いかなるものととらえるのかを明らかにしておこう。NGOは一般に非政府組織と訳されるが、これについては多様な定義がある。もともとこの言葉は、国連がその発足時から、国連と協力関係にある民間の非営利団体をそのように呼んだことに始まる（福田 1988）。現在国連に登録されているNGOには、宗教団体、社会運動団体、労働団体、経済・業界団体など、多様な団体が含まれている（大橋 2011）。

　だがここからも明らかなように、NGOという概念は積極的に定義されない限り、非政府的な存在をすべて含む「残余的カテゴリー」となってしまう場合がある（遠藤 2011）。そのためにNGOを分析の俎上に載せる場合、いくつかの要件を備えた組織に限定する場合が多い。たとえば大橋はNGOの定義として、「非政府・非営利の立場に立って、市民が主

導する自発的な組織で、かつ国際的な課題に対して他益あるいは公益的な活動を行う組織」としている（大橋 2011：31）。大橋の定義では、非政府・非営利の立場によって、NGOは政府組織や民間企業と区別される。また組織性により、一過的なボランティア活動とNGOは区別され、他益性・公益性によって、労働組合や自治会・町内会など、構成員の共通利益のためのアソシエーションや地縁組織とNGOは区別される。また国際性により、NGOは国内に限定して活動するNPOと区別される。

　大橋の定義は日本に拠点を置き、第三世界で活動するNGOを研究する際には適切である。だが、アフリカのNGOを研究するに際しては、いろいろと問題が生ずる。たとえばアフリカの多くの国々では、政府と密接な関係をもって活動する「政府系NGO」が重要な存在となっている。これらの団体は欧米の援助団体から多額の資金供与を受ける一方で、それを政府関係者のパトロン－クライアント関係形成のための資金に流用したり、政権与党を支える民間組織の資金源として用いたりしている（Igoe and Kelsall 2005；本書第3章）。また他益性・公益性をNGOの定義とすると、アフリカ諸国における「市民社会・市民団体」の多くをとらえ損ねることになる。アフリカにおけるNGOは1990年代に、国際援助機関から市民社会形成のための重要なアクターとして位置づけられてきた。アフリカにおける「市民社会」をいかなるものととらえるのかについては議論が多いが、地域や民族を基盤とする組織をそのひとつとし、NGOとの関連において考察することは、現代のアフリカ社会を考える上で重要な視点である（西 2009）。またNGOの要件として国際性をあげることも、アフリカのNGOを考える際には適切とは言えない。なぜならアフリカのNGOのほとんどは国内NGOであり、その資金を国際援助機関から得ている場合が多いからである[1]（Bratton 1989; Igoe and Kelsall 2005）。

　アフリカのNGOを研究する際に重要な観点は、NGOの厳密な定義よ

りもむしろ、国際社会において何がNGOとされ、それに何が期待され、それがアフリカの「市民社会」や「草の根社会」にいかなる影響をおよぼしたのかという点であろう。1990年代からのNGOブームによって多くのNGOがアフリカに叢生したが、それは国際通貨基金（IMF）などの国際援助機関による第三世界に対する新自由主義的な経済政策の施行、冷戦の終結と政治体制の民主化という、当時の国際的な社会経済的状況を背景に見る必要がある。この間に多額の援助資金が、国際援助機関から国際NGO、アフリカの国内NGOへと流れ、アフリカ都市部の市民社会を変化させるとともに、草の根社会に対しても影響を与えてきた。他方でアフリカ諸国の政府は、国際機関からの資金をNGOと争うことになり、また政策提言型のNGOと政治的に対立するようになった。

　ここでアフリカのNGOを、政府とNGOの関係から分析したBrattonに従い、以下のように3つのカテゴリーに分けて整理しておくことにしよう（Bratton 1989）。第一は、地域社会組合（community based association）である。これは小規模であり、親しい間柄の構成員から成る組織である。この組織はその地域にある資源によっており、その構成員によって運営される。地域に根差した互助組織などがこれに含まれるだろう。第二は、国内NGO（national NGOs）である。これには、他益あるいは公益型のNGOと、構成員の利益のための共益団体の両方が含まれる。これらの組織には専従の職員がおり、地域社会組織に対する援助を行うこともある。第三は、国際的な救援・開発組織（international relief and development agencies）である。多数の専従職員を擁し、複数の国家で活動し、小規模なアフリカ国家政府に比肩するほどの予算規

---

[1] 本書で用いられている国内NGO（national NGO）とローカルNGO（local NGO）という2つの語句は、文脈に応じて使い分けられているが、どちらも特定の国内のみで活動するNGOのことを指している。

序章　国家・市民社会・NGO

模をもつ国際組織である。

　本書の目的は、エチオピアのローカルな社会がNGOを介して、いかにしてグローバルなネットワークに接合されているのかを明らかにすることにある。BrattonのNGOの定義はNGOを活動レベルによって、草の根、国内、国際の3層に分け、その相互関係を検討できる点で、アフリカのNGOをグローバルな文脈に置いて分析する際に便利である。またこの定義に含まれる組織の範囲は広いが、これらの組織に影響をおよぼしている国際援助機関や政府などの諸機関が、その影響力を行使する範囲が異なっている点を考えた場合、厳密な定義よりもむしろこのような広い定義のほうが、分析には好都合である。たとえばエチオピアでは、国際NGOが援助をしている組織は、公益型の国内NGOが多いが、政府が統制・管理の対象とするNGOは、国際NGOや公益型の国内NGOのほか、共益団体も含まれている（本書第1章、第2章）。またこのような広い定義によって、政府や国際NGOのおよぼす影響の圏域に対して、それぞれの組織がどのような立ち位置をとるのかという、その組織の「主体性」も見えやすくなるだろう。地域社会組合として活動していた組織が登録を通して国内NGOとなり、より多くの資金の獲得を目指す場合もあれば、政府や資金援助をした国際NGOの捕捉・統制を嫌い、徹底的に自己決定に基づいた活動を続ける場合もある（本書第4章、第5章、第6章）。

　次に開発途上国一般、およびアフリカにおけるNGOの叢生の社会的背景を見てみよう。

2．アフリカのNGO

2.1　NGOブームとその背景

　NGOが開発途上国の開発に果たす役割が注目され始めたのは、1980

年代からだった。その背景には、途上国における開発援助の行き詰まりと、1980年代に始まるレーガンおよびサッチャー政権による新自由主義的政策の浸透、さらに1990年前後の社会主義陣営の崩壊とそれに続く東欧・中欧における市民社会の勃興があった。

NGOに注目が集まった第一の要因として、開発理論の転換をあげることができる。それまでの国際援助機関や政府主導のトップダウン・アプローチが行き詰まりを見せるなかで、1980年代以降、ポスト開発論や反トリクルダウン理論に基づくボトムアップ・アプローチが注目され始めた[2], [3]（Friedmann 1992＝1995；Chabbott 2003；Willis 2005；元田 2007）。このアプローチでは、開発の対象となるコミュニティの自律的意思決定や開発への参画が重視され、NGOが開発における主体として注目された。またNGOは単なるサービス提供者であるだけでなく、社会的弱者を周辺化している社会構造自体の変革者ともなるべきとされた（Korten 1990＝1995；Mitlin, Hickey and Bebbington 2007）。たとえばFriedmannは、ラテンアメリカのNGOを事例に、民主化への移行期におけるNGOは市民社会を代表する存在であり、政府と対峙するとともに、必要であれば政府と共同で地域住民のために活動する存在であるとしている（Friedmann 1992＝1995）。

第二に、冷戦の終結と英米の新自由主義的経済政策を背景として、IMFなどの国際援助機関が推進した「ニュー・ポリシー・アジェンダ

---

[2] ポスト開発論とは、経済成長を中心とする開発が「途上国の開発に貢献しつつも、特に最貧国や貧しい人々の暮らしの向上には貢献せず経済格差を拡大させる等の問題」を引き起こしていることから、これまでの開発のあり方を再考するという考え方（重田 2012：5, 7）。

[3] 「トリクルダウン理論」（trickle-down theory）とは、「高所得者層や大企業に恩恵をもたらすような経済政策（減税、規制緩和など）を優先的に行えば、その恩恵は、経済全体の拡大という形で、低所得者層にまで、雫が滴るように行き渡るという」米ペンシルバニア大のクズネッツ（Kuznets）らによる理論（深澤 2015：57）。

(New Policy Agenda)」と呼ばれる開発援助に関わる政策の影響があった[4] (Edwards and Hulme 1996; Nishimura 2007)。このアジェンダは、経済においては市場経済を、政治においては市民社会の構築を重視していた (Edwards and Hulme 1996; Arnove and Christina 1998)。

経済面においては、政府の統制による計画経済よりも、市場経済における企業の自由な活動が、経済発展にとってより効率的であるとされた。さらに公共サービスの提供においては、NGOが政府よりも効率的にサービスを提供することができ、貧しい人々のニーズに応えることができると期待されたのだった[5] (Bratton 1989; Biggs and Neame 1996; Wils 1996; Edwards and Hulme, 1996; Clark 1997; Robinson 1997; Atack 1999; Johnson 2001; Ebrahim 2003; Banks and Hulme 2012)。

政治面においては、政治的な多様性と民主的なガバナンスの達成のために市民社会を強化することが必要であるとされ、NGOはこのアジェンダを効果的に達成するための重要な役割を担う存在と考えられた (Edwards and Hulme 1996; 1998; Arnove and Christina 1998; Ebrahim 2003)。NGOは地域住民と対話し、地域住民の参加を促すことができ、最終的には民主主義をもたらすと考えられたのである (Edwards and Hulme 2000)。「ニュー・ポリシー・アジェンダ」では、

---

[4] 本章では、国際NGO、国際機関、先進国政府などのNGOを支援する団体を「国際援助機関」とする。

[5] 一方で、NGOに対する批判もある。NGOは農村部の地域住民の声を必ずしも理解できておらず、地域住民の状況も理解できていないというNGOの優位性を疑う批判は、さまざまな研究者によって議論されている (e. g. Edwards and Hulme 2000; Lewis and Wallace 2000; Unerman and O'Dwyer 2006)。さらに、「政府の失敗」そして「市場の失敗」を経て、「ボランタリーの失敗」も指摘されている (Salamon 1995; Salamon and Toepler 2015)。「ボランタリーの失敗」の要因は、NGOは地域住民に広く必要な資源を効果的に生み出すことが困難であること、特定の地域住民の支援に限られてしまうため支援に格差が生まれること、専門性に欠けることなどがあげられる (Salamon and Toepler 2015)。

NGOは非効率的な政府にとってかわり、効率的な開発やサービス提供の主体となりうることを期待された。また新たな市民教育の場、市民社会の担い手としても注目されたのである。

このような流れのなかで、アフリカにおいても1990年代以降、NGOの数が爆発的に増加した。1988年にはアフリカ全体でのNGOの数は、8,000〜9,000と見積もられていたが、2000年代前半には南アフリカだけでも98,920のNGOが活動していた（Igoe and Kelsall 2005）。

アフリカでのNGOの活動拡大の理由として、すでに述べたように、1980年代から1990年代の民主化への流れ、および世界銀行やIMFが主導する構造調整後の政府の役割の縮小があげられる（大林 2007）。サブサハラ・アフリカでは1980年代に、国家による開発政策や公共サービスの提供における「政府の失敗」が議論されるようになった（西 2009）。さらにアフリカ諸国を含めた多くの途上国では、民間セクターが未成熟であったため、構造調整政策が機能しなくなり「市場の失敗」が表面化した。このようななかで、1980年代以降、ローカルNGOは教育や保健サービスの提供において必要不可欠な存在とされるようになった(Shivji 2007）。また特にローカルNGOは、途上国の発展と貧しい人々の救済のための重要な役割を担うことを期待されたのだった（Barroso 2002）。

北側の援助も、二国間援助からNGOを通したものに変わって行った。世界銀行や国連開発計画（United National Development Agency, UNDP）のような多国間援助機関も、現地政府とローカルNGOのジョイント・ベンチャーを奨励し始めていた（Reimann 2006）。

2.2　ブームの終焉と国家の統制

1990年代には開発途上国における経済開発と市民社会涵養の担い手として期待されたNGOだが、2000年代になり開発途上国におけるNGOの

活動実態が明らかになるにつれて、その期待はしぼんでいくことになる。実体のない「ブリーフケースNGO」の存在は、北側の援助関係者をもっとも失望させるものだった。急激に資金が流れ込んできたために、うわべの体裁を取り繕うだけで資金を手に入れ、実際の活動を行うことのないNGOが現れてきたのである（Igoe and Kelsall 2005；Dupuy, Ron and Prakash 2015）。そうでない場合でも、ほとんどのNGOは資金の大半を海外のドナーから得ているために、説明責任はもっぱら海外ドナーに対するものとなる。ローカルNGOは、ドナーの顔色ばかりをうかがうようになり、活動を行っている地域の実態から乖離して行った[6]（Igoe and Kelsall 2005）。

　またNGOの援助活動自体がNGOと地域社会との間に緊張を生むこともあった。一般に開発途上国のNGO関係者は都市の高学歴層であり、地域住民にとってはアウトサイダーである。このようなNGO関係者が、プロジェクトの効果をよく見せるために地域住民を利用することがあったのである。またNGOが地域社会の不平等を悪化させてしまう場合もあった。現地の有力者がNGOと連携し、国際的な援助団体の力を背景にその力をさらに強めることがあったのである（大橋 2011）。

　さらに途上国の有力な政府関係者がNGOを立ち上げ、国際援助機関からの資金を自分のパトロン－クライアント関係を維持するのに流用することもあった（Gosselin 2000）。またNGOによる福利厚生の提供が

---

[6] アフリカにおける国際NGOの現地の状況から乖離した活動については、Fergusonの古典的研究が有名である（Ferguson 1990）。またアフリカ各地のローカルNGOの抱える問題については、Igoe and Kelsall（2005）に多くの事例が紹介されている。關野（2014）はセネガルにおいて環境保護に取り組んできたローカルNGOが、その活動のなかでいかにして現地の事情から離れ政治活動に関わって行くのかを詳細に記述しており、興味深い。また西﨑（2016）はエチオピアの国立公園において、国際環境NGOによるエコツーリズム開発が住民の強制移住政策を用いたために、失敗した例をあげている。なおそれをグローバル社会に告発したのは、国際人権NGOだった。

活発になるにつれて、それまで地域で継続していた社会改革的な市民運動にとってかわってしまう場合もあった（Stiles 2002；Chahim and Prakesh 2014）。

　このようにNGOに対する失望が広がるなかで、2000年代に入ると、途上国のNGOを取り巻く状況は、大きく変化することになる。そのきっかけは、2001年の同時多発テロだった。

　2001年の9.11同時多発テロは、アメリカの援助政策に大きな転換をもたらした。当時のブッシュ政権は、アメリカの被援助国となる南側諸国は、アメリカの主導するテロとの戦争に参加する必要があると宣言し、ほかの西欧諸国もこれと歩調を合わせた（Holmén 2010：224-5）。北側のドナー諸国のODAは、NGOからふたたび被援助国の政府に振り向けられることになった（Igoe and Kelsall 2005）。被援助国政府が西欧諸国の介入を受け入れ、自国や周辺国家に潜伏するテロ組織を壊滅することを期待してのことである。

　他方で同時多発テロは、旧社会主義圏をはじめとして権威主義的な政治体制をもつ諸国家の政府にとっても、市民団体を規制するための格好の口実となった。反国家的なテロ組織の撲滅を口実として、ロシアやウズベキスタン、カザフスタンなどにおいて、市民団体を規制する法が制定された。中国では西部地域の分離独立運動の監視の名目で、市民団体が規制された[7]（Howell, Ishkanian, Obadare, Seckinelgin and Glasius 2008）。

　アフリカではこれらに加え、中国のアフリカ大陸への進出がNGO退潮の要因となった（Holmén 2010）。2000年代に入り中国は資源と市場を求めてアフリカに進出し、2006年までに40カ国のアフリカ諸国と援助

---

[7] NGOの活動に対して抑圧的な法律をもつ国家は、2012年までに全世界で86カ国にのぼり、そのうちの多くが専制的であるか、半専制的な国家体制（anocracy）をもつ国々だった（Dupuy, Ron, and Prakash 2015）。

条約を結んだ。中国の援助政策は「協力と相互利益（cooperation and mutual benefit）」に基づき、被援助国の内政には干渉しないとする立場をとった。これはNGOによる援助を通して開発と社会変革を行おうとした欧米のアプローチとは異なるものだった。これに対して西欧ドナー諸国は、2005年の「援助の効果に関するパリ宣言（Paris Declaration on Aid Effectiveness）」において、援助対象を被援助国に戻すこととし、援助を通した政治的影響を保持しようとした（Holmén 2010：223-4）。

このような政治情勢の変化は、アフリカ諸国におけるNGO活動の低下をもたらすと同時に、政府によるNGOの規制にも絶好の機会を与えることになった。NGOはアフリカ諸国の政府にとって、一方で開発や福利厚生サービスの提供を通じて政府を補完しうる存在でありながら、他方ではサービス提供を通した地域社会におけるリーダーシップの獲得や北側援助機関からの資金援助をめぐり、競合関係にもなりうる存在である。また現状維持を通じて権力保持をしようとする政府に対して、NGOはしばしば改革的なアプローチをとろうとする。さらに政策提言を通じて政府自体に批判的になる場合さえある（Bratton 1989）。内政不干渉をモットーとする中国の援助への参入により、影響力を保とうとする北側諸国の援助がNGOから国家に振り向けられたことで、アフリカ諸国の政府はこのような国内外のNGOに対して、強い態度で臨むことができるようになったのである。

2000年代の前半においてアフリカでは、テロに対する戦いを理由に、ウガンダ、南アフリカ、ジンバブウェ、ナイジェリアなどで、NGOに対する規制が強まった（Howell, Ishkanian, Obadare, Seckinelgin and Glasius 2008）。政府によるNGOの統制は、エチオピアにおいても2000年代の後半に生じたのだった。次節では、エチオピアのNGOと国家の関係について概観しよう。

3．エチオピアのNGO

3.1　帝政期におけるNGO

　エチオピアの近現代の政治体制は、1974年まで続いた帝政、1991年まで続いた社会主義軍事政権、そしてそれ以降現在に至るエチオピア人民革命民主戦線（Ethiopian People's Revolutionary Democratic Front, EPRDF）政権の3つの時期に区分できる。2015年現在エチオピアで登録されているNGOは、3,000あまりである。1970年代末までは、エチオピアで活動するNGOは20団体を超える程度、1991年の社会主義軍事政権末期でも、百数十団体だった。だが1990年代のEPRDF政権以降NGOは徐々に増え、1999年には310団体となった（Daniel 2005：93）。2000年代になるとNGOは急激に増加し、2009年には4,000団体に達した（Tonegawa 2014：42）。だが2010年代になると政府による規制のため減少し、いったんは1,800団体を切るまでに落ち込んだ。その後ゆっくりと回復傾向にあり、2015年で3,000団体を超えるくらいになっている（児玉 2016：36）。

　1974年以前の帝政期には、エチオピアでのNGOの活動はわずかなものだった。登録は内務省（Ministry of Interior）において行われ、許可を受けたのは政府の立場と齟齬しない活動をするものだけに限定された。それらはスウェーデン・フィラデルフィア伝道団（Sweden Philadelphia Mission）などの海外からのキリスト教系人道支援組織、エチオピア盲人協会（Ethiopian Association for the Blind）などの非宗教系の支援組織、そしてセーブ・ザ・チルドレン・スウェーデン（Save the Children Sweden）などの国際NGOなどだった。エチオピアにおいて国際NGOの活動が活発化するのは、帝政末期1973年から74年にかけての干ばつ・飢饉のときだった。緊急事態が終結したあとは、これらの

組織は孤児救済や小規模コミュニティに向けたFood for Workなどの援助へシフトして行った[8]（Daniel 2005：85-89）。

3.2 デルグ政権とNGO

1974年の革命によって、エチオピアの帝政は崩壊し、それにかわって軍事評議会（デルグ）が政権を握る。政府はNGOの役割を容認する一方で、活動を厳しく監視していた。

1984年から85年にかけてエチオピアは、70年代に続いてふたたび干ばつ・飢饉に襲われる。このときに多くの国際NGOがエチオピアに入り、緊急援助、災害復旧、孤児支援などの活動を行った（Daniel 2005：90；Kassahun Berhanu 2002）。当時のデルグ政権では、NGOの救援活動については「災害防止準備委員会（Disaster Prevention and Preparedness Commission: DPPC）」、開発に関しては「経済開発協力省（Ministry of Economic Development and Co-operation: MEDaC）」が中心となって管轄していたが、NGO全般の管轄に関しては明確な政策はなかった。そのために国際NGOは、さまざまな政府機関と協定を結んで活動を行っていた。政府機関にとって、国際NGOは重要な資金源であり、資金やクルマを得るために、競って多くのNGOと協定を結ぼうとした。だが他方で政府はNGOによる政策への干渉を許さず、そのようなNGOは国外へ追放した（Daniel 2005：139）。

干ばつの被害の激しかった北部はまた、エリトリア人民解放戦線（Eritrean People's Liberation Front, EPLF）やティグライ人民解放戦線（Tigray People's Liberation Front, TPLF）の反政府活動が盛んな地域だった。この地域では、国際NGOと国連が、エチオピア側からは

---

[8] 労働の対価に食料を支給する事業。

エチオピア政府を支援し、スーダン側からは反政府組織の支配地域に人道支援を行っていた（Borton 1995）。80年代半ばの飢饉が沈静化すると、NGOの活動の中心は、救援活動から農村における農業支援や都市部における小規模の資金貸与（マイクロ・クレジット）のような開発援助に移行して行った（Daniel 2005：91-92；Kassahun Berhanu 2002）。

3.3　EPRDFとNGO

　1991年にTPLFを中心とした反政府勢力がデルグ政権を崩壊させ、内戦が終結する。1990年代の特徴は、ローカルNGOが劇的に増加したという点である。ローカルNGOの設立は当初、国際NGOがその実動部隊として創設したことに始まった。その背景には、ローカルスタッフの賃金が安かったこと、ローカルなニーズに対応していたことのほかに、高賃金で雇用される外国人スタッフの在り方に対する政府や世論の批判が高まったこともあった。当時は国際NGOのスタッフがローカルNGOを設立して両方で活動することもあったし、ローカルNGOの設立に関わったスタッフが後に国際NGOに異動することもあった（Daniel 2005：108-132）。

　もうひとつの特徴は、政府と連携したNGOが増加したことである。TPLFをはじめとするデルグ時代の反政府組織は政権交代後に、国際NGOからの支援受け入れ部門をローカルNGOに衣替えしたのである（本書第3章）。ほかのアフリカ諸国では、有力な政治家が個人でNGOを設立し、資金集めの道具とすることがあるが、エチオピアの場合それが個人ではなく、政党によって行われている点に特徴がある。このような組織は「政府系NGO（Government Organized NGO, GONGO）」と呼ばれている。1990年代から北側諸国の二国間・多国間援助は、国際NGOを経由せずに直接ローカルNGOになされることが多くなったが、GONGOはエチオピア政府の影響力により、そこから多額の資金を得ることがで

きたという (Daniel 2005：133-135)。

　1990年代半ばになると、ローカルNGOのほうが国際NGOを数で上回るようになり、多くの資金がNGOを通してエチオピアに流れ込んだ。そして1998年から2000年にかけてのエリトリア戦争で財政がひっ迫したときには、政府はNGOを通して積極的に外貨を獲得しようとした (Dessalegn 2002)。

　政府は2000年代に入るまでNGOに対する規制を緩めることはなかった。それゆえ、エチオピアにおけるNGOの活動環境は長い間厳しく規制されていたといえる。しかしながら、2000年代に入り、政府はNGOとのパートナーシップを盛り込む政策に初めて転換した (Dessalegn 2008)。貧困削減戦略書（Poverty Reduction Strategy Paper）の策定が、この政策転換に大きく影響したといわれる (Miller-Grandvaux, Yolande, and Wolf 2002)。重債務貧困国であるエチオピアが債務救済を得る条件として、市民社会を巻き込んだ貧困削減戦略書の策定と承認が必要となったのである（山田 2006；Dessalegn 2008）。前述のとおり、2009年に約4,000団体までNGOの数は急激に増加しており（Tonegawa 2014）、2000年以降エチオピアにおけるNGOの活動環境が好転したことがうかがえる。

　この時期には多くのNGOは人権アプローチ（Rights-based Approach/Human Rights Approach）をとり、多様な権利の実現を目指した活動にその活動領域を拡大して行った。たとえば、子どもの権利に基づいた教育や保健の活動や、女性の権利に基づいた女性性器切除（Female Genital Mutilation, FGM）廃絶のための活動などを実施した。また人権擁護や政策提言を行うNGOも増えて行った（Dessalegn 2008）。

3.4 政府によるNGOの統制

　NGOは受益者にサービスを提供することを通じて政府の施策を補完する。だがその一方で、人権侵害の告発や政策提言による政権に対する批判者ともなる、厄介な存在でもあった。そして2005年の総選挙において野党が躍進すると、その矛盾が一挙に表面化した。

　2005年の総選挙で多くの支持を得た反政府勢力は、政府側の議席が過半数を占めていることに対し、選挙で不正が行われたためであるとして、議会をボイコットし抗議活動を行った。政府は当初デモを弾圧し、反政府側の政治家・マスコミ関係者を拘束することによって反政府勢力を抑え込もうとした。けれどもそのことで逆に多くの国際NGOの批判を浴び、国内においても国際NGOの支援を受けた人権団体の活動を活発化させてしまった。政府はそれに対抗するために、2008年から2009年にかけてマスメディアの活動を制限する布告や政治団体の登録を制限する布告などを次々に施行したのだった。その一環として2009年に出された「慈善団体および市民団体に関する布告」（反NGO法とも呼ばれる）では、人権問題、民族問題、ジェンダー、宗教、児童と障害者の人権、紛争解決、法の執行、選挙、民主化問題について活動できるのは、財源の90パーセント以上をエチオピア国内から得ているNGOのみであるとされた。これは反政府系NGOの政治活動を徹底的に規制するものだった（本書第1章、第2章）。

　エチオピア政府がこのような法令を施行できた背景には、2000年代に生じた社会情勢の変化がある。すでに述べたように、ひとつは国際的なテロとの戦いである。1991年以降国家が崩壊したソマリアにおいて、2000年代の半ばにはアルカーイダ系のイスラム過激組織とつながりをもつとされたイスラム法廷会議（Islamic Courts Union, ICU）が勢力を伸ばしていた[9]。アメリカに支援されたエチオピア軍は2006年にソマ

リアに侵攻、ICU軍を破りモガディシュを攻略することに成功する。周囲をICUの支配するソマリア、ICUを支援するエリトリア、テロ組織の拠点としてアメリカの空爆の対象となったスーダンに囲まれたエチオピアは、アメリカにとって必要不可欠な戦略的同盟国となっていたのである[10]（Amtaika and Ahmed 2013）。

　もうひとつは中国の支援だった。エチオピアはほかのアフリカ諸国と異なり、豊富な地下資源を有しているわけではない。だがエチオピアの地政学的な重要性や、サブサハラ・アフリカ第2の人口、そしてアフリカ連合（African Union, AU）の本部所在地としての立場は、アフリカにおける影響力を確保したい中国にとっては、十分に魅力的なものだった。中国は道路建設、ダム建設、鉄道建設、通信網の整備、工業団地などへの海外直接投資を通して、エチオピアと密接な関係を築いて行った（Cabestan 2012）。中国の経済支援は、国際NGOを通した援助に依存しつつ開発を行ってきたエチオピアにとって、それを切り捨てる絶好の機会となった。

　「慈善団体および市民団体に関する布告」の施行によって、エチオピ

---

[9] 国家が崩壊し実効的な統治権力が失われたソマリアの都市部において、1990年以降クランを基盤としたいくつかのイスラム法廷が出現し、実質的な統治を行っていた。これらの法廷は2004年以降クラン横断的な形で連合を組むようになった。ICUは穏健派のイスラム勢力やクランの長老、さらにビジネスマンまでも含む多様な勢力の連合だったが、イスラム主義勢力を含むICUの台頭に脅威を感じたアメリカは、これをアフガニスタンのタリバーンに類似したものととらえ、ソマリア国内の軍閥勢力や隣国のエチオピアに働きかけ、壊滅しようとした（遠藤 2015）。

[10] この当時スーダンは、アルカーイダをはじめとするイスラム過激派の拠点と目されており、アメリカに支援されたエチオピア、エリトリア、ケニア、ウガンダの周辺諸国が同盟を結んでスーダンに対抗していた。だが1998年から2000年にかけてのエチオピアとエリトリア間の戦争の後、エリトリアはエチオピアに対抗するために、ソマリアのイスラム過激派組織を支援し始めた。ソマリアと国境を接するエチオピアのオガデン地方には多数のソマリ人が居住しており、ソマリアのイスラム過激派組織に支援されて反政府活動を行っていた。2006年のエチオピアによるソマリ侵攻は、これらの組織の本拠を襲撃することも、大きな狙いだった（Amtaika and Ahmed 2013）。

アのNGOを取り巻く状況は大きく変わった。最初に、資金獲得のためだけにでっちあげられた「ブリーフケースNGO」が消滅した。このようなNGOの運営者は、政治的なリスクを冒すよりも、撤退するほうを選んだのである。またそれまで国際NGOの支援を受けて、人権問題に特化して活動していたNGOも、撤退せざるを得なかった。他方で人権問題以外の問題も扱っていた規模の大きなローカルNGOや国際NGOは、方向転換をして開発などの政府の規制のかからない領域に活動の場を移した（Dupuy, Ron, and Prakash 2015；本書第１章、第２章）。このようにして、現在エチオピアで人権問題などの政治的にセンシティブな領域に関わるNGOは、その多くが「政府系NGO」になったのである。

4．データから見るエチオピアのNGO

ここでエチオピアのNGOを統括する機関である慈善団体・市民団体庁（Charities and Societies Agency, ChSA）から提供されたデータをもとに、現在のエチオピアのNGOの状況を簡単に見ておこう[11]。

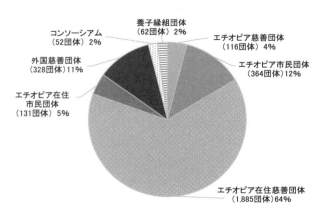

図１　カテゴリー別にみたエチオピアのNGO
（出所）ChSAのデータより筆者作成

図1は2013年においてChSAに登録されていたエチオピアのNGOを、カテゴリー別に見たものである。すでに述べたように、ローカルNGOでその予算のうち外国からの収入が10％以下の場合「エチオピア慈善団体」「エチオピア市民団体」とされ、それを超える場合は「エチオピア在住市民団体」「エチオピア在住慈善団体」とされる。なお組織の活動において便益を供与される対象者がその組織の会員の場合は「市民団体」（ChSAのリストには同業者団体や趣味のサークル、学生団体などが含まれている）、会員だけでなく一般の人々も含む場合は「慈善団体」（地域の開発や啓蒙活動にたずさわる団体などが含まれている）とされる。「外国慈善団体」は、国際NGOのことである[12]。

図1から明らかなように、もっとも多いのは海外からの収入が10％を超え、一般市民向けの活動を行っている「エチオピア在住慈善団体」である。開発や啓蒙に取り組むローカルNGOの多くは、国際NGOなどの援助が必要であることが分かる。それに対して「市民団体」は、海外からの収入が10％以下の「エチオピア市民団体」が多い。同業者団体などの「市民団体」は、外部資金を必要としない場合が多いであろうことが推測される。

表1はこれらの団体の本部所在地を、州ごとに示したものである。エチオピアのNGOの本部所在地は一極集中で、7割以上がアディスアベバにある。だがカテゴリー別に見ると、違いもあることが分かる。「エチオピア慈善団体」と「エチオピア市民団体」の8割以上がアディスアベバに本部を置くのに対して、「エチオピア在住慈善団体」は6割にとど

---

[11] 本章で用いるデータは、2013年8月7日にアディスアベバのChSA本部において宮脇に提供されたデータである。より新しい2014年度の統計については、第2章、第3章を参照のこと。本章ではNGOの活動地域別の集計結果を提示するために、活動地域別の項目のある2013年度のデータを用いている。
[12] コンソーシアムとは団体間のネットワークを指す。

表1　エチオピアNGO団体のカテゴリー別本部所在地

	エチオピア慈善団体 (%)	エチオピア市民団体 (%)	エチオピア在住慈善団体 (%)	エチオピア在住市民団体 (%)	外国慈善団体 (%)	コンソーシアム (%)	養子縁組団体 (%)	合計 (%)
アディスアベバ	98 (84.5)	314 (86.3)	1,187 (63.0)	101 (77.1)	269 (82.0)	39 (72.2)	62 (100.0)	2,070 (70.4)
アファール州			21 (1.1)		1 (0.3)	2 (3.7)		24 (0.8)
アムハラ州	1 (0.9)	6 (1.6)	102 (5.4)		5 (1.5)	1 (1.9)		115 (3.9)
ベニシャングル・グムズ州			14 (0.7)	1 (0.8)		2 (3.7)		17 (0.6)
ディレダワ	6 (5.2)	12 (3.3)	36 (1.9)			1 (1.9)		55 (1.9)
ガンベラ州		1 (0.3)	5 (0.3)	3 (2.3)		1 (1.9)		10 (0.3)
ハラリ州			9 (0.5)		1 (0.3)	1 (1.9)		11 (0.4)
オロミア州	4 (3.4)	8 (2.2)	165 (8.8)	14 (10.7)	20 (6.1)			211 (7.2)
南部諸民族州	1 (0.9)		104 (5.5)	7 (5.3)	4 (1.2)	2 (3.7)		118 (4.0)
ソマリ州	1 (0.9)	1 (0.3)	30 (1.6)			1 (1.9)		33 (1.1)
ティグライ州	1 (0.9)	5 (1.4)	61 (3.2)	1 (0.8)		2 (3.7)		70 (2.4)
海外	1 (0.9)		1 (0.1)					2 (0.1)
無回答・不明	3 (2.6)	17 (4.7)	150 (8.0)	4 (3.1)	28 (8.5)	2 (3.7)		204 (6.9)
合計	116 (100.0)	364 (100.0)	1,885 (100.0)	131 (100.0)	328 (100.0)	54 (100.0)	62 (100.0)	2,940 (100.0)

(出所) ChSAのデータより筆者作成

序章　国家・市民社会・NGO

まっている。これは地方で創設され、地域に根差しながら国際NGOなどの支援を受けて活動を行ってきた団体が含まれているためと思われる。

次にこれらのNGOの活動している地域を見てみよう。図2はエチオピアの州を示しており、図3はそれぞれの州ごとに活動しているNGOの数と、その本部所在地、およびそれぞれの州において活動しているNGOの数を人口100万人当たりに換算して示している。

図2　エチオピアの州

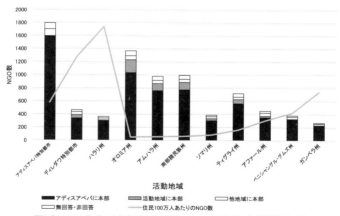

図3　NGOの活動地域と、NGOの本部所在地
（出所）ChSAのデータより筆者作成

ここから明らかなことは、NGOの活動地域は、その本部所在地と同様に、アディスアベバがもっとも多いが、活動地域は、アディスアベバ以外の他地域にも広くおよんでいるということである。だが地方で活動するNGOも、その大多数は本部をアディスアベバに置いている（ほとんどの州で、2番目に多いのは、その活動する州に本部を置くNGOだが、その数は多い場合でもその州で活動している全NGOの2割程度である）。資金を海外からの支援に頼るNGOが多い現状を考えると、地方で活動する場合でもその本部をアディスアベバに置くことが好都合であるのは当然だろう。他方このような体制のもとでは、地方での活動が特定のプロジェクトの期間に限定され、その期間が終了すれば撤収してしまうという地域に根づかない落下傘型のものになる危険性があることも推測できる。

　ここまでエチオピアのNGOの置かれた現状を、グローバルな政治経済的流れにおけるエチオピアの立ち位置と、ChSAのマクロなデータに示された国内NGOの種類と地域的分布から明らかにしてきた。エチオピアのNGOは、ほかのサブサハラ・アフリカ諸国を含む第三世界のNGOと同じく、90年代以降急激に増加した。その背景には、エチオピアにおける軍事政権の崩壊と新政権の誕生、そしてそれを支援する国際援助機関の動きがあった。エチオピア国内のNGOは、政府にかわるサービスの提供だけでなく、人権擁護活動や政策提言も行うようになった。しかし2000年代に入ると、国際的なテロの頻発とそれにともなう援助機関のNGOからエチオピア政府への援助の転換、および中国の経済的な進出にともない、NGOに対する政府の圧力が強まった。2005年の総選挙とその後の政治的混乱のなかで、エチオピア政府はNGOに対しても強い規制をかけるようになったのである。

　それではこのような状況のなかで、それぞれのNGOは政府の規制に

対してどのように対処し、活動を継続しているのだろうか。またその活動は、はたして地域に密着したものとなっているのだろうか。地域の住民はNGOの活動を、どのように見ているのだろうか。また草の根から、より地域に密着した活動は生まれ来ていないのだろうか。次章以降、これらの疑問に答えて行くことにしよう。

文　献

Arnove, Robert F. with Rachel Christina, 1998, "NGO-State Relations: An Argument in Favor of the State and Complementary of Efforts," *Current Issues in Comparative Education*, 1(1)：46-48.

Amtaika, Alexius and Mustafa Ahmed, 2013, "Is the Eritrean Government a Victim or a Sponsor of Islamic Extremism and Terrorism?" *International Journal of Peace and Development Studies*, 4(4)：53-66.

Atack, Iain, 1999, "Four Criteria of Development NGO Legitimacy," *World Development*, 27(5)：855-864.

Banks, Nikcola and David Hulme, 2012, "The Role of NGOs and Civil Society in Development and Poverty Reduction," *Brooks World Poverty Institute (BWPI) Working Paper 171*, University of Manchester.

Barroso, Mônica Mazzer, 2002, "Reading Freire's words: are Freire's ideas applicable to Southern NGOs?" *International Working Paper Series Number 11*, Centre for Civil Society, London School of Economics and Political Sciences.

Biggs, Stephen D. and Arthur D. Neame, 1996, "Negotiating Room to Maneuver: Reflections Concerning NGO Autonomy and Accountability within the New Policy Agenda," Michael Edwards and David Hulme eds., *Beyond the Magic Bullet: NGO Performance and Accountability in the Post-Cold War*, Sterling: Kumarian Press, 31-40.

Borton, John, 1995, "Ethiopia: NGO Consortia and Coordination Arrangements, 1984-91," *Meeting Needs: NGO Coordination in Practice*," London: Earthscan Publications, 25-42.

Bratton, Michael, 1989, "The Politics of Government-NGO Relations in Africa," *World Development*, 17(4) : 569-587.

Cabestan, Jean-Pierre, 2012, "China and Ethiopia: Authoritarian Affinities and Economic Cooperation," *China Perspective*, 2012/4 : 53-62.

Cernea, Michael M., 1988, *Nongovernmental Organizations and Local Development*, World Bank Discussion Papers, (Retrieved February 10, 2017, http://documents.worldbank.org/curated/en/723711468739268149/Nongovernmental-organizations-and-local-development).

Chabbott, Colett, 2003, *Constructing Education for Development: International Organization and Education for All*, New York: Routledge Falmer.

Chahim, Dean and Aseem Prakesh, 2014, "NGOization, Foreign Funding, and the Nicaraguan Civil Society," *Voluntas*, 25 : 487-513.

Clark, John, 1997, "The State, Popular Participation and the Voluntary Sector," David Hulme and Michael Edwards eds., *NGOs, States and Donors: Too Close for Comfort?* Save the Children International Political Economy Series, New York: St. Martin's Press, 43-58.

Daniel Sahleyesus Telake, 2005, *Non-Governmental Organizations in Ethiopia: Examining Relations between Local and International Groups*, New York: The Edwin Mellen Press.

Dessalegn Rahmato, 2002, "Civil Society Organizations in Ethiopia," Bahru Zewde and Siegfried Pausewang eds. *Ethiopia: The Challenge of Democracy from Below*, Uppsala: Nordiska Afrikainstitutet, 103-119.

Dessalegn Rahmato, 2008, "The Voluntary Sector in Ethiopia: Challenges and Future Prospects," Bahru Zewde and Siegfried Pausewang, eds., *Civil Society at the Crossroads: Challenges and Prospects in Ethiopia*, Addis Ababa: Forum for Social Studies, 81-133.

Dupuy, Kendra E, James Ron, and Aseem Prakash, 2015, "Who Survived? Ethiopia's Regulatory Crackdown on Foreign-Funded NGOs," *Review of International Political Economy*, 2(2) : 419-456.

Ebrahim, Alnoor, 2003, "Making Sense of Accountability: Conceptual

Perspectives for Northern and Southern Nonprofits," *Nonprofit Management and Leadership*, 14(2): 191-212.

Edwards, Michael and David Hulme, 1996, *Beyond the Magic Bullet: NGO Performance and Accountability in the Post-Cold War*, Sterling: Kumarian Press.

Edwards, Michael and David Hulme, 2000, "Scaling up NGO Impact on Development: Learning from Experience," Deborah Eade, ed., *Development, NGOs, and Civil Society*, New Delhi: Vedams eBooks (P) Ltd, 44-63.

遠藤　貢，2011，「国際関係とNGO ―現代国際社会の変容と課題」美根慶樹編『グローバル化・変革主体・NGO』新評論．

遠藤　貢，2015，『崩壊国家と国際安全保障　ソマリアにみる新たな国家像の誕生』有斐閣．

Federal Democratic Republic of Ethiopia Population Census Commission, 2008, *Summary and Statistical Report of the 2007 Population and Housing Census: Population Size by Age and Sex*, (Retrieved February 10, 2017, https://ja.scribd.com/doc/28289334/Summary-and-Statistical-Report-of-the-2007).

Ferguson, James, 1990, *The Anti-politics Machine: Development, Depoliticization, and Bureaucratic power in Lesotho*, Cambridge: Cambridge University Press.

Friedmann, John, 1992, *Empowerment; The Politics of Alternative Development*, New Jersey: Wiley-Blackwell. (＝1995, 斉藤千宏・雨森孝悦監訳『市民・政府・NGO ―「力の剥奪」からエンパワーメントへ』東京：新評論．)

深澤映司，2015，「格差と経済成長の関係についてどのように考えるか」国立国会図書館調査及び立法考査局『レファレンス』平成27年2月号：55-73．

福田　菊，1988，『国連とNGO』三省堂．

Gosselin, Claudie, 2000, Handing over the Knife: *Numu* Women and the Campaign Against Excision in Mali, in B. Shell-Duncan and Y. Hernlund (eds.), *Female "Circumcision" in Africa: Culture, Controversy and Change*, Boulder: Lynne Rienner publishers.

Holmén, Hans, 2010, *Snakes in Paradise: NGOs and the Aid Industry in Africa*, Sterling: Kumarian Press.

Howell, Jude A., Armine Ishkanian, Ebenezer Obadare, Hakan Seckinelgin and Marlies Glasius, 2008, "The backlash against civil society in the wake of the Long War on Terror," *Development in Practice*, 18(1): 82-93.

Igoe, Jim and Tim Kelsall, 2005, "Introduction: Between a Rock and a Hard Place," Jim Igoe and Tim Kendall eds., *Between a Rock and a Hard Place: African NGOs Donors and the State*, Durham: Carolina Academic Press: 1-33.

Johnson, Craig, 2001, *Towards Accountability: Narrowing the Gap between NGO Priorities and Local Realities in Thailand*, Overseas Development Institute Working Paper 149.

Kassahun Berhanu, 2003, "The Role of NGOs in Promoting Democratic Values: The Ethiopian Experience," Bahru Zewde, Siegfried Pausewang. eds., *Ethiopia - The Challenge of Democracy from Below*, Addis Ababa: Forum for Social Studies.

児玉由佳, 2016, 「エチオピアにおけるNGO活動——「慈善団体および市民団体に関する布告」（No.621/2009）の影響についての検討——」『アフリカレポート』54: 32-43.

Korten, David, 1990, *Getting to the 21 Century: Voluntary Action and the Global Agenda*, Sterling: Kumarian Press.（＝1995, 渡辺龍也訳『NGOとボランティアの21世紀』東京：学陽書房.）

Lewis, David, and Tina Wallace, 2000, *New Roles and Relevance: Development NGOs and the Challenge of Change*, Colorado: Kumarian Press.

Miller-Grandvaux, Yolande, Micale Welmond and Joy Wolf, 2002, *Evolving Partnerships: The Role of NGOS in Basic Education in Africa*, United Sates Agency for International Development (USAID), Bureau of Africa, Office of Sustainable Development.

Mitlin, Diana, Hickey, Sam, and Bebbington, Anthony, 2006, *Reclaiming development? NGOs and the Challenge of Alternatives*, Global Poverty Research Group.

元田結花, 2007, 『知的実践としての開発援助——アジェンダの興亡を超えて』東京大学出版会.

西真如, 2009, 『現代アフリカの公共性——エチオピア社会にみるコミュニティ・開発・政治実践』昭和堂.

西﨑伸子，2016,「新自由主義的保全アプローチと住民参加 ―エチオピアの野生動物保護区と地域住民間の対立回避の技法」山越　言，目黒紀夫，佐藤 哲編『自然は誰のものか 住民参加型保全の逆説を乗り越える』京都大学学術出版会.

Nishimura, Mikiko, 2007, "Rethinking "Partnership": Rhetoric versus Reality in International Educational Aid," *Journal of International Cooperation Studies*, 15(2): 47-74.

大林　稔，2007,『アフリカにおける市民社会の役割と市民社会強化支援の現状と展望』JICA研究所.

大橋正明，2011,「日本におけるNGO活動の実態と類型」美根慶樹編『グローバル化・変革主体・NGO』新評論.

Reimann, Kim D., 2006, "A View from the Top: International Politics, Norms and the Worldwide Growth of NGOs," *International Studies Quarterly*, 50: 45-67.

Robinson, Mark, 1997, "Privatizing the Voluntary Sector: NGOs as public Service Contractors?" David Hulme, Michael Edwards, eds., *NGOs, States and Donors: Too Close for Comfort?*, Save the Children International Political Economy Series, NY: St. Martin's Press, 59-78.

Salamon, Lester M, 1995, *Partners in Public Service: Government-Nonprofit Relations in the Modern Welfare State*, Baltimore: The Johns Hopkins University.

Salamon, Lester M, and Stefan Toepler, 2015, "Government-Nonprofit Cooperation: Anomaly or Necessity?" *Voluntas* 26: 2155-2177.

關野伸之，2014,『だれのための海洋保護区か ――西アフリカの水産資源保護の現場から』新泉社.

重田康博，2012,「ポスト開発／ポスト・グローバル化時代における国家と市民社会」宇都宮大学多文化公共圏センター『多文化公共圏センター年報』4：5-12.

Shivji, Issa G, 2007, *Silences in NGO Discourse: The Role and Future of NGOs in Africa*, Oxford: Fahamu.

Stiles, Kendall, 2002, "International Support for NGOs in Bangladesh: Some Unintended Consequences," *World Development*, 30(5): 835-846.

Tonegawa, Yoshiko, 2014, *Analysis of the Relationships between Local Development*

NGOs and the Communities in Ethiopia: The Case of the Basic Education Sub-sector, Osaka: Union Press.

Unerman, Jeffrey, and Brendan O'Dwyer, 2006, "On James Bond and the importance of NGO accountability," *Accounting, Auditing and Accountability Journal*, 19(3): 305-318.

Willis, Katie, 2005, *Theories and Practices of Development*, Oxon: Routledge.

Wils, Frits, 1996, "Scaling Up, Mainstreaming, and Accountability: The Challenge for NGOs," Michael Edwards, and David Hulme. eds., *Beyond the Magic Bullet: NGO Performance and Accountability in the Post-Cold War*, Sterling: Kumarian Press.

山田肖子, 2006, 『万人のための教育（Education for All: EFA）：国際開発目標が途上国に持つ意味：エチオピア国における政府と家計費のインパクト』Discussion Study 15, GRIPS Development Forum.

・・・・・・・・・・・・・・・・・・ 第 1 章 ・・・・・・・・・・・・・・・・・・
「慈善団体および市民団体に関する布告」
(No.621/2009)の影響についての検討[1]

児玉　由佳

1．はじめに

　NGOに関する先行研究では、国家との関係を意識した議論が数多くある（Carroll 1992；Farrington and Bebbington 1993；Fowler 2000）。これらの議論では、NGOと国家の関係は大きく2つに類別することができる。経済開発を主目的とした国家の補完としてのNGOの役割と、既存の政治的経済的枠組みの改革を求める市民社会組織としての役割である。

　エチオピアでは2009年に、「慈善団体および市民団体に関する布告 No.621/2009」（Charities and Societies Proclamation No.621/2009）によってNGOの活動に関する法律（通称Civil Society Organization Law、以下CSO法）が施行された。この法律の特徴として、アドボカシーや人権の分野においてNGOの活動を大きく制限していることがあげられる。この法律からは、NGOの役割を既存の政治的枠組みの改革ではなく、あくまで国家の補完の役割にとどめようという意図を読み取ることができる。この法律がNGOにもたらす影響については、多くの先行研究で検討されてきたが、法律の解釈にとどまるものが多く、実際にNGOがこの法律下でどのように活動しているのかについての調査はまだ少ない

---

[1]『アフリカレポート』2016年 No. 54（pp. 32-43）をもとに加筆・修正したものである。

(Dupuy, Ron, and Prakash 2015 ; Dereje 2011 ; Hayman et al. 2013 ; Meskerem 2009)。

　本章では、CSO法の施行が、エチオピア国内のNGO活動にどのような影響をおよぼしているのかを、NGO代表者やプロジェクト部門の担当者などとのインタビューを通して検討する。本章の構成は以下の通りである。まず、第1節でCSO法の概要を説明し、第2節でエチオピア国内のNGO活動について統計データを用いて概観する。第3節では、現地のNGOとのインタビューをもとに、具体的にこの法律がどのようにNGOの活動に影響をもたらしたのかを検討する。

2．CSO法概要

　第2章でCSO法制定の背景について詳細に述べられているように、2009年のCSO法制定以前には、包括的にNGOの活動について定めた法律は存在していなかった。この点については、筆者が訪問したNGOにおいても、CSO法がさまざまな問題をはらんでいる一方で、NGOの活動を公的に承認することになった法律として一定の評価がされていることからも明らかである。ただし、CSO法は、人権問題と外国ドナーからの資金援助に対して厳しい規定を定めている。特に外国ドナーと、外国ドナーから多くの資金援助を受けているNGOは、人権問題を取り扱うことができなくなった。そのため、さまざまな外国援助機関が、NGO活動や資金援助に対するこの法律の影響についての検討を行っている (Hayman et al. 2013)。たとえば、エチオピアにおいて活動する28の二国間・多国間援助機関で構成される開発援助グループ（Development Assistance Group, DAG）は、2011年に91ページにおよぶ「慈善団体および市民団体に関する法律のためのユーザー・マニュアル」（"User's

第 1 章 「慈善団体および市民団体に関する布告」(No.621/2009)の影響についての検討

Manual for the Charities and Societies Law") を発行している。また、スウェーデンのセーブ・ザ・チルドレン(Save the Children-Sweden)も、法の概要をまとめるとともに、外国NGOの活動に課された制約について検討している(Meskerem 2009)。

2.1　NGOの分類

　CSO法は、資金源によってNGOを大きく3つに分類している(第2条、第14条、第55条)。エチオピア慈善団体／市民団体、エチオピア在住慈善団体／市民団体、そして外国慈善団体の3つである。宗教団体、エチオピア政府との合意のもと活動している国際・外国団体、頼母子講・葬儀講のような伝統的組織、ほかの法が適用される団体はこの法律の適用から除外される(第3条)。

　なお本法律では、NGOに分類される団体を上記の3つに細分化して扱っているため、条文のなかでNGOのような総称は使用していない。そのため、本章では、便宜上CSO法に従って登録された「慈善団体」と「市民団体」の総称をNGOとする。

　まず、外国からの収入が10%以下の場合は、エチオピア慈善団体(Ethiopian Charities)もしくはエチオピア市民団体(Ethiopian Societies)に分類される。どちらもエチオピアの法のもとに結成され、会員は全員エチオピア人であり、エチオピア人によって管理されている団体である。次に、国外からの資金が10%を超えた場合はエチオピア在住慈善団体(Ethiopian Residents Charities)とエチオピア在住市民団体(Ethiopian Residents Societies)に分類される。これらは、エチオピアの法のもとに結成され、エチオピアに居住している会員によって構成された団体である。そして3番目にあげられるのが、外国慈善団体(Foreign Charities)である。外国慈善団体は、自国の法に従って結成

されたものであり、外国国籍の会員によって構成されている。その運営も外国人によるものであり、資金は外国から得ている。ただし、CSO法に基づいて、エチオピアでも外国慈善団体として登録し、本法律を遵守する必要はある。

　そのほかに、専門家協会、女性協会、若者協会のように、対象者の範囲が広い場合は、大衆市民団体（Mass-Based Societies）に分類される。大衆市民団体の権利として民主主義的な活動の強化や選挙機関への協力があげられる（第57条）など、より政治的な活動を認められている。エチオピア市民団体と資金の制約などで大きな違いはない。後述の慈善団体・市民団体庁（Charities and Societies Agency, ChSA）による2015年の統計資料では、大衆市民団体はエチオピア市民団体に含まれている。

　また、慈善団体と市民団体は、裨益する対象者によって区別される。前者は裨益する対象者が団体の会員だけでなく一般の人々も含む（第14条）が、後者は団体の「会員の権利と利益を守る」（第55条）ために活動するものと定められている。

2.2　NGOの登録と活動について

　CSO法の条項のなかで、NGO活動に重要な影響をおよぼすものとして、特に次の4つをあげることができる。NGOを管轄する省庁の変更、人権関連の活動を行うNGOへの制約、人件費など一般管理費の予算の上限設定、資金獲得のための関連事業の認可である。

　まず、NGOの管轄が、これまで登録を行っていた法務省から、外務省の下部機関として新たに設立された慈善団体・市民団体庁（ChSA）に移管された。ChSAの役割は、CSO法に従ってNGOの登録を行い、活動を監督することである。この法律に基づいた詳細な指針（directives）は、ChSAによって定められる（CSO Taskforce 2011）。アムハラ語の

みで出されているこの指針の詳細は不明だが、随時追加されている。なお、ChSAに登録せず活動する団体は、法人格をもつことはできず、活動を停止させられる場合がある（第65条）。

第二に、外国からの資金が収入の10％を超えるNGOは、人権などに関する活動が禁じられた（第14条）。上記のNGOの分類のなかでは、エチオピア慈善団体とエチオピア市民団体のみが人権関連の活動を行うことができる。第14条第２項にあげられている具体的な禁止事項は、(1) 人権と民主主義的権利の促進、(2) 民族、ジェンダー、宗教間の平等の普及促進、(3) 障害者や子どもの権利の普及促進、(4) 紛争の解決と和解の普及促進、(5) 司法と法の施行のためのサービスの効率性向上の５つである。

第三に、支出に関しての制限があげられる。第88条は、NGOの活動目的を達成するための費用（expenses for the implementation of its purpose、以下事業費）が全予算の70％を下回ってはならず、事務（administrative activities）のような管理費に相当する予算は支出の30％を超えてはならないと定めている。

第四として、資金獲得のために事業を行えるようになったことがあげられる（第103条）。ChSAの許可を得れば事業を行うことができるが、その事業は、あくまでNGOの活動に付随的なものであり、その利益はNGOの活動に使われるべきものであると定められている。

2.3　「人権」条項についての検討

本法律の特徴として上記の４点をあげたが、NGOの活動にもっとも大きな影響を与えると考えられる人権についての活動制限について改めて検討しておきたい。

まず、本法律においてエチオピア政府が対象としている人権とは何を

指すのだろうか。1976年に発効された国際人権規約では、社会権規約と自由権規約の2つに人権を分類している。社会権規約は、経済的、社会的および文化的権利に関する規約であり、国に生存権などの改善を要求する権利である。自由権規約は、市民的および政治的権利に関する規約であり、表現の自由や財産の侵害など政府の干渉に対して対抗する権利の改善を対象としている（外務省 2015）。

CSO法における人権活動の制限条項では、対象分野は明記されているものの、具体的にどのような活動が制限されているのかは明らかではない。しかし、エチオピア人民革命民主戦線（Ethiopian People's Revolutionary Democratic Front, EPRDF）は、市民社会組織が政治的領域で活動することに対してもともと懐疑的であり、政府批判を行う人権団体に対しては、反政府勢力の代弁者であり、政治的な不安をあおるものであると見なし、敵対的な態度をとってきたことについては以前から指摘されてきた（Dereje 2011：805；Dessalegn 2002：109-111）。それを考えると、CSO法で主に意図しているのは、人権活動のなかでも政策批判のような自由権に基づいた人権活動の制限であると考えるのが妥当であろう。

その意図が明確に示されたのが、この法律施行以前から人権に関して積極的に活動し、政策批判も行っていた2つの団体、エチオピア人権委員会（Ethiopian Human Rights Council, EHRCO）とエチオピア女性弁護士協会（Ethiopia Women's Lawyer Association, EWLA）に対する本法律の厳格な適用である（U.S. Department of State 2009）。EHRCOは、1991年に設立され、政府による不当な拘束や逮捕に対して批判してきた人権団体である。また、EWLAは、1990年代半ばに女性の弁護士グループによって設立され、女性の権利向上のために法的支援を行うとともに、女性に平等な法改正を主張するなどアドボカシーも行うNGOであ

る（Dessalegn 2002：111）。

　EHRCOとEWLAは、どちらもエチオピア慈善団体として登録され、人権活動を行うことができる。しかし、法施行前に得た外国資金に対してもこの法律が適用されたために、外国資金の預金がある銀行口座が凍結される事態となり、EHRCOはスタッフの85％、EWLAは70％を削減せざるを得ず、その活動は大幅に縮小された。また、2009年の法導入直後に、EHRCOとEWLAの当時の代表は、どちらもエチオピア政府による不当逮捕・拘留の危険を怖れてアメリカに亡命している[2]（Human Rights Watch 2010；2012）。

3．エチオピアにおけるNGOの数の推移

　本節では、CSO法の影響について、NGOの数の推移から検討する。なお、2009年の法律導入後、活動内容や財源などについての制約があるにもかかわらず、NGOの総数自体は増加している。

　ChSAから提供されたデータをまとめたのが表1である。2010/11年度から2014/15年度の4年間で、NGOの数は1,795団体から3,071団体に増加している（＋71％）。もっとも増加しているのがエチオピア在住慈善団体であり、2010/11年度と比較して87％増となっており、現在NGOの中でもっとも多い67％を占めている。一方、人権関係の活動ができるエチオピア慈善団体やエチオピア市民団体は、それぞれ全体の3％と11％にとどまっている。

　ただし、入れ替わりも激しく、表2にあるように、2009年11月から

---

[2] EWLA元代表の亡命については、個人のブログ(https://woyingi.wordpress.com/2010/10/11/what-happened-to-the-ethiopian-womens-lawyer-association/)やWikileaks (https://wikileaks.org/plusd/cables/09ADDISABABA1613_a.html)で言及されている。

表1 2010/11年度～2011/12年度[*1]のNGO数の推移

	慈善団体 (Charity)								市民団体 (Society)						そ の 他		合計	
	外国慈善団体 Foreign Charity		エチオピア在住慈善団体 Ethiopian Resident Charity		エチオピア慈善団体 Ethiopian Charity		合計		エチオピア在住市民団体 Ethiopian Resident Society		エチオピア市民団体[*2] Ethiopia Society		合計		コンソーシアム[*3] Consortiums			
	[n]	対2010/11 (%)	[n]	対2010/11 (%)	[n]	対2010/11 (%)	[n]	対2010/11 (%)	[n]	対2010/11 (%)	[n]	対2010/11 (%)	[n]	対2010/11 (%)	[n]	対2010/11 (%)	[n]	対2010/11 (%)
2010/11	314	(100)	1,105	(100)	NA[*4]	(100)	1,419	(100)	NA	NA	322	(100)	322	(100)	NA	NA	1,795	(100)
2014/15	424	(135)	2,061	(187)	106	NA	2,591	(183)	95	NA	333	(103)	428	(133)	52	NA	3,071	(171)
内訳(%)		(14)		(67)		(3)		(84)		(3)		(11)		(14)		(2)		(100)

[*1] エチオピアの会計年度は、7月8日－7月7日である
[*2] 大衆団体 (Mass-based Societies) が含まれる (法律No.621/2009 第15、55条) ChSAの管轄下にある
[*3] NGO間のネットワーク形成を目的とした団体であり、ChSAのデータで言及されていないものである。他の団体に分類して含まれている可能性もある
[*4] NAと記載されている箇所は、2011/11年度のデータで言及されていないものである。

(出所) ChSAの未公刊資料より

表2 2009/10～2015/16[*1]の閉鎖NGO数

	外国慈善団体	エチオピア在住慈善団体	エチオピア慈善団体	エチオピア在住市民団体	エチオピア市民団体	コンソーシアム	合 計
2009/10	2	2	0	0	0	0	4
2010/11	2	3	0	0	0	0	5
2011/12	2	6	0	0	0	0	8
2012/13	3	22	2	0	1	0	28
2013/14	11	84	6	8	21	1	131
2014/15	9	87	6	4	27	2	135
2015/16[*2]	3	20	5	2	8	0	38
合 計	32	224	19	14	57	3	349
内訳(%)	(9)	(64)	(5)	(4)	(16)	(1)	(100)

[*1] 元資料は、エチオピア暦 (9月11日～9月10日) を使用
[*2] 2015年9月11日～11月13日まで

(出所) ChSA提供資料より筆者作成

2015年11月の6年間に350のNGOが閉鎖している[3]。そのなかでもっとも閉鎖が多いのが、エチオピア在住慈善団体であり、閉鎖したNGOの全体の64％を占めている。また、閉鎖時期は2013/14、2014/15年度に集中しており、76％のNGOがこの時期に閉鎖している。これは、NGO登録の更新時期がCSO法によって毎年から3年ごとに変更されたことと関係する。2009年の法施行後登録を更新するNGOの資格審査を行った時期が、2012/13、2013/14年に集中したため、そのときに法律で要求されている更新のための条件を満たせなかったNGOが結果的に多くなったと考えられる。

　CSO法第76条では、3年ごとにある認可の更新についての規定が定められている。NGOの義務として、年間の決算報告書の提出と年間活動報告の提出が義務づけられており、ChSAは、活動内容や監査の報告がすべて揃っていて正確であることを確認し、本法律の規定に抵触していなければ、認可を更新することになっている。また、年間10万ブル（約48万円、1ブル＝4.81円、2017年9月28日現在）以上の収入のあるNGOは毎年外部監査を行わなければならない（第79条）。ChSA提供のデータによると、NGOの閉鎖理由としてもっとも多いのは、ChSAによって該当NGOが実質的な活動がともなっていないと判断された場合であり、これが全体の半分以上を占めている。これに続くのが、該当組織が自ら資金不足を理由に更新を申請しなかった場合で、三番目は活動が法で定められた活動に該当しないとChSAが判断した場合である（図1参照）。このデータから、ChSAによる認可更新の審査によって、健全な経営を証明する適切な決算および監査報告を提出できなかったNGOの淘汰が

---

[3] エチオピア暦では、西欧暦の9月にあたる月が1月になる。政府統計などもエチオピア暦であるが、西欧暦に変換すると、2年にまたがる表記となる。

進んだと考えられる。これは、インタビューしたNGOの代表者の1人が、「法施行時にすでに登録していたNGOに対して法導入時には厳しい審査はなかったが、更新時には厳しく資格審査をされたため、活動を継続できなくなったNGOが多かった」と述べていたことからも裏づけられる。

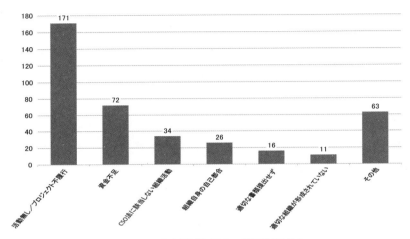

図1　NGO閉鎖理由（複数回答）
（出所）ChSA未刊行資料をもとに筆者作成

　NGOの増減数のデータからは、CSO法がNGOの財政の健全化にある程度貢献したといえるものの、NGOの活動内容自体にどれだけ影響をおよぼしたのかについては、必ずしも明らかではない。この点については、次項のNGOへのインタビューの結果から考えてみたい。

4．CSO法のNGOに対する影響

　本節では、2015年11月に行ったNGOへのインタビューをもとに、CSO法が、具体的にNGOの活動にどのような影響をおよぼしたのかを

検討する。11月の調査では、6つのエチオピア在住慈善団体と1つのエチオピア市民団体にインタビューを行った。本節でとりあげるのは、エチオピア在住慈善団体である障害者の生活向上を目指す団体A、現政権と近い関係にあると言われているアムハラ開発協会、そして権利関係の活動ができるエチオピア市民団体に分類されるアムハラ女性協会の3つである[4]。本節では、人権関係の活動への制限と管理費の制限による活動への影響に焦点を絞って検討をすすめる。

4.1　障害者の生活向上を目指す団体A（エチオピア在住慈善団体）

　障害者の生活向上を目指す団体Aは、2000年代に設立されたNGOである。CSO法に基づく登録では、エチオピア在住慈善団体に分類されている。アディスアベバに本部を置き、地方支部も2カ所あるなど、比較的大規模なNGOである。

　インタビューを行ったNGO代表は、NGOの活動に無関心だった政府が、CSO法においてNGOの法的資格や役割を明示するなど、市民社会に対する認識を高めている点については、一定の評価をしていた。ただし、この法律にはNGOの活動を抑制しようという意図があることも認識している。この法律によってNGOはChSAの管轄下に置かれているが、ChSAは手続きに関する指針を追加し続けている。現在すでに9つの指針が出ており、詳細な手続きを要求していることからも、ChSAによる指針は、NGOの活動を制限するためだと代表者は解釈していた。

　次に、人権に関する制約の問題であるが、団体Aはエチオピア在住慈善団体であり、法律上障害者の人権向上に取り組むことはできない。人権問題に取り組むために障害者の市民団体や慈善団体として登録すると

---

[4] 本章ではNGO側からの要望により、了承を得た活動団体以外については匿名とした。

いう方法もあるが、外国からの資金援助を得られなければ活動自体が困難になるため、その選択肢はないということであった。しかし、障害者の生活向上と人権の問題を切り離すことは困難である。そのため、現在の活動が「人権」に関連していると当局に判断されないように、特に文書については慎重に言葉を選んでいるという。まず、権利の主張（advocacy）自体を目的とした活動は行わない。そして「人権」という「レッドライン」（redline: ここでは法律違反の意）の単語は使わない。活動内容の説明には、個人の生計活動（Individual livelihood）奨励や子どもたちのキャパシティ・ビルディングといった形の言葉を使用するようにしているということであった。

　一方、管理費を30%以下にしなければならないという条項については、大きな問題には直面していないということであった。これは、管理費と事業費の定義が現状では明確ではないので、柔軟に対応することが可能となっているためである。たとえば、障害をもつスタッフの給与については、障害者の生活向上に資するので事業費となり、井戸掘削では井戸の部分だけではなく、そこにたどり着くまでの費用も事業費に組み込まれる。これらの分類については、政府と話し合いながら決定しており、いまのところ大きな問題ではないということであった。

4.2　アムハラ開発協会（エチオピア在住慈善団体）

　アムハラ開発協会（Amhara Development Association, ADA）が設立されたのは、現政権のEPRDFが政権に就いた翌年の1992年である。ADAのNGOとしての分類は、エチオピア在住慈善団体である。ADAは400万人の会員を擁しており、会員のための活動を行う市民団体のほうが適切にも思えるが、その問いに対しては、市民団体よりも慈善団体のほうが国際支援を得やすいのでこの分類を選択したという説明を

第１章　「慈善団体および市民団体に関する布告」(No.621/2009)の影響についての検討

受けた。

　アムハラ州が活動地域であるADAは、他州で活動しているオロミア開発協会（Oromia Development Association）、南部諸民族開発協会（Southern Ethiopian Peoples Development Association）、ティグライ開発協会（Tigray Development Association）、ティグライ救済協会（Relief Society of Tigray）などと同様、現政権と密接な関係にあると見なされている（Asnake and Dejene 2009：102；Shinn and Ofcansky 2013：352-353）。

　設立当初は道路建設など開発関連のプロジェクトを中心に行っていたが、近年は、保健衛生、健康、生計活動支援に重点を絞った活動を行っているという。活動内容は開発プロジェクト中心であり、人権活動に対する法的制約は、活動の支障にはならない。政府の意向を強く反映していると考えられるADAの活動は、国家の開発プロジェクトの補完としての役割を果たしているといえる。そのため、人々の生活向上に資する形での社会権向上のために積極的に活動している一方で、既存の政策に対する批判的な要素は活動内容にはない。

　ADAにとっては、政治的な活動分野の問題よりも、活動資金の獲得がより重要な問題となっている。最近の２年間で活動地域を大幅に増やしているためである。それまでは、当該地域の会員数が資金的にも人員的にも活動を支えるのに十分集まってから支所を開設していた。しかし現在は、会員数にかかわらずすべての郡に支所を開設している。このような急激な拡大のために資金獲得が喫緊の課題となっている。400万人から受け取る会費が１億8,000万ブル（約10億円）あるものの、それだけでは活動資金としては十分ではなく、国際機関や慈善家などから資金を獲得しつつ、チャリティ・マラソンなどの活動でも資金を得ている。さらに、この団体は、CSO法の第103条によって資金獲得のための事業

を行えるようになったことを受けて、建設会社などの企業を複数所有している。建設会社については、ADAの道路建設プロジェクトなどで優先的に使用するということで、活動目的に沿った企業として所有可能であるということであった。ほかのNGOの聞き取りでは、資金獲得のための事業が活動目的に沿っていないとして、ChSAに認可されていないというケースがあった。このことを考えると、かなり大規模な建設会社がADAの傘下にあることが認められているということは、ADAと政権との距離の近さを示しているものといえよう。ADAの急激な活動地域拡大の背景については、具体的な説明はなかった。ただし、従来「政府系NGO」（Government Organized NGO, GONGO）と称されることの多いADAのようなNGOの場合、農村部での開発支援を充実させたいという政府の意向が大きく働いていると推測できる。これは、近年活動を活発化させている次のアムハラ女性協会にも同様のことがいえる。

4.3 アムハラ女性協会（エチオピア市民団体／大衆市民団体）

アムハラ女性協会（Amhara Women's Association, AWA）は、1998年に設立されたエチオピア市民団体であり、正確には、アムハラ州在住の女性全般を対象とした大衆市民団体に分類される。18才以上の女性であればだれでも会員になることができ、現在130万人の会員がいる[5]。会員のうち9割は農村部在住であり、組織の末端は、村落地区やその下の村レベルまで広がっている。エチオピア市民団体であるAWAは人権関係の活動を行うことが可能である。AWAのホームページにも、活動領域として、「女性の利益になる政策、法律、条例を施行するように、そして女性に不利なものに対しては撤回するように主張し、ロビー活動

---

[5] 近年では男性も会員になることができる（インタビューおよびAWAホームページより）。

をする」ことが明記されている。また、「女性の人権や性や生殖（リプロダクション）の権利を向上させる」ことも目的としてあげられている（Amhara Women's Association 2013）。

　ただし、具体的な人権に関する活動は、既存の法的枠組みのなかで保障されている女性の法的権利を守ることが中心となっている。たとえば、夫婦の共同所有となっていた農地について、離婚時に妻が適正に分割して取得できるように弁護士協会と共同でボランティアによる支援などを行っている。アムハラ州政府もこのようなAWAの活動を積極的に支援しており、法律専門家によるサポートを法務省が無償で提供しているという。村レベルでも、AWAの村代表とのインタビューをしたときに、財産分与などで不当な扱いを受けた女性の会員には法的な支援を行っているという回答があった。このような活動は、女性の社会権としての人権の向上に資するものとして評価できる。ただしその一方で、活動領域としてあげられている女性に不利な法律の改正などについては、インタビューをした限りでは積極的に取り組んではいないようであった。政府との協調関係のもとでの女性の生活向上を目指しているために、政策批判については消極的になっているといえる。

　外国の援助資金が規定の10％以下に収まっているのかという質問に対しては、明確な回答は得られなかった。会員数130万人で会費は年３ブルであり、会費だけでは390万ブル（約2,157万円）にとどまる。しかし、AWAホームページに列挙されている外国プロジェクトによる支援額を年単位で試算すると156万ブルになり、会費収入の40％に相当する額を占めている。外国からの援助が活動に不可欠であることはAWAでのインタビューでも明言されている一方、自己資金で支出の90％を賄っていると説明するなど、発言が矛盾している。

　ひとつの可能性としては、EUによる市民社会基金（Civil Society

Fund Ⅱ, CSF Ⅱ）の利用が考えられる。CSFは、EUが市民社会組織の活動支援のために第1期（CSF Ⅰ）と第2期（CSF Ⅱ）で合わせて1,200万ユーロを拠出している基金である。EUからの代表、エチオピア政府そしてエチオピアの市民社会組織によって構成された委員がCSF Ⅱを管理している。基金は、NGOが提出したプロポーザルのうち、審査を通過したものに対して支給される。エチオピア政府がCSF Ⅱは外国資金ではなく国内資金として扱うと宣言した点が、CSF Ⅱの大きな特徴である（Civil Society Fund Ⅱ 2017）。この基金は、人権関係の活動を行っていないNGOも受け取ることができるが、CSF Ⅱを国内資金とすることで恩恵があるのは、外国資金援助を予算の10％以下に押さえなければならないエチオピア慈善団体やエチオピア市民団体であり、エチオピア市民団体であるAWAにとっては資金獲得の大きな機会となる。この政府の声明は、GONGO系のNGOに便宜を図ったものともいえる。

　AWAに限らず、大衆市民団体に分類される組織については、ADAなどと同様政府系の組織であるという批判がある（2009年1月26日付*The Guardian*紙；Center for International Human Rights 2009：14）。政府から独立した組織ではなく、その意向に沿った形で活動を行うGONGOは、生来のNGOの存在意義を考えると矛盾した組織である（Gershman and Allen 2006）。上述の通り、AWAもADAも政策批判の姿勢はなく、あくまで国家の開発プロジェクトの補完としての役割が中心となっている。

　しかし、既存のNGOの活動に対しても批判があることにも留意すべきであろう。たとえば西（2009：54）は、エチオピアのNGOの多くが、国際援助を実施する役割を果たしているものの、地域社会に根づいた活動を行っていないことを指摘している。農村部にまで入り込んで活動しているNGOは、たとえばアムハラ州では、実際にはGONGOと見なされているAWAであったり、近年であればADAであることを考えると、GONGOで

あるという理由のみでその存在を否定すべきではないであろう。

　紙幅の関係でインタビューを行ったすべてのNGOをとりあげられないため、ほかのNGOとのインタビューに関して、上記の3つのNGOとのインタビューを補足する形で紹介しておきたい。まず、多くのNGOで、「人権」に関する制限条項は、人権問題や既存の政策に対する批判を萎縮させる影響があった。上記の団体Aと同様、ほかのエチオピア在住慈善団体も、出版物の文言には神経をとがらせており、出版物のタイトルに、「再考」（reconsidered）という言葉を当初使用しようとしたが、それでは現政策への批判ととられる危険があるためより中立的な言葉に差し替えたという団体もあった。その一方で、学校建設などの開発プロジェクトに取り組んできたローカルNGO（エチオピア在住慈善団体）の理事は、CSO法は彼らの活動には影響なかったとコメントしている。

5．おわりに

　CSO法は、NGOに対して人権活動を抑制する影響をもたらしている。NGOは、「人権」に関する言葉を慎重に避けながら、「人権」問題に関係する可能性のある活動を行うようになっている。しかし、NGOへの聞き取り調査から明らかになったのは、実際に政府が神経をとがらせているのは政権批判であり、社会権の向上を目指す人権活動については比較的寛容だということである。「キャパシティ・ビルディング」のような言葉を用いて社会権向上のための活動をNGOの活動が行うことに対して、政府も容認しており、これらの団体とは良好な関係を維持している。また、政府自体も、女性や子どもの権利問題に関して女性問題省などの行政機関を通じて改善を図るなど、社会権向上については積極的に取り組んでいる。従って、この法律において実質的に制限

対象になっている人権とは、国家の政策や人々の生活への干渉を批判する自由のような自由権としての人権であると考えられる。EHRCOやEWLAのように政策批判を行うNGOに対する、厳格な法律適用がそれを如実に示している。

　この法律自体は、NGOが適正に活動することを求めて法整備したものであり、インタビューした複数のNGOが、明文化されたこと自体は歓迎している。しかし、2011年に総選挙があったことを考えると、その直前の2009年にこの法律を施行して、政権批判を封じたいという意図があったと考えることもできる。エチオピア政府の抑圧的性格は、これまでも指摘されてきた（Pausewang, Tronvoll, and Aalen 2002）。今後、エチオピア政府が、市民社会や国民とどのような関係を構築しようとしているのかは、注視して行く必要があるであろう。

謝　辞

　本論考の調査は、日本学術振興会科学研究費補助金による「NGO活動の作りだす流動的社会空間についての人類学的研究—エチオピアを事例として」（課題番号：25300049、研究代表：宮脇幸生）、「現代エチオピア国家の形成と農村社会における女性の役割に関する実証的研究」（課題番号：26300036、研究代表：石原美奈子）によって実施いたしました。記して、感謝いたします。

文　献

Amhara Women's Association, 2013, "Background Information about the Association", Addis Ababa: Amhara Women's Association,（Retrieved January 20, 2017, http://www.amharawomenasso.org.et/en/about_us.php）.
Asnake Kefale and Dejene Aredo, 2009, "Civil Society and Governance

in Ethiopia since 1991," OSSREA ed. *Good Governance and Civil Society Participation in Africa*, Addis Ababa: Organisation for Social Science Research in Eastern and Southern Africa, 89-112.

Carroll, Thomas F., 1992, *Intermediary NGOs: The Supporting Link in Grassroots Development*, Conneticut: Kumarian Press.

Center for International Human Rights, 2009, *Sounding the Horn: Ethiopia's Civil Society Law Threatens Human Rights Defenders*, Chicago: Center for International Human Rights, Northwestern University School of Law.

Civil Society Fund Ⅱ, 2017, "About CSF," Civil Society Fund Ⅱ, (Retrieved January 20, 2017, http://csf2.org/?q=content/about-csf).

CSO Taskforce, 2011, *Users' Manual for the Charities and Societies Law*, Addis Ababa: Taskforce on Enabling Environment for Civil Society in Ethiopia, (Retrieved February 15, 2016, http://csf2.org/sites/default/files/Users%20Manual%20for%20the%20Charities%20and%20Societies%20Law%20(1).pdf).

Dereje Feyissa, 2011, "Aid Negotiation: The Uneasy "Partnership" between EPRDF and the Donors," *Journal of Eastern African Studies*, 5: 788-817.

Dessalegn Rahmato, 2002, "Civil Society Organizations in Ethiopia," Bahru, Zewde and Sieglried Pausewang eds., Ethiopia: *The Challenge of Democracy from Below*, Uppsala: Nordiska Afrikainstitutet, 103-119.

Dupuy, Kendra E, James Ron, and Aseem Prakash, 2015, "Who Survived? Ethiopia's Regulatory Crackdown on Foreign-Funded NGOs," *Review of International Political Economy*, 2(2)：419-456.

Farrington, John and Anthony Bebbington, 1993, *Reluctant Partners?: Non-Governmental Organizations, the State and Sustainable Agricultural Development*, New York: Routledge.

Fowler, Alan, 2000, "Introduction: Beyond Partnership, Getting Real About NGO Relationships in the Aid System," *IDS Bulletin*, 31：1-13.

外務省，2015,「国際人権規約」，外務省ホームページ（2017年1月20日取得、http://www.mofa.go.jp/mofaj/gaiko/kiyaku/）．

Gershman, Carl and Michael Allen, 2006, "The Assault on Democracy

Assistance," *Journal of Democracy*, 17：36-51.
Guardian, 2009, "Ethiopia Curb on Charities Alarms Human Rights Activists", 26 January, 2009, (Retrieved January 15, 2016, http://www.theguardian.com/world/2009/jan/26/ethiopia-charities-human-rights).
Hayman, Rachel, Thomas Lawo, Angela Crack, Tiina Kontine, Joan Okitoi, and Brian Pratt, 2013, *Legal Frameworks and Political Space for Non-Governmental Organizations: An Overview of Six Countries*, Bonn: European Association of Development Research and Training Institutes.
Human Rights Watch, 2010, "Yoseph Mulugeta, Ethiopia," 8 October 2010, (Retrieved January 15, 2016, https://www.hrw.org/news/2010/10/08/yoseph-mulugeta-ethiopia).
Human Rights Watch, 2012, "Ethiopia: Supreme Court Ruling Marks a Further Erosion of Human Rights Work," 19 October, (Retrieved January 15, 2016, https://www.hrw.org/news/2012/10/19/ethiopia-supreme-court-ruling-marks-further-erosion-human-rights-work).
Meskerem Geset, 2009, *The New Charities and Societies Proclamation and its Impact on the Operation of Save the Children Sweden-Ethiopia*, Addis Ababa: Save the Children Sweden-Ethiopia.
西　真如, 2009, 『現代アフリカの公共性 ―エチオピア社会にみるコミュニティ・開発・政治実践』昭和堂.
Pausewang, Siegfried, Kjetil Tronvoll, and Lovise Aalen eds., 2002, *Ethiopia since the Derg: A Decade of Democratic Pretension and Performance*, London: Zed Books.
Shinn, David Hamilton and Thomas P. Ofcansky, 2013, *Historical Dictionary of Ethiopia*. Lanham: Scarecrow Press.
U.S. Department of State, 2009, "2008 Human Rights Reports: Ethiopia," Washington, D.C.: U.S. Department of State.

・・・・・・・・・・・・・ 第 2 章 ・・・・・・・・・・・・・
エチオピアにおけるNGOの活動領域の検討
―市民社会に関する法律の影響とNGOの対応と認識―[1]

利根川　佳子

1. はじめに：問題意識と研究目的

　1970年代以降、国際的にNGOの数が増加し、サハラ以南アフリカでは特に1990年代以降NGOの数が増加傾向にあり、国際社会におけるNGOの影響力が高まっている（Paulos 2005；Banks and Hulme 2012）。2016年に新たに合意された「持続可能な開発目標（Sustainable Development Goals, SDGs）」のゴール17のなかには、持続可能な開発の達成のために、政府、市民社会、民間セクターとのパートナーシップの重要性が含まれており、NGOは市民社会の一部としてその役割を期待されている（UN 2015）。NGOは農村部に居住する人々や貧しい人々にもっとも近く、そのような人々の状況やニーズを理解できる存在として、多くの研究者によって議論されている（e.g. Biggs and Neame 1996；Eade 2000；Choudhury and Ahmed 2002；O'Dwyer and Unerman 2008; Tonegawa 2014）。このような認識と期待のもと、NGOはガバナンスや人権の促進などにその活動領域を拡大している（Paulos 2005）。

　NGOの影響力が拡大するなかで、NGOに対する法律や規定が各国で策定されているが、その法律内容が規制的な傾向にあることが指摘されている（Dupuy, Ron, and Prakash 2015）。特に、サハラ以南アフリカ

---

[1] 『アジア太平洋討究』2017年 No. 28（pp. 293-320）をもとに加筆・修正したものである。

においては、2000年代から法律が策定されており、2015年以降わずか2年弱の間に14ものNGOに関連する法律、規定などが新たに制定されている[2]（ICNL 2016）。そして、近年制定された法律や規定は、NGOの活動領域を制限する場合が多いという報告がある（ICNL 2011；2016）。国際的には、NGOは政府に対して啓発活動を実施しており、その領域の多様化と拡大が注目を集めている一方で、規制的な法律のもとで、多くのNGOが困難な状況に面していることが推測される。

　エチオピアでは、2000年以降ローカルNGOが急速に活動を拡大していたなか、2009年に「慈善団体および市民団体に関する布告（Charities and Societies Proclamation No.621/2009）」（通称Civil Society Organization Law、以下CSO法）が制定された。エチオピアにおけるNGOセクターは、同国のオロミア州やアムハラ州において、州予算の3分の1に相当する規模を有しているという報告もあり、NGOはエチオピアの発展に寄与しているといえる（ECSF 2015）。そのような状況であるにもかかわらず、CSO法の内容は規制的であるとして多くの批判を受けている（e.g. Aalen and Tronvoll 2009；Ashagrie 2013；Hodenfield 2014）。さらに、エチオピアのCSO法は、近年ウガンダやケニアなど、近隣諸国のNGOに関連する法律に影響を与えているといわれている（Mwesigwa 2015）。英紙「ガーディアン」のインタビューのなかで、ウガンダの人権派弁護士は、「極端に弾圧的なNGO法は、2009年のエチオピアから始まった。そして東アフリカやアフリカの角に位置する諸国がエチオピアから学んでいる」と皮肉を述べている（Mwesigwa 2015：Para. 8）。実際に、ケニアではNGO法に新たな規定を導入する動きがあり、これに対して

---

[2] e.g. マラウイ（2000年）、ルワンダ（2008年）、シエラレオネ（2009年）（INCL 2013a；2013b；2013c）。

反対したNGO500団体が2014年に閉鎖に追い込まれている（Mwesigwa 2015）。また2015年5月には、南スーダンにて新たな規制的な法律が制定されている（Mwesigwa 2015；ICNL 2016）。国外にまで影響力をもつエチオピアのCSO法は、制定から9年たった今、エチオピア国内のNGOセクターに対してどのような影響を与えているのだろうか。国際的にはその活動領域を拡大しているNGOは、規制的な法律のもとでは、どのような活動を期待され、その正当性を保持しているのだろうか。

本章では、このような問題意識のもと、エチオピアにおいて2009年に制定されたCSO法がNGOセクターにおよぼした影響を明らかにし、同国のNGOの活動領域について検討する。次節および第3節では、先行研究として、NGOの活動領域の議論とエチオピアにおけるNGOセクターの発展についてまとめる。そして、第4節では研究の方法を説明する。第5節および第6節では、主な調査結果である、CSO法制定の背景と特徴（第5節）およびCSO法のNGOセクターへの影響（第6節）を記述する。最後に、第7節において、調査結果の考察を行う。

2．先行研究に見るNGOの活動領域

2.1　NGOの活動領域の決定要因

まず、NGOの活動領域に関する要因について既存研究をもとに議論する。秦は、政治システムとしての国家、経済システムとしての市場、社会システムとしてのコミュニティを三元論として位置づけ、この3つのシステムの中央に位置する領域を、NGOを含む市民社会の領域としている（秦 2014）。重冨は、NGOの活動は、NGOの主体的属性があり、その上で、政治的スペースおよび経済的スペースによって形成されると主張した。NGOの主体的属性とは、スタッフや会員の思想や社会的バッ

クグラウンド、財政的基盤である。そして、政治的スペースは、NGOが自由に活動できる政治的環境であり、その環境を形成するのは、政府とコミュニティである。政府においては、NGOに対する規制の方法および強さが、コミュニティにおいては、伝統的規範や地域の社会規範が、NGOの政治的スペースに影響を与える。一般的には、政府が専制的であれば、NGOの政治的スペースが小さくなる可能性が高い。経済的スペースは、市場と政府が財やサービスといった資源を人々に供給することが十分に機能しない場合、NGOに新たな資源分配者としての役割が生まれるとしており、これは序章で言及されている「政府の失敗」および「市場の失敗」の議論にもつながる[3]。NGOの経済的および政治的スペースの大きさは、その国の状況によって異なる。たとえば、経済的に貧しい途上国においては、NGOの経済スペースは大きい。重冨は、経済的スペースおよび政治的スペースが両方大きい国として、バングラデシュやインドネシア、パキスタンなどをあげており、経済的スペースが大きく、政治的スペースが小さい国の例としては中国を、両スペースが小さい国としてはシンガポールをあげている（重冨 2001）。

　このような秦や重冨の議論やTonegawaの調査によるエチオピアにおけるNGOの状況を鑑みると、途上国のNGOの活動領域の決定要因は大きく4つの要因があるといえるだろう（重冨 2001；Tonegawa 2014；秦 2014）（表1参照）。第一に、NGOの主体的属性である。重冨が示す、思想や社会的バックグラウンド、財政的基盤に加え、代表や職員の能力も関わってくるだろう（重冨 2001）。第二に、政治的要因である。国家権力の強さ、特に専制的側面が影響する、NGOに対する規制の方法お

---

[3] 重冨（2001）は、市場と政府に加え、「コミュニティ」といった「社会」システムも資源分配をしていると指摘している。

よび強さである。そして、第三に経済的要因である。国家や市場による財やサービスの分配状況に加え、地域住民の経済的貧困レベルといった、経済的状況が影響する。第四に、社会的要因である。社会の公正性といった社会的状況や、社会・福祉サービスへのアクセスやコミュニティの伝統的・社会的規範が影響すると考える。4つの要因すべてがNGOの活動領域を考察する上で重要となり、また相互に関係するものである。さらに、それぞれの要因の比重はその国の状況によって、異なることが想定される。本研究では、政治的要因の一部である、エチオピアにおける法律の影響に特に着目し、調査を実施した。

表1　NGOの活動領域の決定要因

NGOの主体的属性	メンバーの思想、社会的バックグラウンド、財政的基盤、人的能力
政　治　的　要　因	国家権力の強さ（専制的側面）、NGOに対する法律の内容、規制の度合
経　済　的　要　因	国家や市場による財やサービスの分配状況、地域住民の経済的状況（貧困レベル）
社　会　的　要　因	地域住民の社会的状況（社会的公正）、社会・福祉サービスへのアクセス、コミュニティの伝統的・社会的規範

（出所）重冨(2001)、秦(2014)、Tonegawa(2014)をもとに筆者作成

2.2　NGOの活動領域の変化

　NGOの活動領域の拡大に関して、KortenはNGOの世代論で説明している（Korten 1990）（次頁表2参照）。第一世代のNGOは、慈善の精神に基づき、受益者の人々に足りないものを補うサービスの直接供与を行う（Korten 1990）。第二世代のNGOは、受益者が自立できる能力を高めるためのエンパワーメントの活動を行う（Korten 1990；三宅 2016）。第三世代のNGOは、持続可能性を念頭に、政策や制度といったシステ

ムを変革するための活動を行う。これには政府への提言活動や能力強化も含まれ、啓発活動が不可欠となる（三宅 2016）。第四世代のNGOは、国を超えて地球規模の視点をもち、制度や地域住民の生活の変革を促す、と説明し、活動領域の拡大を示した（三宅 2016）。

Kortenと同様に、Heyzerは、特にアジアのNGOの機能の変化に注目し、福祉とサービスの直接供与から、啓発活動、ロビイング、政治的な活動までNGOの活動領域の変化と広がりを示している（Heyzer 1995）。具体的には、以下の3つの活動の領域での役割を現在のNGOは担っているという（Heyzer 1995)[4]。①草の根レベルの人々を支援し、持続可能な開発の達成には必要であるエンパワーメントを行うこと、②国内および国外のネットワークを通じて政治的な影響を強めること、③開発アジェンダの方向性の形成に参加すること、である。いずれの活動領域においても、NGOはサービスの直接供与から啓発活動や政治的な活動に広がりを見せている。Heyzerによれば、伝統的なNGOは、サービスの直接供与の役目を担い、政府を補完してきたが、現在のNGOは、経済や政治が人々や環境に適応した構造になるための変革（transformative）の役割を担っていると指摘している（Heyzer 1995）。現在のNGOの活動領域は、サービスの供与といった一時的な活動領域から、エンパワーメントや持続可能な開発を目指す啓発活動などの長期的な活動領域へと進展しているのである（Korten 1990; Heyzer 1995）。

---

[4] 三宅（2016）が指摘するように、一団体が、Kortenの示す複数の世代の機能をもっている場合もあり、また必ずしも第一世代が第四世代より劣るというわけではない。第一世代には災害時の緊急支援も含まれ、緊急時に柔軟で迅速な支援ができるNGOの役割は大きい（三宅 2016）。

表2　NGOの世代論

第一世代	受益者の人々に足りないものを補うサービスの直接供与．その場限りの活動
第二世代	受益者が自立できる能力を高めるためのエンパワーメントの活動
第三世代	持続可能性を念頭に、政策や制度といったシステムの変革するための活動．政府への提言活動や能力強化、啓発活動
第四世代	国を超えて地球規模の視点をもち、制度や地域住民の生活の変革を促す活動

(出所）Korten（1990）、三宅（2016）をもとに筆者作成

　さらに、Edwardsは、NGOは単なるサービスの提供者ではなく、柔軟で革新的な存在であるべきであり、「NGOは考える者、人を動かす者、革新する者、主張する者」でなけれなければならないと主張している（Edwards 2004＝2006：98)。この考え方は、KortenやHeyzerの示すNGOの活動領域の拡大と重なる。Edwardsは、政府には、NGOや企業ができないような必要なサービスへのアクセスを保証する役割があり、NGOには市民の声を集約し、変革へ向けて政府へ圧力をかける役割があると主張し、政府とNGOの役割を分類して分析している（Edwards 2004)。そして、NGOがその役割を果たすために、政府はNGOなどが「必要なときは介入できるように、法律と社会政策の枠組みを作る責任」があると議論している（Edwards 2004＝2006：204)。その一方で、Edwardsは、現実には政府の公共サービス提供の補完を担う「NGOの下請化」という危険な潮流があることを指摘している（Edwards and Hulme 1996；Edwards 2004＝2006：106)。そして、このような「NGOの下請化」によって、NGOの利点である柔軟性や迅速な対応、変革の能力が失われている可能性がある（Edwards and Hulme 1996)。この傾向は、NGOに対する規制的な法律によって助長されることが推測される。

3．エチオピアにおけるNGOの活動領域の変化

　序章にあるように、1973年と1984年の干ばつおよび飢饉によって、多くの国際NGOがエチオピアで緊急支援を開始し、この動きが国内におけるローカルNGOの設立を促した（Kassahun 2003；Dessalegn 2008）。Kortenが示す、サービスの直接提供を実施する第一世代の特徴をもったNGOが活動を始めたことになる。しかし、当時の軍事社会主義政権はNGOの活動を積極的に認めたわけではなかった（Campbell 2003）。その後、軍事社会主義政権を倒した、エチオピア人民革命民主戦線（Ethiopian People's Revolutionary Democratic Front, EPRDF）現政権においても、2000年代に入るまでNGOに対する規制を緩めることはなかった（Dessalegn 2008）。

　2000年代に入り、貧困削減戦略書（Poverty Reduction Strategy Paper）の策定により、政府はNGOとのパートナーシップを重視する政策に初めて転換した（Dessalegn 2008）。このときには、多くのNGOは人権アプローチ（Rights-based Approach/Human Rights Approach）を有し、多様な権利の実現を目指した活動にその領域を拡大していた。人権アプローチは、すべての人にとって、人権の享受は法的および道徳的な義務であることを基本的な考えとする（Jonsson 2003）。1990年代以降に広がり、もっている資源をどのように活用するのかといった自立の方法を提案するアプローチである（Jonsson 2003）。それ以前は、1970年代以降広まったベーシック・ニーズ・アプローチ（Basic Needs Approach）が国際的な開発アプローチの主流であった。食糧や水、教育など、最低限必要なベーシック・ニーズがない周縁化された人々に対して、サービスを提供するという慈善精神に基づくアプローチである（Jonsson 2003；Willis 2005）。ベーシック・ニーズ・アプローチは、サー

ビスの提供により、援助への依存度を高める可能性がある。一方で、人権アプローチは、団結を促し、自分たちの生活の質を向上させるためのエンパワーメントを行う（Jonsson 2003）。このようなベーシック・ニーズ・アプローチから人権アプローチへの転換は、前述したKortenやHeyzer、Edwardsが議論する、一時的なサービス提供から持続可能な開発を促す啓発活動に活動を拡大させて行った、NGOの活動領域の拡大の議論と重なる。2000年代のエチオピアのNGOの活動領域の拡大は、Korten（1990）の世代論に基づくと、エンパワーメントの活動を含む第二世代のNGOの特徴を有していることになる。

さらに、2005年の選挙においては、国際NGOとローカルNGOが、選挙管理委員のトレーニングを実施したほか、選挙後の民主的プロセスなどについての啓発活動を実施した（Paulos 2005；Aalen and Tronvoll 2009）。このときにはエチオピアのNGOは、Korten（1990）の第三世代の活動をするNGOも現れ、HeyzerやEdwardsがNGOの活動領域の拡大のなかで議論しているような、変革を促す主体としての活動を実施したといえるだろう。そのような状況のなか、2009年にCSO法が新たに制定されたのである。

4．研究の方法

4.1　研究の目的とリサーチ・クエスチョン

本研究では、前述した、国際的に議論されているNGOの状況や活動領域の変化を踏まえ、NGOの活動領域の決定要因のひとつである、政治的要因に特に着目し、エチオピアで制定されたCSO法がNGOセクターにおよぼした影響を明らかにする。そして、CSO法下でのエチオピアのNGOの活動領域について検討する。具体的には、以下のリサーチ・ク

エスチョンのもと、調査および分析を実施した。

1．CSO法はNGOセクターにどのような影響をもたらしたのか。
2．NGOはCSO法にどのように対応しているのか。
3．エチオピアにおいてNGOはどのような領域での活動を期待されているのか。

4.2　調査手法

本研究は、エチオピアの首都アディスアベバにおいて2016年2月に実施した定性的なフィールド調査に基づいている。主たる調査対象は、エチオピアで活動するローカルNGOの代表である。本研究では、実際にCSO法の影響を受けているNGO代表および職員を中心として、個人の経験に基づく認識を明らかにするため、半構造化インタビューを実施した。

本章における「ローカルNGO」とは、CSO法による分類（本書第1章）に基づくと、エチオピア慈善団体およびエチオピア在住慈善団体を意味する。また、調査対象となる主なローカルNGOは、約95％のローカルNGOが分類されているエチオピア在住慈善団体に焦点をあてた。具体的には、ローカルNGO計30団体および国際NGO3団体に所属する、ローカルNGO代表18名、ローカルNGO職員9名、ローカルNGO理事1名、元ローカルNGO代表1名、元ローカルNGO職員2名、国際NGO代表1名の計32名に半構造化インタビューを実施した[5]。調査対象者は、エチオピアのNGOセクターで8年から26年の経験を有しており、いずれもCSO法制定前後を経験している。インタビュー調査を実施したのはアディスアベバであるが、調査対象のNGOは、アディスアベバ以外にもオロミア州、南部諸民族州、エチオピア全土で活動するNGOが含まれる。

---

[5] CSO法に基づく分類では、「外国慈善団体」である。

さらに、CSO法および現在のNGOセクターの現状理解のため、慈善団体・市民団体庁職員、援助団体職員、エチオピア人研究者、リーガル・コンサルタントからも広く情報収集を行った。

5．CSO法制定の背景と特徴
5.1　CSO法制定の背景
　CSO法制定の背景は、序章および第１章に述べられている通りである。2009年に制定されたCSO法の目的は、エチオピア連邦民主共和国憲法第31条に示されている、「結社の自由の権利の実現」であると明記されている（Constitution of the Federal Democratic Republic of Ethiopia 1994；CSO法 2009）。そして、CSO法は、エチオピアの人々の発展のために、慈善団体および市民団体（Charities and Societies）を支援および促進するための法律であることも明記されている（CSO法 2009）。聞き取り調査をしたエチオピアのNGOを統括する機関である慈善団体・市民団体庁（Charities and Societies Agency, ChSA）職員も以下のようにCSO法の制定目的を説明した。

　　この法律（CSO法）以前には、（NGOに関する）法律が特になかった。（中略）CSO法はNGOを管理し、支援するためであり、NGOが資源を有効に使うようにさせるためのものだ。（ChSA職員、アディスアベバ、2016年２月16日）

　調査対象のNGO代表や職員の多くはNGOに関する法律が制定され、NGOが法的に認知されたという認識から、CSO法制定について肯定的にとらえている状況が示された。

法律があるというのはいいことだ。法律によって統治されなければならない。ルールや規則はなければならない。（ローカルNGO代表、NGO経験16年、アディスアベバ、2016年2月22日）

　　私たち（NGO）がこの国で活動するための方法を示した法律や規定がないことをNGOは（政府に）たずねていた。この質問は市民社会団体やNGOが頻繁にしていて、この法律（CSO法）制定前から訴えていた。私たち（NGO）を導いてくれ、私たち（NGO）が遵守すべき法律をNGOは求めていた。（ローカルNGO代表、NGO経験11年、アディスアベバ、2016年2月9日）

　　この国には法律がなかった。私たちは民法で管理されていた。良い法律か悪い法律かどちらにせよ、法律はなくてならないといえるだろう。（ローカルNGO代表、NGO経験23年、アディスアベバ、2016年2月10日）

　本書序章において述べられているように、CSO法には明記されていないが、同法律の目的には、NGOによる反政府活動の規制が含まれていると考えられている。Dupuy, Ron and Prakasは、政府の真の目的は、市民社会の活性化ではなく、反政府勢力を排除することであると言及している（Dupuy, Ron and Prakash 2015）。先に述べた、2005年の選挙の際に、国際NGOとローカルNGOが選挙管理委員をトレーニングしたほか、民主主義政治に関する啓発活動を実施したことが影響していると推測される。2005年にNGOによって、選挙管理委員約3,000名がトレーニングを受けると、国家選挙委員会（National Electoral Board）によってプロジェクトが中断され、裁判にもち込まれている。裁判ではNGO

側が勝利したものの、裁判結果が出たのが投票日直前であったため、NGOは選挙管理委員を予定通り派遣することができなかった[6]（Paulos 2005；Aalen and Tronvoll 2009）。その後、エチオピアのNGOネットワーク団体であるCRDA（Christian Relief and Development Associations）が、すべての政党は民主主義の思想を支持し、法を遵守するよう啓発活動を行うと、CRDAが使命とは異なる、政党のような活動をし、憲法違反を犯しているとして法務省が警告を出している[7]（Aalen and Tronvoll 2009）。そのような背景のもと、CSO法の成立は、NGOが国政に関与したことに対する政策であると指摘されている[8]（Ashagrie 2013）。インタビューのなかでも、2005年の選挙とCSO法成立の関連性を以下のようにNGO代表が述べた。

> 政府はNGOセクターを統制したいと思っている。なぜなら、NGOセクターが直接政治活動に関わっていると思っているからだ。政府は、NGOのなかには、政党と結びついて、国の法令に反して活動しているNGOがいると考えており、そのようなNGOを探すために、厳しい法律を作っている。（中略）この法律を考案した真の理由は2005年にさまざまな団体が特定の政党を支持して活動をしたことによるものだと思う。（NGOは）直接的に特定の政党の支持や批判を行うようなフォーラムも企画していた。（ローカルNGO代表、NGO経験11年、アディスアベバ、2016年2月9日）

---

[6] 選挙後、反政府デモに加わった約5,000名が逮捕、投獄されたといわれている（Aalen and Tronvoll 2009）。
[7] 現在は、Consortium of Christian Relief and Development Associations（CCRDA）に名称を変更している。
[8] 同時期に、出版法（Press law）、政党設立法（Party formation law）が設立されている（Aalen and Tronvoll 2009）。

ICNLによれば、まだ民主主義制度が成熟していない脆弱な国家において、市民社会は反政府派を擁護する立場として脅威とみなされる場合が多いことが示されており、エチオピアにおいても同様な状況があると推察される（ICNL 2011）。以下のインタビュー抜粋からも分かるように、複数のNGO代表などからその点が言及された。

　　政府は、野党と結びついている個人がいること、そしてそのような人々が問題を起こすことに対して懐疑的になっている。（CSO法制定の）目的は、完全に政治的である。ほかに理由はない。（NGO副代表、NGO経験12年、デブラゼイト、2016年2月23日）

　　（CSO法制定の背景は）政治的な可能性がある。（中略）私は、（CSO法が制定された理由は）政治的な問題に関連していると推測している。政治的な問題は、彼ら（政府）が関わってほしくないところなのかもしれない。（ローカルNGO代表、NGO経験23年、アディスアベバ、2016年2月10日）

　　（CSO法の）目的は明らかだ。（NGO）セクターを取り締まるためだ。政府は、このセクターが政治的な活動に直接関わっていることを恐れている。（ローカルNGO代表、N NGO経験11年、アディスアベバ、2016年2月9日）

上記のインタビュー抜粋のように、CSO法には、NGOの反政府活動を禁止する目的があると認識されていることが明らかになった。これはKortenが示すような第三世代のNGOの活動領域や、HeyzerやEdwardsが示すような政府に対する提言活動や啓発活動など、変革を促す活動

を制限するような内容であるといえよう（Korten 1990；Heyzer 1995；Edwards 2006）。CSO法の制定にあたり、政治的な背景があることを勘案した上で、CSO法と現在のNGOセクターの状況を検討する必要があるだろう。

5.2　CSO法の特徴：管理費の上限設定、資金源によるNGOの分類

　CSO法には、具体的なガイドライン（Directives）が存在しており、このガイドラインに基づいて、NGOは活動を実施している。CSO法には、さまざまな規定が含まれているが、そのなかでも本研究では、2つの新たな規定に着目した[9]。それは、①「管理費」の上限の設定、②資金源によるNGOの分類と活動制限である。多くのローカルNGOは、外国援助団体からの資金援助によって運営しているため、エチオピア在住慈善団体として登録している。実際に、2016年時点で、エチオピア慈善団体の数は107団体である一方、エチオピア在住慈善団体の数は2,073団体である[10]。ローカルNGOの約95％がエチオピア在住慈善団体として登録されていることになる。

6．CSO法のNGOセクターへの影響

　本節では、調査結果に基づき、CSO法のNGOセクターへの影響を述べる。具体的には、NGOの数の変化、NGOの規模の変化、NGOの活動領域の変化、NGOの政府に対する認識の4つの観点から研究結果および分析を記述する。

---

[9] CSO法の内容については本書第1章を参照されたい。
[10] 2016年2月16日のアディスアベバにおけるChSA職員へのインタビュー調査より。

6.1　NGO数の変化

　CSO法では、NGOの収入内訳のうち、「管理費」が30％、「事業費」70％と設定された。そして、この上限設定についてChSA職員は以下のように述べた。

　　　CSO法制定以前は、NGOは自分たちの資金を自由に使っていた。しかしながら、現在は、資金のうち70％はプロジェクトのために活用される。そして、NGOはその活動内容と予算を報告しなければならない。(CSO法下では、)資金がプロジェクトの受益者のために直接利用されるシステムができている。(ChSA職員、アディスアベバ、2016年2月16日)

　ChSA職員へのインタビューによると、これまでNGOは自由に資金を自己利益のために使用し、多くの資金がプロジェクトの対象者には使われていなかったという認識を示している。その状況を防ぎ、資金の多くが地域住民のために使われるようにするシステムが、この「管理費」の上限設定だという。NGO側も、以下のインタビュー抜粋のように、より多くの資金が地域住民のための事業費に使用されるようになったことを肯定的にとらえていた。

　　　地域住民のために得たプロジェクトの資金は、地域住民のために活用されるべきであるから、このような（規定ができた）ことは良いことだと思っている。資金の多くを自分たち（NGO自身）のために使用している団体がいることは確かだ。その場合、地域住民が受け取るのはほんの少しになってしまう。(ローカルNGO職員、NGO経験20年、アディスアベバ、2016年2月9日)

（管理費の上限設定は）ある意味では、良いことだ。地域住民の名前で得た資金は地域住民が受け取るべきであり、そういったことが実施されるようになったことは評価している。NGOによっては、ほとんどの資金を自分たちのために消費していたようなNGOもいる。地域住民はほとんど受け取っていなかった。（中略）このような状況を政府が管理しようとしたことは良いことだ。（ローカルNGO職員、NGO経験20年、アディスアベバ、2016年2月9日）

　前述したように、国際的にNGOは影響力を高め、地域住民にもっとも近く、地域住民の状況やニーズを把握している存在として認識されている（e.g. Biggs and Neame 1996；Eade 2000；Choudhury and Ahmed 2002；O'Dwyer and Unerman 2008）。市民社会の声を反映させる組織として認識されている一方で、地域住民の要望の実現といった目的ではなく、自己利益の追求を含んだ複雑な動機によって活動しているNGO職員の存在も明らかになっている（Tonegawa 2014）。各々のNGOが定めている使命の実現から離れ、自己利益を追求するようなNGOが、CSO法によって淘汰されたことは、Dupuy, Ron, and Prakashによっても示されている（Dupuy, Ron, and Prakash 2015）。それまでNGO自身のために自由に資金を使い、私腹を肥やしていたNGOは、CSO法制定以後、閉鎖したことが推測される。この点は、CSO法による良い影響とみなすことができるだろう。実際に、1年間の移行期間を経て2010年にNGOが再登録を余儀なくされると、その数（エチオピア慈善団体およびエチオピア在住慈善団体）は半数以下に激減した。その後、登録NGO数は増加傾向があるが、児玉（本書第1章）が示している通り、毎年多くのNGOが閉鎖している。また、2016年の全登録NGO数は3,084団体であるが、実際に活動を行っているNGOは約1,860団体であるという[11]。

NGO数について、Dupuy, Ron, and Prakashは人権に関わるNGO数の減少を示している（Dupuy, Ron, and Prakash 2015）。後述するように、本研究においても、自己利益を追求するようなNGOのみならず、広く市民社会や地域住民のために活動を実施しているNGOもその数を減少させている可能性が示唆された。さらに、本研究では人権活動を実施するNGOのほか、教育や保健など、サービス提供を中心とするNGOの活動へも影響があることが認められた。

6.2　NGOの規模の変化
6.2.1　「管理費」項目の不明確さ

　多くの資金が地域住民のために活用されるという理由から定められた、管理費と事業費の割合については、前述したように肯定的に受け止めているNGO代表や職員も多い。その一方で、インタビュー調査において、すべてのNGO代表と職員は、「管理費」の項目とその曖昧さに関して指摘した。代表的な回答を以下に抜粋する。

　　管理費が30％も割りあてられることは十分なことだ。問題は、車代、燃料代、モニタリング・評価の費用、電話代、プロジェクト・マネージャーの給料までが管理費に含まれていることだ。何もかもが管理費に分類されている。これが問題だ。管理費を削減するために職員の数を減らした。（ローカルNGO代表、NGO経験12年、アディスアベバ、2016年2月8日）

　　70：30（事業費70％、管理費30％）の規定はまったく私たちにとっ

---

[11] ChSA職員へのインタビューより（アディスアベバ、2016年2月16日）。

て問題ない。だが、30％に含まれている分類が私たちの活動に悪影響をおよぼしている。「70：30」の分類は肯定的であるし、受け入れている。私たちは、政府は寛大だと初めは思ったぐらいだ。なぜならこれまで30％も管理費に使用した経験がないからだ。管理費といえば間接費（overhead cost）として知られている。しかしこの法律（CSO法）では、管理費に含まれているものが私たちに影響を与えている。モニタリングや評価、コンサルテーション、プログラム・スタッフの給与が管理費に含まれている。これはとても厳しい。NGOにとって大きな挑戦だ。特に、小さな予算規模や資金で運営しているNGOはこれ（管理費30％）を維持することはできない。（ローカルNGO代表、NGO経験11年、アディスアベバ、2016年2月9日）

これらの回答を寄せたNGOの代表たちは、「管理費」のなかに事業費に相当するものが含まれていることが、活動に困難をもたらすことを指摘しており、類似の意見は多数聞かれた。実際に、管理費と事業費に関するガイドライン（Directives No.2/2011）に示されている具体的な「管理費」のなかには、事業費と判断される項目が含まれている。「管理費」の項目には、職員の給与、通信費、事務所の家賃などといった一般的に管理費とされる項目に加え、プロジェクト付けのスタッフ（プロジェクト・マネージャー／コーディネーター）の給与や、プロジェクトのモニタリング費（monitoring and supervision costs）といった、プロジェクトに直接関係する費用が「管理費」に含まれている[12]。国連開発計画（UNDP）を中心とする開発援助グループ（Development Assistance Group）が参加する調査チーム（Tracking Trends in Ethiopian Civil Society, TECSチーム）によると、モニタリングおよび評価費が「管理費」に含まれていることに対して、多くのNGOが誤った分類だととらえて

いるという調査結果を示している。本調査によるインタビューにおいても同様の結果を得た。さらに、TECSチームによる報告書では、モニタリングおよび評価費用が「管理費」に含まれたことによって、全体の「管理費」を30％以下にするために、多くの団体がモニタリングおよび評価の費用を削減していることが言及されている(TECS Team 2014)。また、義務づけられているプロジェクトの中間および終了評価のための、行政機関の職員によるプロジェクト訪問の日当をNGO側が支払うことが慣例になっており、この日当もNGOの「管理費」に含まれることが本調査によって確かめられた。

　そのほかにも、多くのNGOは、プロジェクト・コーディネーターやマネージャーといった、プロジェクト付けで、プロジェクトの期間のみ、その専門分野の経験ある人物を雇用するケースが多い。しかしながら、そのような経験のある優秀な人材を雇用することが困難になっていることが以下のインタビュー抜粋からもうかがえる。

　　プログラム・スタッフはプロジェクトが実施される現場に関係している。だが、彼らの給与も30％（管理費）に入る。これは大変厳しい。（ローカルNGO代表、NGO経験16年、アディスアベバ、2016年2月22日）

　　私たちは、プロジェクトの実施を計画し、報告し、モニタリングし、

---

[12] 2016年2月までに、「管理費」に関するガイドラインは2度修正が加えられている。以前は、プロジェクトに必要な物品や資材の輸送費も「管理費」に含まれていたが、2度目の修正で事業費に含まれた。また、能力開発（capacity building）、トレーニングにかかる費用の他、HIV/AIDS、障害者、高齢者に関するプロジェクトに関しては、プロジェクト・スタッフの給与を事業費とするなどの修正が一部行われている（Berhanu and Getachew 2013；ChSA 2014）。

評価するプロジェクト・スタッフが必要だ。しかし、彼ら（ChSA）は受け入れない。（中略）これは本当に深刻なことだ。すべてのモニタリングや評価の費用が管理費に含まれており、これは本当に課題だ。ほとんどのNGOはこの要件を満たすことはできないだろう。大きなNGOは問題ない。だが、私たちのような、年間予算の小さなNGOにとっては大変厳しい。この問題のために、私たちは優秀な人材や専門家を減らさなければならない。70：30（事業費70％、管理費30％）を維持するように規制されており、私たちの活動を本当に規制している。問題は、管理費と事業費の分類だ。管理費は、プロジェクト実施を円滑にするために使用するための費用だ。モニタリングや評価なしにどのようにしてプロジェクトを実施すればよいのか。（ローカルNGO代表、NGO経験11年、アディスアベバ、2016年2月9日）

本調査によると、プロジェクト期間中に雇用するプロジェクト・コーディネーターやマネージャーは、職員の兼任、もしくは未熟な若い人の雇用によって補われている状況にある。以前であれば、経験のある人物をプロジェクト・コーディネーターやマネージャーとして雇用していたが、そのような人材は給与が高いため、給与が低い若い人材を雇用するようになったという。また、コンサルタントといった、その分野の経験がある専門家からプロジェクト実施前や実施中に助言を得ていたが、そういった人物に対する謝金（consultation fee）も「管理費」に含まれているため、雇用することはなくなったという。

　管理費を削減するため、私たちは熟練者ではなく、若者を雇用することに決めた。若いスタッフの問題点は、十分な経験がなく、仕

事の質が低いことだ。このことに悩まされている。(中略) 彼ら（若いスタッフ）の仕事ぶりに満足していない。経験のある人を雇えば、仕事のパフォーマンスはあがるだろう。それ（熟練者の雇用）はいい。目標を達成できる。(しかし、) 熟練者を雇用すれば、管理費に影響する。(ローカルNGO代表、NGO経験15年、アディスアベバ、2016年2月15日)

また、プロジェクトのモニタリング費が「管理費」に含まれるため、「管理費」を軽減するためにモニタリング目的でのプロジェクト現場への訪問回数を削減した団体もある。

　私たちはプロジェクトの評価やモニタリングのためにプロジェクト現場を訪問したいが、それもできない。車代、日当、燃料費すべての費用が管理費になる。管理費が増えることを恐れて、私たちはプロジェクト現場へは行かず、オフィスでただ座っている。この状況は厳しい。(ローカルNGO代表、NGO経験12年、アディスアベバ、2016年2月8日)

　私たちはモニタリングと評価の回数を減らした。たとえば、以前6、7回実施していたモニタリングは、現在3回になった。(ローカルNGO代表、NGO経験15年、アディスアベバ、2016年2月15日)

さらに、以下のインタビュー抜粋から分かるように、事務所から遠く、移動費がかかるプロジェクトを回避するようになっている。

　70：30（事業費70％、管理費30％）の規定は、特に小規模な

NGOに活動に影響を与える。(中略) 特に、(首都の) アディスアベバから300キロや400キロ離れているような遠隔地で活動を実施している場合、プロジェクトの実施費用に含め、燃料費、スタッフの日当、モニタリングや評価の費用などがかかるので、大変難しい。遠隔地での活動に関心をもってきた小規模なNGOは、アディスアベバ近郊でプロジェクトを実施することに決めている。30％が影響をしている。(中略) 政府は70：30に対して大変厳しい。(ローカルNGO代表、NGO経験15年、アディスアベバ、2016年2月15日)

　本調査によると、「管理費」を削減するためにNGOは多くの対策をとっている。NGOの多くは、プロジェクトは地方の農村部で実施していても、援助団体やChSAとのコミュニケーションのため、首都に事務所を置いている場合が多い。調査対象のNGOのうち少なくとも7団体が、事務所の家賃を削減するため、首都中心部から家賃の安い郊外へ事務所を移転していた。また、人件費を削減するため、多くのNGOが職員数の削減を行っていた。あるNGOは140名いた職員数を現在は半数にしており、25名いた職員を現在は15名にしたNGOもいた。そのほかには、人件費だけでなく燃料費も抑えるため、以前はドライバーを雇用していたが、今はNGO代表が自ら運転するというNGOや、プロジェクト現場へ行く際には、さまざまなタスクをまとめて、複数人で行くようにするようになったというNGOもあった。人件費削減のため、多くのNGOでは、1人が複数のタスクを担うことが多くなっている。「管理費」の上限が決められたことによって、多くのNGOは節約し、無駄を省くように工夫するようになったといえるだろう。この側面を見れば、良い効果があるといえる。しかしながら他方で、モニタリングの回数を削減したり、熟練した専門家を雇用できなくなったことによって、プロ

ジェクトの質は影響を受けざるを得ないだろう。さらにこのような逼迫した財政状況のため、NGOの利点とされる、柔軟性をもった活動（e.g. Bratton 1989；Johnson 2001；Banks and Hulme 2012）を、支援を必要としながらも政府の手が届かない遠隔地に居住している住民に対して、実施できなくなっているのではないかと思われる。このような状況はNGOの活動の質に大きく影響していることが推測される。

6.2.2　援助団体からの資金援助の減少

　CSO法制定後、外国の援助団体からの資金援助の減少により、NGOの資金源が減少し、各ローカルNGOの規模が縮小していることも本研究から明らかになった。以下のインタビュー抜粋と類似の意見は多数聞かれた。

　　　多くのNGOが閉鎖していると聞いた。資金源がないからだ。私たちの団体（の状況）からもその（資金源がない）状況が分かる。私たちは、以前は30のプロジェクトを実施していた。それが、今ではプロジェクト数は4つか5つだ。（ローカルNGO副代表、NGO経験16年、デブラゼイト、2016年2月22日）

　　　以前は5団体の援助団体に申請すると、3団体ぐらいからは反応があったが、現在は5団体に申請して、1団体から返事がくればいいほうだ。（ローカルNGO代表、NGO経験13年、アディスアベバ、2016年2月19日）

　上記のインタビュー抜粋が示すように、ローカルNGOの資金源の減少がうかがえる。エチオピアで活動する国際NGOの多くは、ローカル

NGOに資金援助をしてパートナーシップを組んで活動する場合が多い。その場合、実際のプロジェクトはローカルNGOが実施し、そのモニタリングや助言を国際NGOが行う。しかしながら、国際NGOはローカルNGOに資金提供を行うのではなく、自らプロジェクトを実施するようにChSAによって強く勧められている。ChSA側の見解としては、国際NGOによるローカルNGOへの資金援助は、国際NGOとローカルNGOそれぞれが30％を「管理費」に使用するので、結果的に30％以上が「管理費」に使用されてしまい、地域住民のために使われる資金が少なくなるというのが理由のようだ[13]。しかしながら、ローカルNGOに資金援助をしてきた国際NGOにとって、自分たちで直接プロジェクトを行うことは困難であるという。国際NGOによっては、資金援助のみに特化しており、プロジェクト実施の実績のないところもある。そして、これまで資金援助を受けてきたローカルNGOにとっては、国際NGOからの資金援助を失う結果になっている。

　また、これまで人権、ジェンダー、民主的権利、子どもの権利などの活動を中心に支援してきた外国の援助団体は、支援可能なローカルNGO数が大きく減少した。前述した通り、ローカルNGO（エチオピア慈善団体およびエチオピア在住慈善団体）のうち、人権に関わる活動や啓発活動を許されているエチオピア慈善団体はわずか5％であり、95％のローカルNGOは、人権に関わる活動や啓発活動の実施ができないエチオピア在住慈善団体に登録されている。そのため、外国の援助団体はエチオピアを離れ、活動拠点を他国に移しているという。以下のインタビュー抜粋は、このような外国の援助団体からの資金確保の難しさを表している。

---

[13] ローカルNGO職員に対するインタビューより（アディスアベバ、2016年2月9日）。

人権や啓発活動といった支援を行っていた外国の援助団体がたくさんいた。しかし、彼ら（援助団体）は荷物をまとめて、自分たちの国に帰ってしまった。彼ら（援助団体）は支援者だった。彼らには、ここ（エチオピア）には一緒に活動を実施するパートナー（ローカルNGO）がいない。（中略）この状況は厳しい。新しい援助団体を探すのは難しい。（ローカルNGO代表、NGO経験11年、アディスアベバ、2016年2月9日）

　ジェンダーに基づく暴力に対して支援している外国の援助団体による資金源はたくさんあるが、私たちは活動することが許されていない。私たちが築いてきたこのような援助団体とのパートナーシップも失われつつある。（ローカルNGO代表、NGO経験11年、アディスアベバ、2016年2月9日）

　援助団体は（エチオピアのNGOの活動に対して）今は満足していない。エチオピアのNGOとともに活動するよりも、ナイロビ（ケニア）などほかの国のNGOと活動するよう変わってきていると聞いた。（ローカルNGO代表、NGO経験15年、アディスアベバ、2016年2月15日）

　実際に、ドイツの援助団体Heinrich Boll Foundationは、CSO法制定後、CSO法の内容を公に批判するとともに、エチオピアから撤退した（Sudan Tribune 2012）。外国の援助団体からの資金援助の減少により、エチオピアのローカルNGOの資金源は減少し、予算規模も縮小している状況にある。

6.3 NGOの活動領域の変化
6.3.1 人権に関する活動の制限による人権NGOへの影響

　CSO法によって、外国からの資金が全収入の10％を超える場合、権利の向上や促進、啓発活動などに関わる活動に携わることができなくなった（本書第1章）。人権に対する活動や啓発活動などを主な活動としているNGOの多くは、外国からの収入を10％以下にするため、全体の予算規模を大きく縮小していた。前述した通り、外国からの収入が10％以下であるエチオピア慈善団体数はわずか107団体である。人権問題や啓発活動などを主な活動とする、いわゆる人権NGOの予算規模は小さくなり、全体として縮小傾向にある。

　アムネスティ・インターナショナルの調査によると、2010年の再登録の際に17団体が、人権に対する活動から開発を中心とする活動に大きく変更している（Amnesty International 2012）。また、2010年の再登録の際に、エチオピアで最初に設立された人権NGOであるエチオピア人権委員会（Ethiopian Human Rights Council, EHRCO）は、12支部から3支部に減らし、職員数も85％削減したという（Hodenfield 2014）。さらに、下記のインタビュー抜粋にも言及されている、女性の権利問題に広く取り組んできたエチオピア女性弁護士協会（Ethiopian Women Lawyers Association, EWLA）は職員を30％削減している（Hodenfield 2014）。これは、人権活動を実施するために全体の予算規模を小さくするとともに、「管理費」を30％に抑えなければならないことも影響している[14]。以下のインタビュー抜粋にもあるように、これまで影響力をもっていた人権NGOは、その活動を維持するために、外国の援助団体からの資金援助を全収入の10％以下にし、全体の予算規模を小さくしている。その

---

[14] EHRCOおよびEWLAの事例に関しては、本書第1章を参照されたい。

結果、人権NGOは影響力を弱めている状況が本調査から示された。

> 多くの領域（の活動）が禁止されている。人権や啓発活動に関する活動は、今はエチオピア慈善団体しか実施できない[15]。このことは損害だ。団体の目的を変更しているNGOもいる。ほかには、エチオピア慈善団体になることを選択した団体もいる。だが、その場合（資金は）国内から得ないといけない。これはとても難しい。たとえば、EWLA。彼ら（EWLA）は、以前は大きなNGOだった。だが、財政的制約により、今は小さい。彼ら（EWLA）はこの国で大きな変化をもたらした団体のひとつだった。（ローカルNGO代表、NGO経験12年、アディスアベバ、2016年2月8日）

また、「女性（women）」の経済活動の支援は許されているものの、女性の権利に関わる「ジェンダー（gender）」に関する活動も禁止されている（本書第1章）。CSO法制定前は、多くのNGOが、特に農村部で伝統的に行われている女性性器切除（Female Genital Mutilation, FGM）や、早婚、女子誘拐といった「有害な伝統的慣習（Harmful Traditional Practice, HTP）」に対するワークショップやセミナーなど啓発活動を実施していた。しかしながら、CSO法制定後、女性の権利に関わる活動が制限されている。

> 人権などは難しい。もし女の子が誘拐されたと言ったら、それは人権問題となる。早婚も人権問題だ。そのように彼ら（政府）は言っている。早婚は人権問題だ。だから、早婚については活動で

---

[15] 正確には、エチオピア市民団体も人権・啓発活動を実施できる。

きない。これは良くないことだ。(ローカルNGO代表、NGO経験16年、アディスアベバ、2016年2月22日)

　私たちは女性の権利や子どもの権利についての活動をやめた。こういった活動すべては、私たちの活動から完全に外れてしまった。(ローカルNGO代表、NGO経験15年、アディスアベバ、2016年2月15日)

　私たちは制限されている。私たちはFGMやHTPについて活動してきた。このような慣習は多くの女の子や母親に深刻な影響を与えている。だが、この分野での活動は制限されてしまった。この分野での活動は許されていない。この分野で活動しているNGOに対して、政府は警告書を出している。FGMやHTPは私たちの分野ではなくなった。彼ら(政府)は政府やエチオピア(市民・慈善)団体の活動領域だと言っている。だた、(これらの慣習によって)多くの人々が亡くなっている。私たちはHTPのような慣習をコミュニティでよく見ている。そして、それは女の子や女性の健康(well-being)に影響を与えている。だが、私たちはそのことに対して活動をすることが許されていない。私たちの活動領域は狭まっている。(ローカルNGO代表、NGO経験11年、アディスアベバ、2016年2月9日)

特に、上記インタビュー抜粋最後のローカルNGOは、女性の人権について精力的に長年活動を実施していたNGOであるため、CSO法制定以降、活動内容を大きく修正しており、女性の人権に関わる活動ができなくなった悔しい気持ちを述べた。このような「ジェンダー(gender)」に関する活動ができず、「女性(women)」の経済的な活動の実施しかNGOが許されていない現状は、ジェンダーに関する開発アプローチの

後退を示唆している。つまり、1980年代から広がった、「ジェンダーと開発（Gender and Development, GAD）」アプローチから、1960年代に生まれた「開発と女性（Women in Development, WID）」アプローチへの後退である（田中 2002）。WIDアプローチのなかでも、貧困／公正アプローチは、女性に焦点をあて、女性の経済的自立を目指すものである（菅野・長岡・西村 2012）。しかし、WIDアプローチでは、女性を取り巻く家族や社会構造が軽視され、女性のみの状況に焦点があてられていたため、男女役割分業が維持され、女性が孤立するなどして、女性の地位は期待ほど向上しなかったという結果がある（田中 2002）。現在、国際的に広く受け入れられているGADアプローチは、女性および男性双方の社会的役割を理解し、不平等を生み出す構造の変革を目指し、平等で持続可能な開発を目標とするアプローチである（田中 2002）。

エチオピアでは、多くのNGOがジェンダーに関わる活動として、農村部で伝統的に行われているFGMや女子誘拐といったHTPに対するプロジェクトを実施していたが、CSO法制定後、実施できなくなった。NGOの活動を通じて、女性をエンパワーメントし、自立を促し、公正な社会を目指すことが困難になっている。このような状況は、HeyzerやEdwardsが示すような、持続可能な開発を促す変革というNGOの活動領域の拡大とは大きく異なる状況である（Heyzer 1995；Edwards 2006）。これまで人権に関わる活動を広く実施してきたNGOは、活動領域を大きく縮小する傾向にあることが示された。

6.3.2　人権に関する活動の制限による人権NGO以外のNGOへの影響

本研究によって、人権NGOに加え、人権問題を活動の中心にしていないNGOもCSO法による活動制限の影響を大きく受けていることが明らかになった。前述したように、エチオピアの多くのローカルNGOは人権ア

プローチに基づいて活動をしていたからである。CSO法制定後、多くのローカルNGOは、それまで団体の使命やビジョンに含まれていた、「人権」、「アドボカシー（啓発活動）」といった言葉はすべて削除し、新たに団体の使命やビジョンを修正して、2010年にNGOの再登録を行っている。

> 私たちは団体の活動目的を変更した。たとえば、私たちは人権と尊厳について活動していたが、その部分は削除した。（NGO代表、NGO経験27年、アディスアベバ、2016年2月25日）

活動内容によっては、団体名からすべてを変更しなければならないケースもあった。たとえば、家庭内紛争解決を活動の中心においていたNGOは、その活動が規定の「紛争の解決」と重なるということから、活動ができなくなった。そのため、団体名、使命、ビジョン、活動内容などすべてを変更していた。

さらにCSO法のもとでは、人権アプローチによるプロジェクトが規制されている。たとえばいくつかのNGOは、子どもの基本的人権に基づき、保健、水と衛生、教育の重要性を説き、保健センターの設立、井戸建設、学校建設などを実施していた。しかし、以下のインタビュー抜粋から分かるように、そのような人権アプローチに基づいたプロジェクトの実施が困難になっている状況が示された。

> ローカルNGOは、どの活動においても人権に関する内容を含めることはできない。私たちは人権問題に取り組むことや、啓発活動、働きかけ（lobby）などを実施することはできない。私が女子教育の啓発活動をしたいと思っても、できない。女子の権利、子どもの権利、人権について触れることはできない。（ローカルNGO代表、

NGO経験23年、アディスアベバ、2016年2月10日）

　　子どもの権利に影響する要因はたくさんある。女性の権利に影響する要因もたくさんある。だが、そのことについて地域住民に啓発活動をすることはできない。ただ、（状況を）見て、聞いて、頷いて終わりだ。（ローカルNGO代表、NGO経験15年、アディスアベバ、2016年2月15日）

　さらに、トレーニングやワークショップは、何らかの権利の啓発活動であると認識される恐れがあるため、実施が困難となっている状況が見受けられた。トレーニングやワークショップなどで、子どもの就学に対する理解の促進や手洗いなど衛生的な習慣を推進する活動までもが実施しづらくなっているという。2014年にCSO法のガイドラインが修正されるまで、トレーニング費や能力強化のための費用が「管理費」のなかに含まれていたため、トレーニングの実施が困難であったことも影響している可能性がある（ChSA 2014）。代表的な回答を以下に抜粋する。

　　たとえば、学校を建設する。私たちは、地域住民に子どもたちを学校へ送るように感化し、教育しなければならない、これが啓発活動だと認識される。（中略）保健分野の例では、母親は子どもに栄養を与えなければならない。予防接種を受けさせなければならない。彼ら（子どもたち）には健康である権利がある。これも啓発活動だと認識される。（中略）こういった啓発活動は規制されている。（中略）（もし啓発活動を行えば、）法律違反になってしまう。私たちの活動は制限されている。（ローカルNGO代表、NGO経験11年、アディスアベバ、2016年2月9日）

第 2 章　エチオピアにおけるNGOの活動領域の検討

　　彼ら（ChSA職員）は、建設などの何か有形（tangible）で物理的な形で開発に関する活動を行うように私たちに言う。しかし、そういったこと（有形のサービス提供）だけでは、開発をもたらすことはできない。この点が問題だ。建設しても、意図通りに適切に使用されない家のようなものだ。私たちは啓発活動の部分が必要だ。（現在の啓発活動ができない）この状況はあまり評価できない。（ローカルNGO職員、NGO経験20年、アディスアベバ、2016年2月9日）

上記のインタビューにおいて、ローカルNGO職員は、啓発活動がなければ、プロジェクトは成立しないという点を強調しており、トレーニングやワークショップを通した啓発活動の必要を訴えている。さらに、下記のインタビュー抜粋では、「啓発活動」を「政治的啓発活動（political advocacy）」と「教育的啓発活動（educational advocacy）」とに分類し、開発プロジェクトには「教育的啓発活動」が必要であることを訴えている。

　　私の団体は政治的啓発活動（political advocacy）に関心はない。私たちは、開発実施者（development practitioner）だからだ。私たちは、持続可能な開発や、持続可能な環境、教育などに関する活動を行い、啓発活動も行ってきた。状況に応じて必要となる啓発活動だ。以前は、こういった教育的啓発活動（educational advocacy）を快適に実施していた。私たちは政治的啓発活動とは関係がない。人権の啓発活動は政治問題に関連しているかもしれない。だが、私たちが教育的啓発活動を行うことは許されるべきだ。（CSO法の）この点は、修正されるべきだ。（ローカルNGO代表、NGO経験11年、アディスアベバ、2016年2月9日）

上記のインタビュー抜粋から、CSO法の目的のひとつとして認識されている、政治的な活動の規制が、人権アプローチでの活動やトレーニングやワークショップなどの啓発活動にまで広く影響を与えている状況が示唆される。また、以下のインタビュー抜粋では、本来政府が提供すべき学校教育や保健衛生などに関するサービス提供は現在のNGOの活動領域ではないとして、人権アプローチの重要性を訴えている。これは、KortenやHeyzer、Edwardsが議論するNGOの活動領域の拡大の議論と重なる（Korten 1990；Heyzer 1995；Edwards 2006）。

　　私たちは21世紀に生きている。現在の問題の中心は人権に基づくアプローチだ。現在の問題の中心は、人間が人間らしくより良く生きられるように啓発活動を行うことだ。NGOがサービス提供を実施するというのは、もう時代遅れだ。（中略）NGOは歴史的にも、この国においても、以前は政府に従って、サービスを地域住民に提供していた。だが、今は地域住民に人としての権利の実現を求めることを教える時代に来ている。栄養のある食事、教育、衛生的な水は人としての権利である。私たちはそのことに対する啓発活動をしなければならない。質の良いサービスについて啓発活動をしなければならない。だが、私たちはできない。（ローカルNGO代表、NGO経験11年、アディスアベバ、2016年2月9日）

　本調査から、これまで人権アプローチの観点から活動してきたローカルNGOが、現在は、建設や物資の配布といったハード・コンポーネント（目に見える有形の内容）のみでのサービスの直接供与の実施に活動を移行していることも示唆された。実際にCSO法制定以降、本調査の対象のローカルNGOで予算規模が大きくなっているローカルNGOは、緊急食糧支

援などサービス提供に特化していた。特に、近年干ばつが続いているため、国際機関などから大量の食料緊急支援が入っており、その支援の直接提供者としてローカルNGOが活動している。このような状況について、予算規模を拡大させたローカルNGOの代表は、決して楽観的ではなく、予算規模が拡大しても、人権に関わる活動や啓発活動ができないことによって、NGOの活動領域が縮小していると以下のように述べた。

> CSO法制定以後、（私のNGOの予算規模が）拡大しているからといって、CSO法が良い結果を生んでいるというわけではない。人権に関わる活動や啓発活動ができないことは、NGOとしての活動の領域を狭めている。人権に関わる活動や啓発活動ができれば、（私のNGOは）もっと成長できた。CSO法制定以後も成長をしているのは、年数を経て、自分たちが実績を積んできた結果であるだけだ。（ローカルNGO代表、NGO経験27年、アディスアベバ、2016年2月25日）

啓発活動を実施できなくなったNGOのなかには、「啓発（advocacy）」という言葉のかわりに、「説得（persuasion）」という言葉に置き換えて、啓発活動に近い活動を行っているというNGOもいた。

> 2009年以前は人権について広く議論していた。今は、ほかの言葉を使用している。「働きかけ（lobby）」や「説得（persuasion）」という言葉だ。（ローカルNGO職員、NGO経験20年、アディスアベバ、2016年2月9日）

しかし、NGOによっては「働きかけ（lobby）」という言葉は使用できないと言及しており、ChSA職員個人の許容範囲やChSAと良好な関

係性があるかなどによってその対応が異なることが推測される。そのほかには、直接的に啓発活動をするのではなく、質問を投げかけ、考えを促すという苦肉の策で対応しているNGOもあった。また、女性に対する支援は、活動を許されている女性の経済的支援をしながら、遠まわしに女性のエンパワーメントにつながる活動を行っているというNGOもあった。いずれも、CSO法に触れない方法で人権問題や啓発活動を実施する方法を模索している。

しかしながら、多くのNGOはCSO法に反することを恐れ、権利やジェンダーに関する活動、啓発活動全般、そしてトレーニングやワークショップといった活動を除外し、CSO法上問題のない建設や物資の配布といったハード・コンポーネントのサービスの直接供与のみを実施している。CSO法によって定められた人権などの権利に関する活動の制限は、人権NGOのみならず、そのほかのNGOへも影響を与え、NGOの活動領域は大きく縮小されたことが本研究によって確認された。さらに、啓発活動と認識される恐れがある、トレーニングやワークショップを避けることは、効果的にプロジェクトを実施することを困難にし、NGOの活動全体の質に影響すると推測できる。

6.4　NGOの政府に対する認識

前述したように、CSO法によって、自己利益の追求をするNGOの減少や地域住民のために使用される事業費の割合の増加、そして資金の無駄を省くといった肯定的な面が認められた。一方で、NGO全体および各々の規模の縮小、活動の質の低下、NGOの活動領域の大幅な縮小という否定的な影響が大きいことも明らかとなった。そのような状況により、NGOの多くは政府に対する不信感を増長していることが本研究によって示された。以下のインタビュー抜粋がその状況を表している。

NGOは管理される必要がある。私たちは法律はいらないと言っているわけではない。すべてのNGOが誠実に活動しているわけではない。NGOは自身の使命を果たさないでよいと私は言っているわけではない。使命に沿わない場合もある。(だが、その)解決法は大変厳しい法律を作り、すべてのNGOの活動を抑止することではない。(中略)統制し、援助団体からの支援を妨害し、活動不能にすることが解決法ではない。NGOを管理する異なるメカニズムが必要だ。私たちが適正な状況で信念をもって活動し、資金を適切に管理することができれば、厳しい法律は必要ない。(CSO法による)行政の監督は不適切だ。厳しい評価や厳しい法律はあるべきだ。だが、私たちが1ミリも動くことができないような厳しさではない。監督はとても重要である。厳しすぎない程度の監督がとても重要である。(ローカルNGO代表、NGO経験12年、アディスアベバ、2016年2月8日)

　上記のインタビュー抜粋は多くのインタビュー回答を集約したような回答である。CSO法が大変規制的であり、NGOの活動領域を制限していることに、多くのNGOは不満を抱え、同時に政府に対する不信感を高めていることがうかがえる。

(CSO法制定の目的は)透明性、アカウンタビリティの問題だと(政府は)言っている。また、NGOにとって活動しやすい環境を作ることが目的だといわれている。しかしながら、そのような内容はCSO法には含まれていない。(ローカルNGO代表、NGO経験15年、アディスアベバ、2016年2月15日)

彼ら（政府）は、NGOに期待していると言っている。そして、エチオピア政府は私たち（NGO）のことをパートナーだと認識していると言っている。（中略）パートナーになるためには、少なくとも私たちは彼ら（政府）から支援を受けるべきではないだろうか。そして、お互いを理解しなければならない。（ローカルNGO代表、NGO経験12年、アディスアベバ、2016年2月8日）

　CSO法の目的には、NGOセクターの支援と活動の促進が含まれているが、CSO法にはそのような内容は含まれていないと認識していることが上記のインタビュー抜粋から分かる。2000年以降、政府はNGOとパートナーシップを組み、協調体制の構築を目指すとしてきた。しかしながら、本研究による現在の状況からは、良好な協調体制が構築されているとは言い難い。上記および以下のインタビューからは、NGOと政府がお互いに不信感をもっていることがうかがえる。

　NGOとChSAの関係はあまり向上していないといえるだろう。お互いを相容れない存在として扱うのではなく、お互いの課題を解決するために、一緒に集まり、有機的な結束を高める方法を話し合う必要があるだろう。（中略）お互いの不信感によって、この国の未来の発展が妨げられている。（ローカルNGO代表、NGO経験23年、アディスアベバ、2016年2月10日）

　2016年2月に開かれた、ChSAによるNGOに対するフォーラムでは、約600から700団体のNGOが閉鎖されるべき状況だとChSAが伝えたという[16]。実際にわずか2015年9月から2016年2月の間に57団体のNGOが閉鎖している（Reporter 2016）。このような状況も、NGOの政府に対す

る不信感を増長しているといえるだろう。

前述したように、NGOを含む市民社会とのパートナーシップが国際的な潮流となっている。そのようななかで、エチオピア政府が認めている「市民社会」は、EPRDFが影響力をもつ専門家協会（professional association）や若者協会（youth association）といったエチオピア市民団体であるという[17]。また、エチオピアには政府系NGO（Government-Organized Non-Governmental Organization, GONGO）が存在し、そのようなNGOはエチオピア在住慈善団体として登録しているにもかかわらず、例外的にジェンダーに関するプロジェクトなどを実施している[18]。

また、エチオピア政府は、NGOがこれまで実施してきた活動を自ら行政機関で行うという姿勢を見せている。たとえば、NGOによるジェンダーの活動が制限されたが、女性問題省がその活動を拡大している（本書第1章）。また、初等教育レベルにおける教育の質の向上に関して、NGOが関与することを規制しており、その一方で教育省とユニセフなどの国際機関がパートナーシップを組み、教育の質の向上に向けて、精力的に活動を行っているという[19]。政府が公共サービスを充実させることは政府の本来の役割である。しかしながら、本調査結果で示唆されたように、政府がNGOに対して求めている役割が、公共サービスの直接提供という、政府の補完であり、Kortenの示す第一世代のNGOの機能のみであるとしたら、エチオピア政府の公共サービスの拡充に

---

[16] ローカルNGO職員（NGO経験8年）に対するインタビューより（アディスアベバ、2016年2月25日）。
[17] 元ローカルNGO職員に対するインタビュー（アディスアベバ、2016年2月13日）、援助機関職員に対するインタビュー（アディスアベバ、2016年2月22日）より。
[18] ローカルNGO職員（NGO経験12年）に対するインタビューより（アディスアベバ、2016年2月23日）。
[19] 国際機関職員に対するインタビューより（アディスアベバ、2016年2月21日）。

よってNGOセクターはその活動領域を失うことになる（Korten 1990）。政府が自ら公共サービスを充実させることで、NGOの排除を目指していることを示唆しているのかもしれない。このような状況は、KorenやEdwardsが示したような、地域住民の声を集約し、政府に対して提言活動をし、さらには変革を促すといったNGOのより広い領域での活動は、現在のエチオピアではまったく期待されていないことを示しているだろう（Korten 1990；Edwards 2004）。

7．おわりに：考察

　CSO法制定後、特に「管理費」の数値および項目の設定、そして資金源によるNGOの分類に基づく活動内容の制限により、NGOの活動領域が縮小していることが本調査によって明らかとなった。公にされているCSO法の目的は、エチオピアの人々の発展のために、NGOセクターを支援および促進するというものである。CSO法制定以降、私腹を肥やしていたNGOの活動が困難になったことは、CSO法による良い結果といえるだろう。また、NGOの全予算のうち70％が事業費に充てられることは、エチオピアの地域住民のために資金が多く使われることになり、CSO法の目的と一致しているかのように見える。しかしながら、「管理費」のなかには事業費の項目も含まれており、「管理費」30％を維持するのは多くのローカルNGOにとって大きな負担となっている現状が認められた。

　2005年の選挙の際には、一部のNGOが選挙管理員のトレーニングなど民主的な権利に関連する活動に関与し、その活動領域を拡大させたかに見えた。しかしながら、政府側にはそのようなNGOを受容するような思想や体制が整っておらず、CSO法制定によって、NGOセクターの活動領域を制限するという結果につながったことが推測される。実際に、

第2章　エチオピアにおけるNGOの活動領域の検討

　CSO法制定の目的として、NGOの政治的な活動の規制が多くのNGO代表および職員に認識されていることが本調査で示された。さらに、この政治的な活動の規制が、さまざまな権利の保障や啓発活動の禁止につながった可能性が示唆された。このような状況は、CSO法が目的としたNGOセクターの支援および促進とは大きく異なり、NGOの存在意義や正当性が危ぶまれている状況にあるといえよう。それはKortenやHeyzer、Edwardsが示すような、政府への提言活動や政策への影響力の行使といった活動領域を有するNGOは、現在のエチオピアでは期待されていないという状況を示唆している（Korten 1990；Heyzer 1995；Edwards 2004）。

　規制的なCSO法を成立させることのできる、エチオピアのような比較的強権的な国家において、NGOが政府に対して政治的な提言活動などを実施することはまだ困難な段階なのかもしれない。現在のエチオピアのNGOセクターが直面している問題は、人権アプローチでの活動の制限やトレーニングやワークショップなどの啓発活動の制限によって、サービス提供を中心とするようなNGOの活動領域までもが大きく縮小したということことである。現在のエチオピアにおいては、NGOによる政府に対する提言活動など、Kortenが示すようなNGOの活動領域の拡大以前に、サービスの提供において付随する人権アプローチや啓発活動の回復が先決だろう（Korten 1990）。そして、段階的にNGOの活動領域を拡大して行くことが必要なのではないだろうか。

　国内のNGOセクターや国際NGOなどの外部からの強い要請により、現在までに、CSO法の管理費および事業費のガイドラインは2度の修正が行われており、少しずつではあるが、CSO法に変化も起きている。また、CSO法（第7条）には、NGO自身のための収入創出活動（income generating activities）が許されており、実施しているNGOは少ないも

97

のの、収入源のひとつとして期待されている（CSO法 2009）。

　エチオピアは近年経済成長を遂げているが、国内の経済格差が広がり、貧困ライン（1日1.9米ドル）以下で生活する人々は33.5％（2010年）である（World Bank 2016）。さらに、干ばつが続くなかで、多くの人々が貧困に苦しんでいる。このような状況は、エチオピア国内におけるNGOの活動を必要とする経済的要因が大きいことを示している。今後、NGOはエチオピアで活路を見出すことはできるのだろうか。NGOの活動に対する体制がどのように変化して行くのか、その過程に今後も注目していきたい。

文　献

Aalen, Lovise and Kjetil Tronvoll, 2009, "The End of Democracy? Curtailing Political and Civil Rights in Ethiopia," *Review of African Political Economy*, 36：120, 193-20.

Amnesty International, 2012, *Stifling human rights work: The Impact of Civil Society Legislation in Ethiopia*, London.

Ashagrie G. Abdi, 2013, "The Ethiopian Civil Society Law in Light of the Principle of the Best Interest of the Child," *The Interdisciplinary Journal of Human Rights Law*, 7：127-146.

Atack, Iain, 1999, "Four Criteria of Development NGO Legitimacy," *World Development*, 27(5)：855-864.

Banks, Nikcola and David Hulme, 2012, "The Role of NGOs and Civil Society in Development and Poverty Reduction," *Brooks World Poverty Institute (BWPI) Working Paper 171*, University of Manchester.

Barroso, Mônica Mazzer, 2002, "Reading Freire's words: are Freire's ideas applicable to Southern NGOs?," *International Working Paper Series*, 11, The London School Centre for Civil Society.

Berhanu Denu and Getachew Zewdie, 2013, "Impact of the Guideline to

Determine Charities' and Societies' Operational and Administrative Costs (70/30 Guideline) – Phase Ⅲ," *Tracking Trends in Ethiopia's Civil Society Sector (TECS) Project Report 10*, Addis Ababa: Atos consulting.

Biggs, Stephen D. and Arthur D. Neame, 1996, "Negotiating Room to Maneuver: Reflections Concerning NGO Autonomy and Accountability within the New Policy Agenda," Michael Edwards and David Hulme eds., *Beyond the Magic Bullet: NGO Performance and Accountability in the Post-Cold War*, Sterling: Kumarian Press.

Bratton, Michael, 1989, "The Politics of Government-NGO Relations in Africa," *World Development*, 17(4): 569-587.

Campbell, Will, 1993, "The Potential for Donor Mediation in NGO-State Relations: An Ethiopian Case Study," *IDS Working Study* 33, Institute of Development Studies.

Charities and Societies Proclamation No.621/2009 (CSO法), 2009, Negarit Gazeta.

Charity and Society Agency (ChSA), 2014, *Amendments Made to Directive No. 02/2003 Regarding Operational and Administrative costs of CSOs*.

Choudhury, Enamul and Ahmed, Shamima, 2002, "The Shifting Meaning of Governance: Public Accountability of Third Sector Organizations in an Emergent Global Regime," *International Journal of Public Administration*, Philadelphia: Routledge, 25(4): 561-588.

Constitution of the Federal Democratic Republic of Ethiopia, 1994.

Dessalegn Rahmato, 2008, "The Voluntary Sector in Ethiopia: Challenges and Future Prospects," Bahru Zewde and Siegfried Pausewang, eds., *Civil Society at the Crossroads: Challenges and Prospects in Ethiopia*, Addis Ababa: Forum for Social Studies.

Dupuy, Kendra E., James Ron and Aseem Prakash, 2015, "Who survived? Ethiopia's regulatory crackdown on foreign-funded NGO," *Review of International Political Economy*, 22(2): 419-456.

Eade, Deborah, 2000, *Development, NGOs, and Civil Society*, New Delhi: Vedams eBooks.

Ebrahim, Alnoor, 2003, "Making Sense of Accountability: Conceptual Perspectives for Northern and Southern Nonprofits," Nonprofit Management and Leadership, 14(2): 191-212.

Edwards, Michael, 2004, *Future Positive: International Co-operation in the 21st Century*, London: Earthscan Publications.

Edwards, Michael and David Hulme, 1996, *Beyond the Magic Bullet: NGO Performance and Accountability in the Post-Cold War*, Sterling: Kumarian Press.

Edwards, Michael and David Hulme, 2000, "Scaling up NGO Impact on Development: Learning from Experience," Deborah Eade, ed., *Development, NGOs, and Civil Society*. New Delhi: Vedams eBooks (P) Ltd, 44-63.

Ethiopian Charities and Societies Forum (ECSF), 2015, *Pedaling the Change: The Second Newsletter with a Special Report on Common Concerns and challenges of the Charities and Societies Sector in Ethiopia*. Addis Ababa: Ethiopian Charities and Societies Forum.

秦　辰也編, 2014,『アジアの市民社会とNGO』晃洋書房.

Heyzer, Noeleen, 1995, "Toward New Government-NGO relations for Sustainable and People-centered Development," Noleen Heyser, James Riker and Antonio B. Quizon eds. Government-NGO Relations in Asia: Prospects for People-centered Development, London: Macmillan Press, 1-13.

Hodenfield, Tor, 2014, "The hypocrisy of foreign funding laws in Ethiopia," *Open Democracy*, April 25, (Retrieved December 19, 2016, https://www.opendemocracy.net/openglobalrights/tor-hodenfield/hypocrisy-of-foreign-funding-laws-in-ethiopia).

International Center for Not-for-Profit Law (ICNL), 2016, "Survey of Trends Affecting Civic Space: 2015-16," *Global Trends in NGO law*. 7(4), September 2016. International Center for Not-for-Profit Law, (Retrieved November 14, 2016, http://www.icnl.org/research/trends/trends7-4.pdf?pdf=trends7-4).

International Center for Not-for-Profit Law (ICNL), 2013a, "Civic Freedom Monitor: Malawi," (Retrieved November 14, 2016, http://www.icnl.org/research/monitor/malawi.html).

International Center for Not-for-Profit Law (ICNL), 2013b, "Civic Freedom Monitor: Rwanda," (Retrieved November 14, 2016, http://www.icnl.org/research/monitor/rwanda.html).

International Center for Not-for-Profit Law (ICNL), 2013c, "Civic Freedom Monitor: Sierra Leone," (Retrieved November 14, 2016, http://www.icnl.org/research/monitor/sierraleone.html).

Johnson, Craig, 2001, *Towards Accountability: Narrowing the Gap between NGO Priorities and Local Realities in Thailand*, Overseas Development Institute Working Paper 149.

Jonsson, Urban, 2003, *Human Rights Approach to Development Programming*, Kenya: UNICEF.

菅野　琴・長岡智寿子・西村幹子，2012，「ジェンダーと国際教育開発の歴史的変遷と潮流」菅野　琴・西村幹子・長岡智寿子編著『ジェンダーと国際教育開発：課題と挑戦』福村出版：18-45.

Kassahun Berhanu, 2003, "The Role of NGOs in Promoting Democratic Values: The Ethiopian Experience," Bahru Zewde, Siegfried Pausewang. eds., *Ethiopia - The Challenge of Democracy from Below*, Addis Ababa: Forum for Social Studies.

児玉由佳，2015，「2015年エチオピア総選挙 ——現政権圧勝後の展望」独立行政法人日本貿易振興機構アジア経済研究所『アフリカレポート』53：62-67.

Korten, David, 1990, *Getting to the 21 Century: Voluntary Action and the Global Agenda*, Sterling: Kumarian Press.

Mitlin, Diana, Sam Hickey and Anthony Bebbington, 2006, "Reclaiming development? NGOs and the Challenge of Alternatives," *World Development*, 35(10)：1699-1720.

三宅隆史，2016，「非政府組織(NGO)による教育協力」小松太郎編『途上国世界の教育と開発：公正な世界を求めて』上智大学出版：133-146.

Mwesigwa, Alon, 2015, "Uganda: NGO bill aims to muzzle civil society, say activists," *The guardian*, 24 June 2015, (Retrieved December 22, 2016, https://www.theguardian.com/global-development/2015/jun/24/ugandango-bill-aims-muzzle-civil-society-say-activists）.

西　真如，2009，『現代アフリカの公共性 ——エチオピア社会にみるコミュニティ・開発・政治実践』昭和堂.

Nishimura, Mikiko, 2007, "Rethinking "Partnership": Rhetoric versus Reality in International Educational Aid," *Journal of International Cooperation Studies*, 15(2): 47-74.

O'Dwyer, Brendan, and Jeffrey Unerman, 2008, "The Paradox of Greater NGO Accountability: A Case Study of Amnesty Ireland," *Accounting, Organizations and Society* 33: 801-824.

大林　稔，2007，『アフリカにおける市民社会の役割と市民社会強化支援の現状と展望』JICA研究所.

Paulos, Akalu, 2005, The Ethiopian Civil Society Phenomenon: The Prospects for Democratic Governance, A Paper presented at the Participatory Development Forum Third International Conference on "Participating to Create a Different World: Shaping Our Own Future," Ottawa.

Reporter, 2016, Amharic news article dated February 20, 2016, （Retrieved February 25, 2016, http://www.ethiopianreporter.com/content/）.

Robinson, Mark, 1997, "Privatizing the Voluntary Sector: NGOs as public Service Contractors?" David Hulme and Michael Edwards, eds., *NGOs, States and Donors: Too Close for Comfort?*, Save the Children International Political Economy Series, NY: St. Martin's Press, 59-78.

重冨真一，2001，「国家とNGO」重冨真一編『アジアの国家とNGO：15か国の比較研究』明石書店：13-41.

Shivji, Issa G, 2007, *Silences in NGO Discourse: The Role and Future of NGOs in Africa*, Oxford: Fahamu.

Sudan Tribune, 2012, "German NGO quits Ethiopia in protest against restrictions on civil rights and freedom of speech," November 15, 2012, Paris, （Retrieved October 20, 2016, http://www.sudantribune.com/spip.php?article44547）.

田中由美子，2002，「「開発と女性」（WID）と「ジェンダーと開発」（GAD）」

田中由美子・大沢真理・伊藤るり編著『開発とジェンダー：エンパワーメントの国際協力』国際協力出版会：28-41.

The Federal Democratic Republic of Ethiopia, 2009, *Charities and Societies Proclamation No.621/2009*（CSO法）, Federal Negarit Gazeta.

Tonegawa, Yoshiko, 2014, *Analysis of the Relationships Between Local Development NGOs and the Communities in Ethiopia: the Case of the Basic Education Sub-sector*, Osaka: Union Press.

利根川佳子，2017,「エチオピアにおけるNGOの活動領域の検討 ―市民社会に関する法律の影響とNGOの対応―」『アジア太平洋討究』28：293-320.

Tracking Trends in Ethiopian Civil Society (TECS) Team, 2014, "Tracking Trends in Ethiopia's Civil Society Draft Policy Belief 10: The Impact of the 70:30 guideline on monitoring and evaluation," Tracking Trends in Ethiopian Civil Society (TECS) Team ed., *Tracking Trends in Ethiopian Civil Society 2011-2014: Policy Briefs, Information Bulletins and Updates*, Addis Ababa: Central Printing Press: 60-69.

United Nations (UN), 2015, *General Assembly: Resolution adopted by the General Assembly on 25 September 2015*, A/RES/70/1.

Willis, Katie, 2005, *Theories and Practices of Development*, Oxon: Routledge.

World Bank, 2016, *Poverty data: Poverty and Equity, Ethiopia*, (Retrieved October 20, 2016, http://povertydata.worldbank.org/poverty/country/ETH).

第3章

内戦支援からNGOへ
―ティグライ女性協会の活動を中心に―

眞城　百華

１．はじめに

　アフリカにおけるローカルNGOの活動には、開発分野を中心に関心が高まっている。開発分野におけるローカルNGOの活躍は目覚ましく、地域開発において政府、国際機関や国際NGOの開発パートナーとして頭角を現しているが、多数存在するローカルNGO個々の性格や社会、国家との関わりについては十分な研究がなされているとはいいがたい。本章では、エチオピア最北部に位置するティグライ州におけるローカルNGOの活動に着目する。ローカルNGOが市民社会の代表、草の根の声の代弁者、参加型開発の主体などと積極的に評価され、文字通り政府とは一定の距離をとる存在として注目されている。他方で、アフリカ人が運営するローカルNGOはその設立経緯や運営において開発アクターとして州政府や政党と非常に深い関係を構築している場合もある。ティグライ州を支持基盤とするティグライ人民解放戦線（Tigray People's Liberation Front, TPLF）は1991年の前政権崩壊後に樹立された新政府のもと、ティグライ州において支配的影響力を維持している。本章では同党と関係が深いティグライ州を活動拠点とするローカルNGOをとりあげる。ローカルNGOの活動とともに、政党とローカルNGOの関係を歴史的に検証することも目的としている。本章でとりあげる3つのローカルNGOはティグライ州で影響力をもつだけでなく、TPLFが中央政府

でも実権を掌握した1990年以後にティグライ州におけるローカルNGO運営の実践の経験に基づいてほかの州でも政府系NGO創設に影響をおよぼしている[1]。エチオピアにおける政府系NGOを通じた政治の影響を検討するために政府がモデルとして提示した3ローカルNGOの成立過程と活動を理解することが肝要となる。

2．ティグライ州におけるNGOの成立と展開

ティグライ州は、エチオピア最北部に位置し、住民の民族構成は約95％がティグライ（Tigray）であり、そのほかマイノリティであるクナマ（Kunama）、イロブ（Irob）、アガメ（Agame）なども居住する。ティグライ州の人口は約620万人であり、エチオピアの総人口の約8％に当たる。ティグライ人はオロモ（Oromo）、アムハラ（Amhara）、ソマリ（Somali）についでエチオピアの人口第4位の民族である。ほかのエチオピアの多くの地域と同様に約85％が農村居住であり、大多数が農業によって生計を営んでいる。

ティグライ州におけるローカルNGOの展開は、エチオピアの他州とは異なる特徴をもつ。ティグライ州全域を管轄する3つの大規模なNGOが、現政権下で影響力を維持している。本節では、まず、政府系NGOの設立前史となる70年代後半から80年代の内戦期のTPLFの解放区

---

[1] 本書第1章のアムハラ州の事例にあるように、1991年にアムハラ開発協会（ADA）、1998年にアムハラ女性協会（AWA）が設立されている。またオロミア州でもオロモ開発協会（ODA）、オロモ女性協会が設立されており、ティグライ州の政府系NGOのモデルが全国に拡散している。これらの組織は、各州全域を活動領域としている点、州政府と密接な関係がある点に共通項がある。ADAやODAの活動内容は、ティグライ州におけるRESTとTDAの活動を統合したものとなっている。また本書コラム1のアムハラ復興開発組織（Organization for Rehabilitation and Development in Amhara, ORDA）の活動はRESTの食料援助体制をモデルとして設立されたものである。

における活動を概観する。次いで、1991年のデルグ政権崩壊後のティグライ州におけるローカルNGO設立についてとりあげる。

2.1 政府系NGO成立前史

1974年のエチオピア革命以後、デルグ政権の成立に反発したティグライ人学生を中心にティグライ民族組織（Tigray National Organization, TNO）が結成され、翌1975年にTNOを母体としてティグライ人民解放戦線（TPLF）が結成された。TPLFは反デルグ政権に加えてティグライ民族と階級の解放を主張し、マルクス・レーニン主義を標榜した。TPLFは結成直後からティグライ州西部やスーダン東部を拠点として武装闘争を展開し、他方では階級闘争を訴えて農民層の支持獲得を狙った。政府軍やほかの反政府組織との攻防を繰り返しながら、TPLFは支配下においた解放区と呼ばれる地域において、土地配分や行政機構の創設も実施した。

ソ連の支援を受けるデルグ政権と対峙しながら、デルグ政権と同じくマルクス・レーニン主義を標榜するTPLFは、当初は欧米はじめ西側諸国から直接援助を受けることも困難であった。TPLFは解放区となった農村において農民・若者・女性を組織化の対象とし、TPLF支持を獲得した。解放区における農村の支援に加えてTPLFに強力な支援を行ったのが、難民などの地位を得て欧米や中東などに居住する在外ティグライ人である。

ティグライ救済協会（Relief Society of Tigray, REST）は1978年にTPLFの下部組織として結成された[2]。当初の活動はTPLF解放区における保健と教育分野における支援活動であったが、後に飢饉が頻発す

---

[2] TPLFによるREST結成の背景には、TPLFが結成時から支援を受けたエリトリアの解放勢力（エリトリア解放戦線、エリトリア人民解放戦線）の支援体制の経験が深く影響をおよぼしている。本章では紙幅の関係で上記について扱えないため別稿で論じたい。

るティグライ州における飢饉救済活動が重要な課題となった（Peberdy 1985：19）。1984〜85年にエチオピアを襲った大飢饉の際、デルグ政権は反政府勢力が支配するティグライ州北部には、飢饉対策の救援物資を送らなかった。飢饉にあえぐTPLF解放区の人々を救済するために、RESTが中心となってスーダンを拠点に活動する国連難民高等弁務官事務所（United Nations High Commissioner for Refugees, UNHCR）や国際支援団体と連携し、救援物資である食糧を解放区の農村に届けた。また、食糧の到着を待てずに国内避難民となった人々に対して、政府軍の攻撃を避けながら避難民キャンプのあるスーダン東部まで誘導する、避難ルートの確保も行った（Young 1997）。この間、スーダンにはティグライ州から約16万人の避難民が押し寄せた（Hendrie 1994）。

　RESTの誘導によって難民となったティグライ人の一部は、難民資格を得て欧米諸国に第三国定住した。彼らは移住先の国で内戦と飢饉に苦しむティグライ人に対する支援を目的にTPLFならびにRESTの支援を展開した。国際支援団体によるRESTを通じたティグライ支援もさることながら、在外ティグライ人による支援も内戦期から始まり、RESTが在外ティグライ人とティグライ社会を接続して確保した内戦下の支援は、戦後の復興支援にもつながる伏線となる。RESTは欧米や中東に難民として居住する在外ティグライ人から支援を受けるだけでなく、在外ティグライ人と連携し世界各地に支部を設立し、支援の受け皿となる体制を確立した（Borton 1994）。飢饉の救済活動の経験を経て、RESTは内戦下から救済、復興、開発に関わるプロジェクトを開始した（Peberdy 1985）。

2.2　ティグライ州における政府系NGO・ローカルNGOの成立
2.2.1　ティグライ州における政府系NGO（GONGO）の展開

　ティグライ州においてTPLFと関係をもつ3つのNGOを政府系NGO

(Government Organized NGO, GONGO) としてとりあげるが、REST、ティグライ開発協会（Tigray Development Association, TDA）、ティグライ女性協会（Women's Association of Tigray, WAT）は、それぞれが異なる成立経緯をもつ[3]。開発プロジェクト重視のRESTとTDAに対して、WATは開発プロジェクトを推進するとともに、女性組織としての性格も有する。これらティグライ州のGONGOは、70年代から80年代の内戦期に活動起源をもち、各NGOの中核に政治家やTPLF党員が参加している点、政党や州政府と関係が深い点が特徴的である。

1991年5月にエチオピア人民革命民主戦線（Ethiopian People's Revolutionary Democratic Front, EPRDF）とEPLFが中核となりデルグ政権を崩壊させ、長年にわたる内戦に終止符が打たれた。EPRDFを中心に暫定政権が成立し、1995年の総選挙と新政権樹立に向けた政治転換が図られた[4]。デルグ政権崩壊とともに、TPLFは政党として新政権成立の中核的役割を担った。TPLFの政党登録を機に、TPLF傘下で内戦の支援活動を行った組織も新政権下で新たな方向に舵を切った。RESTはNGOとして新たに活動を開始した。ティグライ州は飢饉の多発地帯であり、RESTは内戦時代に培った食糧支援などの飢饉救済活動を継続した。さらにRESTはローカルNGOとして、内戦終結直後からティ

---

[3] 政府系NGO（GONGO）については本書の序章を参照してほしい。GONGOの性格については研究の進展にともない多様な特徴がとりあげられている（Fowler 1997, Hasmath 2016）。GONGOを細分化すると州政府が組織するNGO（State-Organized NGOs, SONGOs）や政党が組織するNGO（party-organized NGOs, PONGOs）なども指摘されている。TPLFとつながりをもつREST, TDA, WATはSONGOs, PONGOsにもあてはまるが、TPLFのエチオピア全域における政治的影響力を考慮し、本章ではGONGOとしてとりあげる。

[4] EPRDFは、1989年にTPLFとオロモ人民民主組織（Oromo Peoples' Democratic Organization, OPDO）、アムハラ民族民主運動（Amhara National Democratic Movement, ANDM）、南部エチオピア人民民主運動（South Ethiopian Peoples' Democratic Movement, SEPDF）の4地域政党の連合として結成された。

グライ州でTPLFとの紐帯を基盤に、戦後の復興活動においても主要な役割を担った。

　RESTの活動で注目すべき点は、内戦下からティグライ州において行った支援の経験が、戦後の復興と開発プロジェクトの遂行に生かされた点である。RESTは80年代の内戦や飢饉支援において国際機関と連携を図った経験を基盤に、戦後も同様に国際機関と提携したプロジェクトを実施し、また在外ティグライ人によるティグライ復興支援の受け皿となった。TPLFやRESTの支援を受けて内戦期に国外に逃れた在外ティグライ人のなかには、戦後エチオピアに帰還してRESTの一員として復興計画に参画したものも多くいる。RESTの活動はティグライ州全域におよび、各県、郡、村に支部を設置した。各地のニーズに応じた復興・開発計画を立案、資金確保を行い、多様なプロジェクトを遂行した。政治の転換期に行政が十分に機能を果たせない時期に、RESTが担った復興と開発のプロジェクトは多岐にわたる。緊急食糧支援に加えて、道路、井戸や水道施設の設置などインフラ整備、託児所の運営、学校建設、医療施設の建設、農業指導やシードバンク運営、植林や土壌侵食防止プログラム、マイクロファイナンスなどが実施された（REST 1995）。これらの一連のプロジェクトはその後、行政やほかのNGO、金融機関に担い手を変更することになり、RESTが担うプロジェクトは2000年頃には緊急食糧支援、水資源開発、環境リハビリテーションと農業開発、保健分野に移行した。

　TDAは、内戦中の1989年8月にアメリカのワシントンで在外ティグライ人により設立された。1989年はTPLFがティグライ州全域から政府軍を掃討した年である。TPLFによるティグライ統治が盤石になったことを機に、TDAは戦後復興を目的に創設された。TDAもRESTと同じくTPLFの支援団体として結成されたが、内戦終結にともない1991

年にエチオピアでNGO登録を行い、ティグライ州の州都メケレに本拠地を移してティグライ州の戦後復興と開発を目的に再出発した（TDA 2017a）。TDAも国内だけでなく、ヨーロッパを中心に国外に在外ティグライ人をメンバーとする支部を設置している[5]（Bahru, et al 2010）。

　TDAの開発プロジェクトは多岐におよぶ。教育分野では570校の小学校、57校の中学校、計627校を新設した。また学校図書館も10施設建設した（TDA 2017b）。そのほか16校の小学校の修理、教育に必要な機材や図書の購入を行った（Bahru, et al 2010：24）。教育分野では公立図書館の建設も行い、ティグライ州全域で11図書館を建設した。保健分野でも２病院、68クリニック／ヘルスセンター、10ヘルスポストなど計80の保健・医療関係の施設を建設した。そのほか、技術訓練センターもアクスム、メケレ、セレクレカ、カラミノに創設している。４つの訓練センターでは建設、養蜂、織物、木工、金属加工の訓練を提供しており、7,000人以上が訓練を受けた。ほかに牧場を５つ、野菜とフルーツの生産センターを８つ建設、運営している（TDA 2017b）。

　TDAで特徴的なのは、開発プログラムを実施するだけでなく事業経営も行っている点にある。エチオピア全域に展開する長距離バス会社のサラームバスは、1996年にTDAにより創設された後、株式会社として民営化された。また、TDA経営の牧場に付設された牛乳加工場などもある。これらの事業は、長距離交通整備や技術訓練後のビジネス展開と結びついている。TDAは学校経営も行い、メケレ近郊にティグライ工科大学（Mekelle Institute of Technology, MIT）を2002年に設立した[6]。

---

[5] TDAの海外支部は、イギリス、ドイツ、スウェーデン、イタリア、スイス、フランスにある。
[6] 同校は、2002年から大学の学部教育に相当する授業を実施している。同校はTDA単独ではなく、ティグライ州政府、REST、ティグライ復興基金（Endowment Fund For Rehabilitation of Tigray, EFFORT）などと共同出資で運営されている。MITホームページ、http://www.mitethiopia.edu.et/background/（2017年２月10日取得）。

また、中学校までの教育において優秀な成績を収めたティグライ学生を、選抜して教育する全寮制のカラミノ高等学校（Kalamino High School）も1998年に設立し、運営を行っている。TDAは在外ティグライ人との連携を利用して、開発資金だけでなくティグライ州におけるビジネスや事業に対する投資促進も働きかけている[7]（Bahru, et al 2010：29-30）。

　TDAは会員からの会費を徴収しているが、その会員にはTDAの海外支部会員の会費も含まれる。TDAの国内会員の正確な数は、把握が困難である。ティグライ州内の公務員はTDA会費が給与から天引きされているといわれ、TDAもティグライ州の住民の大半が同組織の会員であると公表してきた。全州で大規模な活動を行うTDAが会費を徴収する人々といかなる関係を構築しているのか、また会員はTDAのプロジェクトやプログラムにより裨益はしているものの、メンバーシップ認識の有無については検証が必要である。TDAは州都メケレにオフィスを構えているがほかの地域に支部をもたず、会員の要望を聴取することは困難であり、会員との関係性においては脆弱と言わざるを得ない。2009年の「慈善団体および市民団体に関する布告（No.621/2009）」（以下、CSO法）施行後のNGO登録において、TDAはエチオピア市民団体ではなくエチオピア在住慈善団体として登録している。

　WATは1992年に創設され、その母体は内戦期に結成されたTPLFの女性兵士協会ならびにTPLF解放区の各行政区で組織された女性協会である。WATについては、次節で詳細に設立経緯や展開をとりあげる。

---

[7] 2009年までのティグライ人のディアスポラによる投資額は、全投資額約135億ブルの11.79％にあたる約16億ブルに上る。http://www.mitethiopia.edu.et/background/ （2017年2月10日取得）。

2.2.2　ローカルNGOとNGO間の連携

前項で述べたように、ティグライ州では内戦期からTPLFによる農村の組織化、救済活動、在外からの支援に起源をもち、戦後のNGO登録後もTPLFと深い連携をもつ政府系NGOが、他州に比して圧倒的に強い影響力をもつ傾向がある。他方、ティグライ州においても、戦後に活動を開始したローカルNGOも存在する。

1990年代までは、RESTとTDAの圧倒的な影響力のもと、ほかのローカルNGOの結成が非常に制限されていた。ティグライ州におけるローカルNGO結成とGONGOの関係を解明することは難しいが、内戦終結直後にGONGO以外のローカルNGOが台頭しなかった点については、複数の証言がある。アクスムの姉妹都市であるアメリカのデンバー市がアクスムに対して支援を申し出たが、海外からの支援はティグライ州全域に平等に配分されるべきであるとの理由で支援が断られた。また、TPLFは結成当初から州の北部や西部に拠点を置き、指導部にも同地域出身者が多数を占めている。地域社会に根差した小規模なローカルNGOの設立は、北部や西部では90年代末ごろには許可されたものの、長年デルグ政権の支配下に置かれたティグライ州南東部のローカルNGOの登録は、長らく認可が下りなかったという証言もある。

州全域で活動を行うRESTやTDA、WATによる支援活動では、特定の地域に特化したプロジェクト実施が困難となる。州行政が軌道に乗るまで、これらのGONGOは全州レベルで計画を立案し、主要都市や人口過密地域を重点拠点としてプロジェクトを開始したが、他方で僻地の農村など遠隔地では長期にわたりプロジェクトの順番を待つ必要が生じた。GONGOは、まさに州政府や政党と深い連携をもつ、行政の代替機関として国際支援を財源に戦後復興と開発を先導した点には一定の評価ができる。その一方で、行政やGONGOのプロジェクトが網羅でき

ない地域において、各地の実情を反映して各地域を基盤としたローカルNGOの設立が、GONGO台頭のもとで何らかの制約を受け、地域の復興や開発に負の影響をおよぼした点も看過できない。2005年の選挙以前に、ティグライ州の行政官がエチオピア南部視察に参加し、ティグライ州以外では政党や政府と連携をもたない多数のローカルNGOが活発に地域密着型の開発を担っていることを知り、ティグライ州におけるローカルNGOの在り方との相違に驚くほど、ティグライ州ではGONGO以外のローカルNGOの活動は限定的であった。

2005年の選挙後の政治弾圧に対して国際社会から批判が高じたことを受けて、ティグライ州でもローカルNGO創設が相次いだ。しかし、何らかの理由でNGO登録を拒否されたNGOが存在する可能性についても検証が必要である。また、全州レベルで活動を展開するGONGOが支配的ではあるが、一部政党の有力者とパイプをもつローカルNGOも複数存在しており、GONGOや州政府にとっても有益な開発パートナーとなっている。これらの有力なローカルNGOも独自の財源を獲得して活動を行っているが、ティグライ州でローカルNGOが多数設立した直後から、州政府やほかのNGOとの連携を図る試みも実施されている。

2007年に州政府の計画・財務局を退任したゼミカエル・ゲブレメドヒン（Zemichael Gebremedhin）を代表とするティグライ市民社会組織同盟（Alliance of Civil Society Organization of Tigray, ASCOT）が創設された。ASCOTも、慈善団体・市民団体庁にエチオピア在住慈善団体（コンソーシアム）としてNGO登録を行い、その設立目的はティグライ州における市民社会組織の代表となり、そのメンバーの能力強化とネットワーク構築を行うことである[8]。ASCOTも政党ならびに州政府と関係をもっており、ASCOTが組織したローカルNGOは、開発などの分野で特に顕著な活動を展開するNGOである。ASCOTと連携するティグライ

州のローカルNGOは、51団体ある。このうち現在判明しているASCOTに参加する33のNGOの内訳は、エチオピア在住慈善団体27、専門協会2、外国慈善団体2、そのほか2となり、エチピア在住慈善団体が大多数を占め、GONGOのRESTとTDAが含まれる[9]。外国慈善団体はSOS子ども村メケレ支部（SOS Children's village Mekele）とアフリカ・サービス委員会（Africa Service Committee）である[10]。

　ASCOTは州政府と参加NGOをつなぐ役割を担い、年に2回、州政府・NGOパートナーシップフォーラムを開催している[11]。全参加NGOを集めた総会を年1回開催し、参加NGOに対するキャパシティビルディング・プログラムも実施しているが、主要な役割は援助調整やNGOに対する啓蒙、州政府との連携である。ASCOTが戦略計画を立て、また、失業問題のような大きな課題に対して欧米諸国や海外援助団体からの多額の資金を調達し、それを同プログラムに参加表明したNGO間でプロジェクトごと資金配布も実施する[12]。開発資金の有効活用やプロジェク

---

[8] ASCOT, "Profile of NGOs Operating in Tigray Regional State", Zemenawi Printing Press, 出版年不明。

[9] ASCOTにはWATもかつて参加していたが、WATのプログラムマネージャーはASCOT参加による利点が少ないことから参加を外れたと説明している。2007年のASCOT設立当初は74のNGOが参加していたが、参加団体数が51に減少したとASCOTも説明している。CSO法も影響していると考えられる。

[10] 両NGOとも本部をアディスアベバにおいている。アフリカ・サービス委員会は、デルグ時代にアメリカに亡命したティグライ人が、アメリカ人の支援により結成した組織である。代表はアメリカ国籍のティグライ人であり、ティグライ支部代表もティグライ人である。主にHIV／AIDSに関する活動を実施している。

[11] 同フォーラムは、さらに州政府の部局ごとにサブ・フォーラムを開催している。サブ・フォーラムを開催する部局は、財務局、教育省、女性問題省、社会労働省、保健省、司法省、若者・スポーツ局である。

[12] ASCOTによるとこのような開発NGOコンソーシアムの結成は、ティグライ州がエチオピア初の事例であり、その後オロミア州、アディスアベバ、アファール州、ソマリ州など全国で35の同様のコンソーシアムが結成された。アムハラ州は結成に失敗した。35のコンソーシアムの多くは、首都アディスアベバに集中している（ASCOT代表ゼミカエル氏インタビュー、メケレ、2014年2月12日）。

第 3 章　内戦支援から NGO へ

トの円滑化のためにASCOTのようなコンソーシアム型のNGOが援助調整を行う意義が一定程度みとめられる一方、州政府や政党とつながり大規模な資金を獲得しやすいGONGOなどがASCOT参加によりさらに同州のローカルNGOのなかで支配的地位を維持する構図を生み出している点も考慮する必要がある。

　エチオピアにおいてNGOに関する部局は連邦政府の慈善団体・市民団体庁（Federal Charities and Societies Agency）であり、NGO登録を一手に担っているが、州レベルでは各NGOとの共同プロジェクトやNGOの管理を、教育や福祉に関わる各部局が関係するプロジェクトごとに管轄してきた。2013年7月から州の計画・財務局（Bureau of Plan &Finance）の援助コーディネーターが、ローカルNGOを一括管理することが決定された。2014年2月のティグライ州計画・財務局訪問時には、NGO管理が同局に一任されたばかりであり、州レベルのNGO登録は限定的で、州の計画・財務局に新規登録したNGO総数は92に限られていた[13]。同局への登録はティグライ州における事務所開設の合意協定も含んでおり、ティグライ州で実際に活動を行うNGOの把握を目的とした手続きである[14]。

　エチオピアではCSO法施行により、2009年からローカルNGOの活動

---

[13] 連邦政府の慈善団体・市民団体庁の統計（慈善団体・市民団体庁の未刊行資料、2013年）では、ティグライ州のローカルNGO総数は719であるが、このリストから全国規模で活動を申請し、かつティグライ州以外に本部をもつNGOを除外すると、ティグライ州に本部を置くローカルNGOの総数は約64であった。ティグライ州に本部を置くNGOも、活動の具体的実体が明らかではないスーツブリーフケースNGOも含まれており、開発やその他の実質的活動を実施し、常勤スタッフも常設するNGO数はさらに限定される。

[14] エチオピア全域を活動対象とするNGOは、ティグライ州も活動地とする可能性がある場合には、連邦政府の慈善団体・市民団体庁にティグライ州を活動対象地域として登録する必要がある。州の計画・財務局における新たなNGO登録は、これらの全国規模で展開するNGOで実際にはティグライ州で活動実績をもたないNGOを除外し、ティグライ州で活動を行うNGOを把握する試みと理解できる。

が制限されている[15]。CSO法に付随して決定された、NGOによるアドボカシー活動の禁止項目のために、ティグライ州でも人権やジェンダーに関するプログラムを閉鎖し、スタッフの一部を解雇する必要に迫られたローカルNGOも複数ある。また外国慈善団体のなかには、同法施行と前後して資金調達や財源確保が困難となり、プロジェクト縮小を迫られたNGOもある。同法の施行により、ティグライ州内のローカルNGOがいかなる影響を受けたのかは、長期的に分析して行く必要がある。欧米のODAや国際支援団体が提供する資金、特にアドボカシー関係予算がNGO運営に不可欠であった組織は弱体化し、大規模なインフラ整備や開発プロジェクトを履行できる組織基盤の強固なGONGOのような組織が、さらに活動領域を拡大する傾向がある[16]。

　ティグライ州におけるローカルNGOの展開は、内戦下の組織化や支援を背景として、他州よりも長期的視点に立った重層的理解が必要となる。ローカルNGOのなかでも政党とつながりの深いGONGOの影響力は特徴的である。次節ではWATをとりあげ、その具体的な活動内容についてを検討を行う。WATに関する調査は2004年に初めて実施し、2013年以降に集中的に調査を実施した。

3．WATの活動

　WATは、ティグライ州全域を管轄する女性に関するティグライ州最大規模のNGOであり、約80万人の女性会員を有する。内戦時代のTPLFによる女性の組織化、女性兵士の採用はWAT結成の伏線となっている。

---

[15] 本書序章、第1章および第2章参照。
[16] CSO法後、RESTとTDAはエチオピア在住住民慈善団体として、WATは大衆市民団体として登録された。

第 3 章　内戦支援からNGOへ

本節では、内戦期から戦後にかけての女性組織の展開と草の根の活動、ローカルNGOとしてのWATのプロジェクトについてとりあげる。

図1　ティグライ地図

3.1　WAT結成の背景

本項ではWAT結成の背景として、内戦時代のTPLFと女性の関係についてとりあげる。TPLFが内戦下で農民、若者、女性の大衆組織化を図る過程で女性の組織化が進み、女性協会が各地で結成された。WATは戦後にNGOとして活動を開始した際に、これらの女性協会を活動基盤とした。マルクス・レーニン主義を標榜したTPLFは、1975年の結成以来、民族、階級、女性の解放を訴えて、農村における支持獲得に成功した。内戦といえば戦闘や攻撃による被害に関心が集まるが、TPLFは内戦下でWAT、REST、TDAの3組織を軸に農村の組織化も実施した。

ティグライ州の農村は政府軍による弾圧や攻撃にさらされていたため、TPLF解放区の州西部を拠点に徐々にTPLF支持が拡大した。

十数世紀にわたり階級支配が続いたティグライ社会において、TPLF支持が即座に全域に拡大したわけではなかった。1974年以降のエチオピアは、帝政期の支配層である貴族や大土地所有者が農村から逃走し、デルグ政権による土地改革などの変化とともに弾圧も開始されるという政治と社会が大きく転換する時代であった。ティグライの農村ではデルグ政権の圧政からの解放を求めて、徐々にTPLF支持の機運が高まった。主要都市や幹線道路沿いは政府軍に支配されていたために、TPLFが支持基盤としたのは僻地の農村である。農村の男性を中心にTPLF支持者が徐々に拡大したが、封建制ならびに家父長制のもとで無権利状態にあった農村女性に対しても、TPLFは接触と動員を図った。

TPLFには結成直後から幹部に複数の女性が参加しており、女性幹部を中心にTPLFの女性解放政策は推進された。女性幹部は、スーダンやティグライの農村において女性たちに接触し、まず女性たちが長年抱えてきた諸問題の共有を図った。早期婚や離婚後の待遇、重い家事負担だけでなく、女性が自らの人生にすら決定権をもてず、社会的、経済的、政治的に無権利状態に置かれていることが解決すべき課題とされた。TPLFの女性幹部は、農村女性に家から出て農村女性同士で話し合いの場をもち、問題の共有だけでなく問題解決に動き出すことを提案した。帝政期にも教会行事や結婚式、葬儀を通じて農村内の女性たちの話し合いや協働の場はあり、女性たちが抱える問題が一部で共有されてはきたものの、家父長制の影響が強固な農村では女性たちが変革するための道は閉ざされていた。そのため女性たちは、当初TPLFの女性幹部の提案を実現不可能だと考えた（Hammond & Druce 1990）。他方、TPLFは女性解放を女性幹部や農村女性だけが扱う問題ととらえず、TPLF解放区

において農村の男性に対しても女性解放の必要性を訴えた。
TPLFによる説得にもかかわらず、妻、母、娘、姉妹が家事や農作業から離れ、公的な場において女性だけの会合を開き、男性も参加する農村の集会で女性自身の見解を発言することは、家父長制が支配的な農村において種々の抵抗を生む場合もあった。TPLF解放区となった各農村では、農民協会や若者協会とともに女性協会も設置され、女性の組織化が農村で進んだ[17]（Young 1997）。

TPLF指導のもとで、女性解放思想や女性のエンパワーメントが農村で推奨され、さらにTPLFは解放区において女性解放のための一連の政策を実施した。女性に対する性暴力の厳罰化、早期婚の禁止と結婚最低年齢15歳の設定、婚資義務の廃止（任意化）、女性の財産権の保障、女性の家事負担の軽減、女性の教育レベルの向上などが推進された[18]（Young 1997）。家父長制社会に長く閉じ込められてきた女性にとって、TPLFが定めた一連の改革は画期的変化をもたらした。特に女性の早期婚禁止や離婚後の女性の権利保障がなされたことに対する農村女性たちの評価は高い。

TPLFは解放区で土地改革を実施したが、男性だけでなく女性も土地配分の対象となった。土地の細分化と土地不足が深刻なティグライ社会では、女性は慣習的に土地保有権を相続できなかったが、TPLFの土地改革によって女性も農地を配分され、経済的エンパワーメントが進んだ[19]。また、政治的側面でも女性の参画が拡大した。解放区では、TPLFは住民委員会を組織して解放区の自治を促したが、住民委員会には同地域出身の女性も議席を割りあてられた。長らく女性の公的な活動

---

[17] ティグライ州西部のシェラロとザナで、1978年に最初の女性協会が結成された。
[18] ティグライ社会では婚姻にあたり夫側からだけでなく、妻の家族から夫側に婚資の支払いが実施され家族の重い負担となった。

が制限されていた農村において、内戦下にもかかわらず初めて女性が男性と同等の資格を得てともに政治参加を認められた[20]。

　TPLF解放区の農村で女性解放が推進される一方、政府軍との内戦は激しさを増し、女性たちの父、夫、兄弟、息子たちが多数TPLFの兵士に志願すると、女性たちもTPLFの要請に応じて女性協会を基盤に、農村においてTPLFの支援活動を展開した。TPLFの兵士のために食糧の調達や調理、衣服や金銭の寄付集め、衣服の繕い、兵士の看護など多様な支援が女性協会により実施された。女性協会は、主に18歳以上の女性が参加し、18歳から30代の女性が中心的役割を果たした。18歳未満の少女たちも若者協会や女性協会でTPLF支援に参加した。

　多くの女性たちは既婚で子どもを抱えており、家事や育児、農作業の合間に同年代の女性たちと連携を図り支援活動を実施した[21]。政府軍から隠れて、TPLFが山間部に作った軍事拠点に調理した食料を届ける命がけの任務も、農村女性が担った。また、多くの部隊がある農村に集結した場合には、女性たちが交代で昼夜分かたず調理をし続けた経験も各地で語られる[22]。

　TPLFの解放区となった農村は政府軍の攻撃対象となり、女性たちは常に攻撃や暴力にさらされた。政府軍兵士による性暴力も各地で報告さ

---

[19] デルグ政権も土地改革を実施しており、女性にも土地配分が実施された。デルグ政権が土地改革を実施した地域が、内戦中にTPLFの解放区となると、TPLFにより再度土地配分が実施された。TPLFの土地配分は、土地の肥沃度を考慮した土地配分であった点が、配分を受けた農民たちにより評価されている。また、TPLFが複数回にわたり土地配分を仕切り直した地域もある。
[20] 内戦期の女性の政治参加の経験は戦後にも引き継がれ、戦後のティグライ州では女性の政治参加も拡大した。女性議員に対する割当制はないが、州議会における女性議員の割合は5割に達する。群行政などでも女性参加率は向上している。
[21] インフォーマント：E／A、シェラロ、2014年2月28日（インフォーマント氏名、インタビュー地、インタビュー日時、以下同）。
[22] インフォーマント：A／A、アビアディ、2016年3月2日。

れている。政府軍は性暴力の行使により農村の弱体化を狙い、年齢を問わず女性たちは被害を受けた。シェラロやテンベンは、政府軍とTPLFが互いに支配を巡って攻防を繰り広げた地である。政府軍が優勢になると、女性たちは政府軍の攻撃や暴力を恐れて村を脱出しTPLFの拠点である荒廃した平原や岩壁の洞窟に子どもを連れて逃れ、TPLFの支援活動を続けながら山野で数年の逃亡生活を送ることもあった。

　農村男性の多くが志願してTPLF兵士になると、農村の男性労働力が激減した。残された家族が生計を維持できるように、TPLFは農耕などの農作業の訓練を女性にも実施した。ティグライの農村では牛耕が一般的であるが、慣習的に牛耕は男性の仕事であった。牛耕は女性には非常に重い労働負担であったがTPLFは家族を養うために女性に牛耕を指導せざるを得なかった。TPLFは女性の重い農業負担を軽減するために農村に残った住民を組織して、出征した兵士の家族のために、農作業などを共同体全体で分担することを推奨した。農村では、各世帯から数名が出征家族の農作業を担うために徴用され、出征家族のための協働も実施された。内戦末期には、政府軍が農村に残る男性の逮捕、拘禁、強制的徴兵を実施したために、老人以外の農村男性のほとんどがTPLFに志願し、残った女性たちだけで農作業や家族のケアの重責を担いつつ、TPLF支援を継続する困難な時期を迎えた。爆撃によって家が破壊され、焼失した家族のために、女性協会の会員が協働して家屋建設まで行った地域もある。これらの協働活動は、女性たちが5人組や10人組を結成して実施した[23]。内戦下の女性の協働の経験は、戦後に政府による5人組の開発グループ組織化奨励のモデルとなった。

　内戦という過酷な環境下で、農村の女性協会を基盤としたティグライ

---

[23] インフォーマント：H／G、ハウゼン、2016年9月3日。

女性たちの10年以上におよぶTPLF支援と女性の協働、組織化の経験は、女性たちの社会や政治への関与を飛躍的に深化させた。内戦や弾圧のもとで女性たちが、男性と同じく過酷な環境のもとでTPLFの活動や農村の運営に貢献してきた実績は、農村の男性の意識を一定程度は転換させる契機ともなった。

　女性のTPLFへの貢献は支援だけでなく、女性が男性と同じく志願してTPLFの兵士となり、女性兵士としてTPLFに貢献した経験にもみられる。1982年からTPLFは、女性兵士を全体の兵力の3分の1にすることを定め、女性を兵士としてリクルートした（Young 1997：178-181）。終戦時に約2～3万人いたといわれる女性兵士が、男性兵士とまったく同じ条件のもと、戦場で銃をもって政府軍と戦闘を繰り広げた。1983年には女性兵士協会（Women Fighters' Association of Tigray, WFAT）も設立され、女性兵士のエンパワーメントや問題解決が図られた（Hammond 1999）。TPLFによる女性解放政策の実施後も、農村では家父長制の影響が残っていたが、戦場では男女ともに兵士として同じ条件のもとで戦うことが求められ、完全な男女平等が達成された空間であったといわれる。男性兵士も調理を担当し、女性兵士は男性兵士に引けを取らないように率先して重い銃弾や物資を運んだ。女性兵士の多くは農村出身であり、過酷な戦場に向かうこと分かっていながらも、男性と同等に扱われる兵士に志願する女性は後を絶たなかった。戦場では能力主義が採用され、女性が部隊長など男性兵士を率いる地位に就いたり、斥候や諜報部員など重要な任務を担うこともあった[24]。

　農村女性は、TPLF兵士の支援のなかでも女性兵士に対して特別の支

---

[24] 眞城百華、2017、「戦う女性たち：ティグライ人民解放戦線と女性」、石原美奈子編著『現代エチオピアの女たち：社会変化とジェンダーをめぐる民族誌』、明石書店：146-179。

援を実施した。兵士間の婚姻が許可された後、女性兵士が妊娠し、戦場近くで出産せざるを得ない場合、農村女性は、女性兵士が政府軍に見つからないよう家族と偽って隠して、女性兵士の出産や産後のケアをし、女性兵士が再出征すると残った幼児を終戦まで養育した[25]。TPLF支援の裏側で女性たちが被った政府軍による攻撃、殺害、性暴力、負傷、家族の喪失、経済損失などは枚挙に暇がない。過酷な内戦下で培った女性たちの草の根の連帯は、戦後社会における復興とさらなる女性解放推進の基盤を築いた。

3.2 WATの設立と組織

WATは、内戦終結直後の1992年に設立された。初代代表はローマン・ゲブレセラシエ（Roman Gebreselassie）、副代表にはヒリティ・メフラテアブ（Hiliti Mehretab）がそれぞれ就任した。両者とも結成直後からTPLFに参加し、内戦期からTPLFの女性解放政策を牽引した女性幹部である。内戦時代に各地域で組織された女性協会ならびにWFATを統合する形で、WATは結成された。内戦下でもTPLF解放区では女性解放が推進されたが、和平が訪れ戦後復興が推進される一方で、戦後のティグライ社会では家父長制的ジェンダー規範が復権しており、内戦期と同じく女性の組織化と草の根の活動を通じた女性のエンパワーメントと解放の必要性が再認識されたことがWAT設立の背景にある。

WATはティグライ州全体を包括する女性に関する最大のNGOである。現在、WATには18歳以上の女性が参加している。2014年時のWATの会員は約80万人であり、会員は会費として年間10ブルを支払う[26]。WATの設立目的は、女性の解放とエンパワーメントである。

---

[25] インフォーマント：M／B、サハルティ、2016年3月3日。

WATは、女性のエンパワーメント、女性と子どもの保護、開発への参画の3つを主要課題としており、設立目的の達成と主要課題の克服を目指した活動を展開している。

　WATは、CSO法下でエチオピア慈善団体（大衆組織）として登録されている。WATの予算総額は、2012年度は約2,500万ブルである[27]。WAT会員の会費による収入は約790万ブルであり、大衆組織として登録されるWATの財源については、CSO法におけるエチオピア慈善団体の規定との整合性が検証されるべきである。WATは国際支援による財源を含む詳細な財政状況についてはつまびらかにしていないが、その活動において多額の資金を国際支援団体や各国ODAに依存している。設立当初のWATは、在外ティグライ人、特に女性から多額の資金提供を受け、メケレのWAT本部ビルを建設し、後述するプロジェクトを多数実施した。現在は、在外ティグライ人女性からの支援は限定的となり、主に国際支援が活動の原資となっている。

　WATの組織において特徴的なのは、ティグライ州の全県、全郡、全村に支部をもつ非常に大規模な組織でありながら、各農村において女性の草の根の組織化と活動が実施されている点にある。内戦時代の解放区の女性の組織化が、戦後にWATの活動が本格化する際の基盤となり、現在も女性に関する問題把握やWATプロジェクトの草の根の展開に不可欠な要素となっている。

　WATは3年に1回、総会を開催し、約500名の各支部の代表が州都メ

---

[26] 同じ協会（Association）として結成され、ティグライ全域で活動を行うTDAと比較すると、TDA会員は会費を支払う当人の意思とは関係なく会員として登録がなされる場合もあり、公務員であれば会費が給与から自動的に徴収されるのに対し、WATでは18歳以上の全ティグライ女性が自動的にWATの会員登録をされるわけではない。

[27] インタビュー：キンフェ・アブラハ（Kinfe Abraha）、WATプログラムマネージャー、メケレ、2014年2月24日。

ケレに一堂に集まる。3日以上かけて開催される総会では、女性に関する問題の共有と議論が実施され、活発な議論が展開される。2016年3月に開催された総会では、ティグライ州政府の教育、保健・医療、司法など各部局の代表も参加し、WATの各支部から女性に関わる問題の報告と解決に向けた取り組みについてWAT会員の女性たちと行政の間で議論が行われた。総会の最後には、総会に参加する500名の各地域支部の代表が、WAT代表委員会に選出する候補の推挙、続いて選挙を実施し、代表、副代表、代表会議のメンバーの選出を行う[28]。

　WATの草の根の活動は、各村で活動するWAT支部が基盤となっている。WATでは、各郡の代表以上の役職者は、3年の任期中は有給であるが、各地域で組織化を行う支部長や会員は無給で活動に参加している。WAT会員の大多数は農村女性であるが、内戦下のTPLF支援の経験者、元TPLF女性兵士なども多数参加している。戦後25年以上が経過した現在は世代交代も図られており、内戦期から女性協会の活動に関与した女性たちが、若い世代に指導的地位を譲りつつある。WATの代表などの幹部と各支部の代表からなる代表会議は3年ごとに改選される。TPLFの党員だけでなく、党員以外からWAT代表が選出されたこともある。WATの代表などの幹部と各支部の代表からなる代表会議は3年ごとに改選される。TPLFの党員だけでなく、党員以外からWAT代表が選出されたこともある。WAT会員には、州議会議員、国会議員、大臣、元首相夫人などの政治に携わる女性たちも参加しており、いずれもTPLF党員である。WATの代表などの幹部と各支部の代表からなる代表会議は3年ごとに改選される。TPLFの党員だけではなく、数名では

---

[28] WATには、開発プログラムを実施するプログラムマネージャーも複数人雇用されているが、WATのプログラムと方針など重要事項を最終決定する権限は、会員に選出された代表会議である。

あるが党員以外からWAT代表が選出されたこともある。WATの代表委員会では、これら女性政治家が長年にわたり指導的役割を担ってきたが、2016年の総会ではローマン・ガブレセラシエなどTPLF中央委員会のメンバーでもある女性政治家が代表委員会の任を離れた。代表会議は、政治家だけで構成されているわけではなく、各支部から推薦された多くの農村女性が参加している。

3.3　WATの活動
3.3.1　女性の組織化と草の根の活動

　WATは各行政区に支部をもち、特に農村部においてその活動は活発である。WAT会員の女性たちは、各行政区のWAT支部で毎週もしくは隔週1回の会合を開き、同地域の女性が抱える問題やWAT本部からの情報を共有する。各支部の代表は、会員の女性たちの互選により3年ごとに選出されるが、支部長の下に7〜10名の世話役となる女性たちがいる。村落や都市部は世帯数によって複数の担当区に区分されており、世話役の女性たちは担当区における会員や女性に関する問題の把握も行う。

　WAT本部が決定した方針やプログラムが、支部長や世話役の女性たちから農村の女性たちに伝えられるが、同時に郡の代表と各農村や都市部の支部長が定期的に会合をもち、各支部の女性会員が抱える問題の共有が図られている。郡以外のWATの支部は正式なオフィスももたない。しかし、女性会員たちが役場の庭や広場などの野外で定期的に開催する会合では、女性会員が抱える問題が共有されるだけでなく、解決に向けた方針も協議される。

　各支部の草の根レベルで、WAT会員により早期婚の禁止や女子教育が推奨されている。WATは会員資格として、娘を就学させることを定めている[29]。また、貧困など経済問題を抱える女性に対して、WATや

女性問題省が提供する技術訓練やマイクロファイナンス参加の情報などを提供する役割も、支部長や世話役は担っている。もっとも重要な点は、各地域において女性会員同士が問題を共有し合い、女性解放やエンパワーメントに関する啓蒙や活動を継続して実施している点にある。

ある郡では、離婚した女性に対して夫が財産分与を拒否した件を数年にわたってWATが支援した。離婚した女性会員に不利益をもたらした元夫である男性も、同地区のWAT会員と同じ共同体で生活し、当該男性と縁戚関係にある会員もいる。WAT支部長は、この問題により共同体内で亀裂が生じないよう、元妻である会員を支援しつつ、WAT本部や女性問題省、郡行政府や司法局と数年におよぶ折衝を続け、元夫から女性の財産分与を勝ち取った[30]。いまだに農村では、離婚後の財産分与について元夫婦間で深刻な対立が見られ、女性に財産分与がなされない事例は多い。WATは司法支援だけでなく、技術訓練やマイクロファイナンスの保証人となることでシングルマザーとなった離婚女性に対する経済支援も継続して実施している。

農村における各支部の代表は、家事、育児や農作業も抱えながらも世話役と連携をとって、農村における女性問題の把握と問題解決のために行政やWAT本部をつなぐ重要な役割を果たしている。各支部の草の根の活動をWATの郡オフィス、本部が支援する枠組みも不可欠である。

3.3.2　WATの活動

　WAT創設直後から、女性のエンパワーメントのための活動は継続的

---

[29] EPRDF政権になり早婚禁止について規定が改訂され、男女とも18歳以上が法的に結婚が許容される年齢となった。だが同規定には罰則規定がないため、依然として農村では特に女性の早婚は問題視されている。
[30] インフォーマント：G／K、ウクロマアライ、2014年2月18日。

に実施されてきた。90年代中ごろにはWATが運営する技術訓練学校が、マイチョウ、アディグラット、シレの3カ所に建設され、WAT会員が刺繍、織物、裁縫、陶芸、建設、農業、養鶏や家畜飼育などの技術訓練を受ける場が創設された。2000年頃になると、行政やそのほかの国際NGOなどが多様な技術訓練プログラムを提供し始めたため、WATはシレ技術学校以外の2校を閉鎖した。シレ技術訓練学校では現在も農業、養鶏、家畜飼育などを中心に技術訓練を実施している。

　WATの活動で、もっとも目覚ましい変化をもたらしたのが保健・衛生分野である。母親となった非識字女性たちに対し、絵や写真を多用したパンフレットや母親を対象とした講座を通じ、出産、育児、家族経営、栄養学、医療関連の情報の提供を20年以上にわたり継続して実施している。戦後復興で医療サイトやヘルスポストが農村にも創設され、各地域の地域医療とWATの活動の共同プロジェクトが幼児死亡率の低下や医療施設の利用拡大につながっている。

　女性解放やエンパワーメントの啓蒙も引き続き実施されており、特に早期婚、女子教育についての啓蒙活動は重視されている。就学年齢になっても未就学の女児がいる家庭をWAT会員が訪問して、家族の説得も行う。農村では、早期婚による女性の身体におよぼす負担や法令の説明なども、会員が情報共有を行っている。一連の活動は、WATの前身である内戦期の女性協会においてなされてきた啓蒙活動が、戦後にも引き継がれた例でもある。

　女性の技術訓練は一定の成果を見せたものの、女性の雇用機会が限定的であり、既婚、未婚を問わず子どもを抱える母親には雇用機会がさらに制限されるため、WATは経済的エンパワーメントを新たな重点項目として掲げている。総会や各支部からの要望においても、もっとも要請が多かった点でもある。女性の経済的エンパワーメントについては、以

下の項で具体的な活動を紹介する。

3.3.3　開発グループとWAT

　エチオピア政府は、2012年頃から開発や相互扶助を目的としてエチオピア全域で5人組制度の推奨を始めた。5人組はティグライ語でハデンハムシテ（Haden Hamshite）と呼ばれ、同組織をもとに開発に関する活動を行うグループを、レマアトグジレ（Remaat Gujire）と呼ぶ。女性に対する5人組の推奨は、ティグライ州では女性問題省が管轄し、ティグライ各地で女性たちが同じ関心をもつ女性と連携を図ることを奨励している。1人では解決できない問題を5人が協力することで克服し、5人ともに利益を得ることが目指されている。5人組の結束をもとに最大30人、つまり6つの5人組が結集して協力を行う事例もある。学生であれば相互に学びあい、商店経営者やマーケットで農作物を販売する女性たちは5人組で共同経営や仕入れを行うなど、多様な目的で開発グループは組織される。ティグライ州女性問題省は、2014年の段階でティグライ州の18歳以上女性の98％が、5人組を結成したと表明している[31]。5人組の具体的な活動は、毎週もしくは月2回集まり、開発について議論を行い、開発や経済活動につなげると説明された。農村部では4年、都市では3年かけて5人組を基盤に社会活動や経済活動を行うことが政府により推奨されている。女性問題省からは5人組結成に関する数値的達成が強調されたが、5人組結成後の活動内容が今後は重要となる。5人組には定例の会合を通じて政府広報などを伝達することも期待されており、決して単なる開発や自助のための組織とだけとらえることはでき

---

[31] インタビュー：ケリア・イブラヒム（Keria Ibrahim）、ティグライ州女性問題省長官、メケレ、2014年2月24日。

ず、開発と政治の連関という観点から検討すべき点も残る。

　政府主導による開発促進を目的とした5人組制度は、WATの活動とも連動している。WATも女性問題省とともに、女性たちに5人組を結成するよう啓蒙を行っている。州都メケレに近いクイハ郡では、郡のWAT集会において5人組の組織化を促した。その結果、関心を共有するWAT会員の女性たちがWAT集会の場を利用して5人組の結成を行った。ここでは成功例として紹介された、クイハ郡の開発グループによる経済活動を紹介する[32]。

事例：給食サービス

　5人組の組織化が促進された際に、10人の女性がWATの会合で5人組を結成することを決め、病院向けに給食サービスを企画した。クイハには公立病院があり、クイハ中心部だけでなく重篤な患者が農村から同病院に搬送される。農村出身の患者ならびに患者の家族は病院に長期滞在するが、近隣には廉価な食堂や食料品店がないため、女性たちはインジェラ販売を思い立った。この事業を開始するためには、インジェラを焼くための電気インジェラ焼き器や食材となるテフ、そのほかの機材、インジェラを焼く調理場の賃料、電気代、水道代などの費用が必要となった。参加女性たちは主に20代から40代であり、全員既婚者であるが、これまで十分な教育を受ける機会はなかった。そのため事業資金となる蓄えもなく、成功する見込みが不確実な事業のためにマイクロファイナンスを借りることをためらった。しかし、同時期に道路建設で日雇い労働の雇用があったので、女性たちは道路建設現場で働いて事業の資本金を蓄えた。そして各自が同額の資本金を出し合い、必要な機材、食材と場

---

[32] 同事業に関する調査は、2014年2月16日に実施。

所を確保してインジェラ販売を開始した。インジェラを焼くことは各家庭で女性たちが日々行っている調理であるため、特別な訓練も必要ではなかった。現在は、14名の女性たちが交代でインジェラを焼き、病院で販売している。1日50～100枚のインジェラを焼いて販売している。参加する女性たちは既婚で家事や育児、農業や家族経営の商売などほかの仕事も抱えており、各自の事情を考慮した上でシフト制を組んでいる。シフト参加に比例して収入が分配されるが、平均1人の月収入は400ブルである。収入でユニフォームも作った。メンバーの家庭事情や農繁期なども互いに理解しているので、参加女性の間でシフトは融通し合って事業を続けている。

　WATは上記の事業において、5人組の結成と活動の奨励を行ったことに加え、上記の成功例をこれから5人組で事業を計画する女性たちに紹介し、経営手法を女性同士が学び合う場の教材としている。そのほかには、同地域では食材販売店の運営を始めた女性グループもいる。特別な技術や資格がなくとも、女性たちが香辛料や食材の下処理など各家庭で日々行っている作業が、5人組の協働により食材販売へと展開した結果、収入獲得につながった。1人で経営リスクを担いながら家庭生活や育児と両立することは困難であっても、5人組で女性同士が共同で経営を行うことで業務や時間、リスクも分担することが可能となり、週1回の野外マーケットで個々が小規模に販売するよりも常設店の販売によって収入が安定的に確保された。

　5人組により協働の形ができたとしても、社会的にも経済的にも優遇されているわけではない女性たちが事業を開始するためには、資本金と技術が必要となる。技術については女性問題省やそのほかの省庁によるプログラム、WATが提供する技術訓練プログラムに参加することが可

能である。他方、資本金の確保には多くの障壁がある。次に、WATが新たに開始したマイクロファイナンス事業を紹介する。

3.3.4 マイクロファイナンスを通じたエンパワーメントの促進

　女性の経済的エンパワーメントのために、2013年7月からWATはアディダイ（Adidai）と呼ばれる独自のマイクロファイナンス事業を開始した。アディダイ・プロジェクトの新設にあたりWATは2,500万ブルを支出したが、これはWATの2013年度の予算で最大の割合を占めた[33]。今後は、貯蓄に基づくマイクロファイナンス事業として、ほかの金融機関よりも高利の貯蓄事業で集めた資本金をマイクロファイナンス事業拡大の原資とする計画であるといわれる。WATが同事業を開始した目的は、独自のマイクロファイナンス運営によって、会員ならびに女性に優位な資金獲得の実施である。20年以上にわたりWATはほかのマイクロファイナンス事業で資金を借りるWAT会員の保証人となり、返済金の回収や技術訓練などを担い、女性の支援を行ってきた。しかし、教育、識字率、社会的地位、経済環境などにおいて男性と比して弱者である女性たちがマイクロファイナンスで資金を借りたものの返済義務を果たすことが困難な事例が多発した。WAT会員に限ったことではないが、利率が低利であってもマイクロファイナンスの返済は、特に貧困層にとっては重い負担となる。開始したプロジェクトの失敗などにより、マイクロファイナンスから資金を借りた女性が返済に悩んだ挙句、一家とともに夜逃げするなどの事例も各地で報告された。

　アディダイ設立以前からWATは特に貧困層の女性を対象にマイクロファイナンスに関するセミナー開催や支援について豊富な経験を蓄積し

---

[33] インタビュー：キンフェ・アブラハ、メケレ、2014年2月24日。

ていた。当初、WATのマイクロファイナンス事業の支援対象は、各支部における最貧困層の女性であり、かつ経済活動に関心がある会員が中心であった。寡婦やシングルマザー、未婚女性など家族による支援の獲得が困難な女性が多数を占めた。マイクロファイナンスを必要とする女性たちの多くは識字率が低く、学校教育も十分に受けることも叶わなかったため、マイクロファイナンスの仕組みの理解、申請書の記入、返済などの点でWATの支援が不可欠であった。

　WATはまず、各支部から経済活動に意欲をもつ貧困女性の推薦を集め、各女性たちを県のWATオフィスで開催されるマイクロファイナンス講座に召集する。選抜された農村女性たちは県のWATオフィスにおいて約3〜5日間の日程で、約30名の受講生とともに集中講座を受講する。受講生の旅費ならびに滞在費もWATが負担する。マイクロファイナンスのシステムを説明する講師は行政府に依頼して派遣してもらうが、ロールプレイングの利用や農村女性が日常的に市場で行う買い物を事例とした説明などを用いて参加女性たちの教育レベルに合わせた講座内容が設定されている。座学だけでなく、講師とともに受講生が市場を訪問し、実際に資金を借りた場合の経費や販売価格などについて、実地調査も行われる。

　農村と都市部ではマイクロファイナンスを元手に始める経済活動も異なるが、大多数の参加者が居住する農村では乳牛の飼育、養蜂、山羊・羊の飼育、養鶏、小商店の開業が特に人気のある事業である[34]。貧困女性の家庭の多くは女性が稼得者である場合が多く、男性労働力が見込めないため重労働である農耕がともなう農業よりも、上記の家畜飼育などが志向される傾向が強い。資金を借り経済活動を開始しても、飼育環境

---

[34] インフォーマント：G／K、ウクロマアライ、2014年2月18日。

の確保や飼育する家畜の病気、家畜や生産品の価格変動などで決してすべての女性が成功してローンを返済できるわけではない。

　しかしながら、女性とその家族の自立のためには経済的エンパワーメントが不可欠である。社会的にも経済的にも弱者だが、意欲をもつ女性が経済活動を実践するためには、マイクロファイナンスが最後の頼みの綱となる。特にWATは、1990年代から技術訓練校や技術訓練プログラムを通じて、既存の農業部門や民間部門で女性の経済的エンパワーメントに向けた基盤形成に努めてきたが、人口過多で競争が激しく、また教育を受けた若い世代に職が優先的に配分されるために、農村女性の貧困問題は解決の糸口を失っていた。そのため、返済率が悪くても女性に特化したマイクロファイナンス事業を起こす必要が、WAT全体で長らく議論されてきた。

　アディダイは農村女性だけでなく都市部に居住する若い世代の女性たちにも支援を拡大し、若者の失業率の低減にも一定の効果をもたらしている。アディダイによるマイクロファイナンスを借りた地方都市の女性の例を紹介する。

事例：美容院経営[35]

　アクスムの都市部に居住する3姉妹がアディダイから3万ブル（約15万円）を借りて美容院経営を始めた。3人は18歳、20歳、25歳で未婚女性である。保証人には父親がなった。県による若者の就業支援プロジェクトで美容師の技術訓練はすでに受けていた。アディダイに資金を借りるにあたり、2日間の講習を受講した。借りた資金は、美容院の開業資金に使った。4,000ブルのドライヤー2台など必要機材の購入に総額2

---

[35] 同プロジェクトに関する調査は2014年2月20日、アクスムで実施。

万ブル必要であり、美容院の家賃月600ブル、そのほかの諸経費が必要であった。美容院の場所がよく、開業後の経営は良好であり、3万ブルのローンを5カ月で返済することができた。今は1人月1,000ブルの収入があり、家賃やそのほかの経費で月1,000ブルの支出があるが、十分支払うことが可能であり経営は安定している。3姉妹と同時期に職業訓練を受けた同年代の友人は、技術をもちながらも雇用がないため失業している。3姉妹はアディダイのおかげで起業する機会を得たことを誇りに思っている。

　アディダイは、2013年から3年の試用期間を経て、2016年から正式にマイクロファイナンス事業として登録された。女性だけを対象とすることについて、エチオピア中央銀行から変更を促され、男性も事業対象とするように指摘されたため、アディダイを女性支援だけに利用できないという当初の計画とは異なる局面を迎えている。他方、アディダイのマイクロファイナンス、貯蓄事業ともに利用者は毎年飛躍的に伸びている。試用期間3年間の返済率は100％とアディダイ運営者は説明しているが、いまだに社会的、経済的に弱者である女性たちを対象とする事業が健全な運営を継続できるか、今後も注視が必要である。マイクロファイナンスを借りる女性たちのなかには、アディダイとは別に講[36]に参加して返済金を事前に担保してからマイクロファイナンスに申請するなど、慎重な姿勢も見受けられる[37]。養鶏、家畜飼育、養蜂など農村部においてもアディダイを原資とする活動は飛躍的に拡大しているが、経済動向の

---

[36] ティグライにおける講は、2つに大別でき、ひとつは葬儀講（Idir）であり、もうひとつはウコブ（Iqob）と呼ばれる一般的な講である。ウコブでは、15人から30人が毎月既定額を貯蓄し合い、毎月順番に参加者の1人が全参加者から集めた現金を得る。

[37] インフォーマント：S／T、アクスム、2014年2月20日。

変動によりマイクロファイナンスの効果がいつまで持続するかも検証する必要があるであろう。他方で、女性の経済的自立やエンパワーメントに大きな影響力をおよぼしている点も評価すべきであり、今後も継続的にアディダイの効果を検証していきたい。

4．むすびにかえて

　ティグライ州におけるGONGOについて、REST、TDA、WATの活動を概観したが、それぞれ内戦下の組織化の過程や活動は異なる。政党や州政府と連動して役割の分担が図られているが、同時に、各NGOとも設立時の活動内容と役割を戦後も継承しつつ、戦後の状況に対応して新たな役割も担い、活動を拡大、変化させている。TDAとWATは、名称は同じ協会（Association）の呼称を用いているものの、活動内容や財源からその区分はCSO法ではエチオピア在住慈善団体とエチオピア慈善団体（大衆組織）と分かれた。CSO法発布の結果からは、ほかの新興ローカルNGOが規制対象となっただけでなく、GONGOもその役割を再認識する契機となったと考えられる。TPLFが支配的なティグライ州において、本章でGONGOと指摘した3団体以外に、政治家個人レベル、また政党と深い結びつきを戦後に構築したローカルNGOも含めて、ローカルNGOと政治の関係を今後さらに検討すべきであろう。

　TPLFとティグライ女性の関係については、WATだけでなく、WAT設立の背景である戦中の両者の関係を考察することがWATに特徴的な女性の草の根の組織化を理解する上で不可欠である。内戦下のTPLF解放区で女性たちは、TPLFに対する支援と引き換えに、女性の組織化、政治参加、土地の獲得、女性を縛る慣習の撤廃などを一部実現し、飛躍的にその地位を改善した経験を有する。政権党であるTPLFとつながる

WATの活動の評価は、今後も引き続き検討すべき課題である。他方で、WATは組織独自の活動だけでなく、ティグライ州における女性たちの女性解放やエンパワーメントのための活動にも積極的に関与し、草の根のネットワークを構築している点は評価すべきである。農村や都市において内戦下から長く続いてきた女性の相互支援が、戦後の開発政策とも連動して徐々に実を結びつつある。政府やWATによる支援が、エチオピアの他地域より充実しているティグライ州でも、農村の女性たちは女性の解放やエンパワーメントはまだ未達成であると評価する。農村に今も強く残る家父長制的社会規範をいかに変容させ、ジェンダーバランスの均衡を達成するか、今後も課題は多い。内戦時代の女性たちの経験を若い世代に継承することも新たな課題として指摘される。

　女性解放や女性のエンパワーメントにTPLFをはじめ政治が現在も深く関わり、政策的に達成された成果や開発プロジェクトに関心が集まる傾向にある。他方で、農村の女性たちによって戦中から戦後に継承された女性解放の運動や理念が、ティグライ社会におよぼす影響について今後も検討対象としたい。

文　献

Aregawi Berhe, 2009, *A Political History of the Tigray People's Liberation Front (1975-1991): Revolt, Ideology, and Mobilisation in Ethiopia*, Los Angels:Tsehai Publishers & Distributors.

Bahru Zewde, Gebre Yntiso and Kassahum Berhanu, *Contribution of the Ethiopian Diaspora to Peace-Building: A Case Study of the Tigrai Development Association*, Working Paper, no.8, Diaspora Peace Project, October 2010, (Retrieved February 10, 2017, http://www.diaspeace.org/D12_WP8_FSS3.pdf).

Barbara Hendrie, 1994, "Relief Aid behind the Lines: The Cross-Border Operation in Tigray," J. Macrae and A. Zwi eds., *War and Hunger:*

　　　　 Rethinking International Responses to Complex Emergencies, London: Zed Books, 125-138.

Beza Negewo-Oda & Arronette M. White, 2011, Who are Women Who are Veteran? Identity transformation and Reintegration Among Ethiopian Women War Veterans: A Feminist Analysis, *Journal of Feminist Family Therapy*, 23：163-187.

Borton, John, 1994, *The Changing Role of NGOs in the Provision of Relief and Rehabilitation Assistance: Case Study 3 Northern Ethiopia and Eritrea*, Working Paper 76, London, Overseas Development Institute, (Retrieved February 10, 2017, https://www.odi.org/sites/odi.org.uk/files/odi-assets/publications-opinion-files/6990.pdf#search=%27The+Changing+Role+of+NGOs+in+the+Provision+of+Relief+and+Rehabilitation+Assistanc%27).

Burgess, Gemma, 2013, "A Hidden History: Women's Activism in Ethiopia," *Journal of International Women's Studies*, 14(3)：96-107.

Fowler, Alan. 1997. *Striking a Balance: A Guide to Enhancing the Effectiveness of Non-Governmental Organisations in International Development*, Earthscan.

Hammond, Jenny, 1999, *Fire from the Ashes: A Chronicle of the Revolution in Tigray, Ethiopia, 1975-1991*, Red Sea Press.

Hammond, Jenny & Druce N, 1990, *Sweeter than Honey-Ethiopian Women and Revolution: Testimonies of Tigray Women*, Red Sea Press.

Hasmath, R., Hildebrandt, T. and Hsu, J., 2016, "Conceptualizing Government-Organized Non-Governmental Organizations in International Affairs", Paper Presented at *Development Studies Association Annual Meeting* (Oxford, UK), September 12-14. (Retrieved 20 Oct, 2017, https://www.researchgate.net/publication/310766970_Conceptualizing_Government-Organized_Non-Governmental_Organizations_in_International_Affairs)

児玉由佳，2016，「エチオピアにおけるNGO活動 ──『慈善団体および市民団体に関する布告』（No.621/2009）の影響についての検討──」アフリカレポート，54：32-43.

眞城百華，2007，「エチオピア・ティグライにおける元女性兵士の現在」日本

ナイル・エチオピア学会ニュースレター，15：40-44.

眞城百華，2011,「女性兵士が歩んだ道：エチオピア内戦と戦後20年」フィールド＋，6：6-7.

Schroder, Gunter, 2010, TPLF in Siegbert Uhlig(ed), *Encyclopedia Aethiopica*, vol. 4(O-X), Harrassowitz: 950-953.

TDA, 2017a, "About TDA," TDA Website, (Retrieved February 10, 2017, http://www.tdaint.org/index.php/moomenu-2/about-tda).

TDA, 2017b, "Completed projects," TDA Website,(Retrieved February 10, 2017, http://www.tdaint.org/index.php/2013-01-01-17-52-21/completed-projects).

Tsehai Berhane-Selassie, 1997, "Ethiopia Rural Women and the State" in Gwendolyn Mikell, ed, *African Feminism: the Politics of Survival in Sub-Saharan Africa*, University of Pennsylvania Press, Philadelphia: 182-205.

Peberdy, Max, 1985, *Tigray: Ethiopia's Untold Story*, London, Relief Society of Tigray, UK support Committee.

REST, *Farming Systems, Resource Management and Household Coping Strategies in Northern Ethiopia: Report of a Social and Agro-Ecological Baseline System in Central Tigray*, NORAGRIC, 1995.

Vaughan, Sarah , 2011, "Revolutionary democratic state-building: party, state and people in the EPRDF's Ethiopia," *Journal of Eastern African Studies*, 5(4), 619-640.

Veale, Angela, 2003, From Child Soldier to Ex-Fighter, Female Fighters, Demobilisation and Reintegration in Ethiopia, *ISN Monograph Series*, 85,(Retrieved June 9, 2016, http://dspace.africaportal.org/jspui/bitstream/123456789/31411/1/Mono85.pdf?1)

Young, John, 1997, *Peasant Revolution in Ethiopia: The Tigray People's Liberation Front, 1975-1991*, Cambridge University Press.

> **コラム1** 政府系・非政府組織とは？
> ―食糧援助体制のなかのNGO―

松村　圭一郎

　エチオピアでは、2005年より大規模な食糧援助プログラム「生産的生活保障計画」(Productive Safety Net Program, PSNP) が開始された[1]。PSNPでは、それまで場当たり的で不確実だった食糧援助の提供を定期的にすることで、農民が家畜などの生産財を売却して脆弱になることを避け、将来的な投資へのインセンティブを高めることが目指された。プログラム開始当初、エチオピア国内の192地区が「慢性的食糧不足地域」に指定され、その地域の約450万人の脆弱な住民に対して1年のうち最低6カ月は食糧か現金の支給が行われることになった。この指定地域と援助対象者は年々増加し、2009年にはエチオピア全土で290地区・757万人にまで拡大している (Wiseman et. al 2010：15-39)。その範囲は、エチオピアの全9州710地区の40％をカバーするほどの規模に達する。PSNPの年間予算も当初の2億ドルから3.7億ドルに膨らんだ。これはエチオピア政府の年間予算の1割を超える規模である。

　筆者の調査地であるアムハラ州北ウォッロ県のA郡では、主に「アムハラ復興開発組織」(Organization for Rehabilitation and Development in Amhara, ORDA) が、郡の農業開発局と協力しながら食糧援助の輸送や分配の運営を行っている。いわゆる「政府系NGO」(GONGO) と呼ばれるものに近い組織だ。本コラムでは、他国の事例も参照しながら、エチオピアにおいて政府と密接な関係をもつローカルNGOが食糧援助プログラムのなかで、どのような役割を担っているのかを紹介する。

　ORDAは、1984年、干ばつと内戦による飢饉に対応するために「エチオピア救済組織」(Ethiopian Relief Organization, ERO) として設立された。1991年以降は、土壌保護や水源涵養、農業改良などを中心に海外NGOなどから支援を受けてプロジェクトを運営してきた。2005年に開始されたPSNPでは、アムハラ州の複数の県で援助食糧の保管・配布の実務を担っている。

---

[1] PSNPの詳細については松村 (2011) を参照のこと。

A郡では、主要なドナーである「アメリカ合衆国・国際開発庁」(United States Agency for International Development, USAID) が食糧や予算を提供し、アメリカで創設された国際NGOである「国際飢餓対策機構」(Food for Hungry International, FHI) がUSAIDから委託を受け、県と連携しながら食糧援助のモニタリングやコーディネートなどを担当している。ORDAは、FHIにPSNPの実施報告書を4半期ごとに提出している。なお場所によっては、国際NGOが直接ローカルNGOを介さずに分配の実務を担う例もある（アムハラ州東部のWeldia周辺の郡はSave the Children UKが直接担当している）。

　筆者が調査経験のあるザンビアでは、国際NGOが政府の食糧援助計画とは独立して独自の援助プログラムを実施していた。たとえば、エチオピアでも主要なドナーとなっているUSAIDは、ワールド・ビジョン・インターナショナルやCAREインターナショナルなど国際NGOに地域ごとに実務を委託し、配布対象地域や裨益者の選定、配布食糧の種類なども政府からの干渉を受けない独自のプログラムを展開している（Matsumura 2010）。エチオピアの場合、PSNPや緊急食糧援助をはじめ、ほとんどの食糧援助プログラムが、連邦政府とドナー諸国との調整の上、地方の行政機関との連携のもとで実施されており、NGOが単独で食糧援助を実施することはほとんどない。

　では、A郡の例をもとに、具体的に政府とも関係の深いローカルNGOであるORDAがどのような実務を担っているか説明していこう。PSNPのもとで、ORDAは各行政区に1名の契約職員（foreman）を雇用し、裨益者の約8割が従事する公共事業（Public Work）の出欠簿や支払い簿などの管理を任せている。この契約職員の上に13の行政区を分担して統括する3人の職員（Extension Promoter）が配置されている[2]。

　アムハラ州東部のコンボルチャ（Kombolcha）にORDAの倉庫があり、バハルダールにあるORDA本部が、ジブチの港に陸揚げされたドナーからの援助食糧をコンボルチャの倉庫まで運搬。A郡のORDA支部がそこからA郡まで運搬し、郡内の2カ所の穀物倉庫まで搬送する。倉庫は、ともにORDAがPSNPの予算で建設したもので、

---

[2] このスタッフは、農業開発局のエクステンション・ワーカーであるDA（Development Agent）とは別だが、適任者がいない場合は同一人物が雇用されるケースもある。

在庫管理などもORDAが行っている。A郡の中心地にある倉庫は、2005年のプログラム開始時点に建設され、2007年にA地区が行政区から郡に昇格したあと、もうひとつの倉庫が2009年に別の場所に建設された（13の行政区のうち9区を前者がカバー、4区を後者がカバーしている）。

実際の食糧配布は、倉庫のORDA職員を中心に行う。行政区ごとに配布日や時間帯（午前、午後など）を指定して告知する。裨益者リストにある本人ではなく、家族が受け取りに来ることもある。食糧援助の配布時には、行政区の議長、サブ行政区（nos）の長、DA（Development Agent）、ORDAの契約職員など関係者がモニター役として参加する。議長やDAには日当も支払う。倉庫の職員は、農業開発局がとりまとめた各行政区の裨益者数を確認し、規定量を受け渡すところまでを担う。その後、各世帯への配分はモニター役の監督のもと、サブ行政区単位で個別に行われる。

ORDAは、郡の農業開発局と綿密に連携しながら、業務を進めている。主にORDAが予算を管理し、裨益者リストの作成や各行政区との連絡業務などの事務作業を農業開発局のPSNP担当職員が行う。裨益者リストの更新作業なども農業開発局と協議しながら進め、実際の行政区での作業は、農業開発局が各行政区に配置しているDAが中心となって行う。農業開発局のスタッフの出張日当、車の提供などについては、PSNPの予算を割りあてられているORDAが負担している。

ORDAには、食糧安全保障関係の専門家に加え、森林、インフラ、水供給、保健衛生などの専門家が在籍している。これらの専門家が複数の開発プログラムについて、郡の担当部局との連携のもとに事業運営にあたっている。生計改善（Livelihood Improvement）プログラムは、農業開発局のエクステンション部門と連携している。国の食糧安全保障政策の一環である資産構築（Asset Building）プログラムは、世界銀行と連邦政府からの資金提供をもとに、農業開発局の食糧安全保障部門と連携して、ORDAが主にトレーニング・プログラムを担当している。また、健康保険局と連携して公衆衛生関連の事業も行っている。そのほか、海外のドナー（OXFAMやJICA）との単発の開発案件の実施・運営も行う。アムハラ州の他地域では、GAA（German Agricultural Action）やCHF（Co-operative Housing Federation of Canada）など、約40のドナーと提携して事業を実施している。

これらの事業に関わるORDAの職員に対する給与は、アムハラ州の財務当局を通

じて支払われ、海外のドナーからの資金も、いったん州政府を経由し、減額された上で渡されているようだ。ちなみに農業開発局に配置されているPSNP担当職員も、契約上はドナーとの直接契約だが、郡の財務局を通じて減額された給与が支払われている。

　以上のように、エチオピアの食糧援助におけるローカルNGOの役割は、政府機関との密接な関係のなかで規定されており、独自に動く余地がきわめて限定されている。連邦政府や州政府の意向に沿わない事業ができないばかりでなく、予算や給与の面でも政府からの制約を受けており、政府の政策と一体となった組織運営を強いられているといえるだろう。

文　献

松村圭一郎, 2011, 「飢餓と森林回復 —エチオピア北部の食糧援助にみる「環境」のジレンマ—」『文化人類学研究』12：16-33.

Matsumura, K. 2010 "NGOs' Activities and Food Security Programmes in Sinazongwe, Zambia," In Chieko Umetu (ed.), *Vulnerability and Resilience of Social-Ecological Systems. FY2009 FR3 Project Report*, Research Institute for Humanity and Nature.

Wiseman, W., J. Van Domolen, and S. Coll-Black. 2010 *Designing and Implementing A Rural Safety Net in A Low Income Setting: Lessons Learned from Ethiopia's Productive Safety Net Program 2005-2009*. Washington D.C.: The World Bank.

コラム2 **住民参加型開発プロジェクトの行方**

吉田　早悠里

エチオピアの森林の減少とJICAによる活動

　かつて、東アフリカの熱帯林の中心はエチオピアにあり、エチオピアの国土面積の70％が森林に覆われていたという（依田 1992：297）。しかし現在では、国土面積の11％が森林に覆われているにすぎない（FAO 2011：110）。不適切な土地利用や過度の森林伐採、人口増加などによって、森林は面積的にも質的にも大幅に減少・劣化する一方で、森林保全のために管理されている土地は、国土面積の約２％であるという。このような状況に対して、エチオピア政府は1980年代初頭から「国家森林優先地域」や「州森林優先地域」を選定し、森林保全のための施策を打ち出してきた（独立行政法人国際協力機構 2006）。

　日本の独立行政法人国際協力機構（以下、JICA）は、エチオピア政府の要請を受けて、同国のなかでも貴重な森林生態系を有している南西部地域の森林保全に関するマスタープランの策定を目的とした「エチオピア国南西部地域森林保全計画調査」（1996年〜1998年）を実施した。対象となったのは、15万ヘクタールの面積を擁するオロミア州ジンマ県に位置するベレテ・ゲラ森林優先地域である。その後、JICAは2003年10月から2012年３月まで、オロミア州ジンマ県の２つの郡で「ベレテ・ゲラ参加型森林管理計画プロジェクト」を実施した。このプロジェクトの特徴は、森林保全においては住民による参加が不可欠であるというスタンスをとり、地域住民による森林管理が持続的に行われることを目標とした参加型森林管理を軸としたことである。とりわけ、住民たちの間で森林は自分たちの大切な財産であるという意識を涵養することと、森林を伐採することなく維持・活用することで住民の生活が向上する仕組みの構築に努めた。具体的には、対象地域で森林管理組合（以下、WaBuB）を組織し、組合に加入する住民に対する参加型森林管理方法の普及を目的としたワークショップの開催、フィールド・スクールの開校、森林コーヒーの国際認証取得や販売、認証コーヒーの栽培指導などを行った（独立行政法人国際協

力機構 2010）。

　このプロジェクトにおいて住民参加の核を担ったのがWaBuBである。WaBuBとは現地のオロモ語で森林管理組合の頭文字をとった言葉である。WaBuBとプロジェクトのカウンターパートであったオロミア森林公社[1]が森林管理契約を結ぶことで、WaBuBに加入した住民は一定のルールのもとでの森林の利用権が保障される一方で、森林の管理責任を負った。たとえば、住民は森林から得ることができるコーヒー、コロリマ、蜂蜜などを販売して生計を立てることが認められたが、森林の伐採は許可制となった。また、次で述べる森林コーヒーの買い付けが始まると、WaBuBは末端組織としての役割を果たした。

　JICAが着目したのは、森林のなかに自生し、人々の手によって必要最小限の管理がなされている森林コーヒーである。エチオピアの森林のうち、コーヒーが生育する森林は、森林がコーヒーの庇蔭樹として大きな価値をもっているために大規模な伐採を免れてきたとされる。そこで、JICAは国際NGOのレインフォレスト・アライアンス（RA）の認証制度「フォレストコーヒー認証プログラム」の認証取得を支援した。これは、RAの厳格な認証を取得することで、住民はより適切な森林管理を実践するようになるとともに、そこで生育した森林コーヒーを販売することで収入の増加が期待できるという森林保全型の生産システムの構築が見込まれたからである。2007年にいくつかのWaBuBが共同組合を組織してRA認証を取得した。2007年と2008年は民間輸出業者を通して輸出が行われ、2009/2010年の収穫期からはオロミア森林公社がWaBuBからの買い付けを開始した（独立行政法人国際協力機構 2010）。なお、JICAはプロジェクト終了後の持続性を鑑みて2011年にオロミア森林野生生物公社に対してトレーニングを実施し、それ以降はオロミア森林野生生物公社がRA認証を取得している。

　2012年3月、プロジェクト対象地区の124のWaBuBの代表がオロミア森林野生生物公社との森林管理本契約に調印する形でプロジェクトの目標が達成され、活動に終止符が打たれた（松見 2015：189）。2014年からは「REDD＋及び付加価値型森林コーヒー生産・販売促進プロジェクト」（2014年7月～2020年1月）が実

---

[1] JICAのプロジェクト実施期間であった2009年から2010年にかけて、カウンターパートであったオロミア森林公社は、再編されてオロミア森林野生生物公社へと名称を変更している。

施されている。この新たなプロジェクトにおいても、ジンマ県は引き続き対象地区のひとつとなっており、WaBuBをベースにした活動が展開されている。

プロジェクトの終了と住民活動の継続困難

　筆者は、これらのプロジェクトの対象地区であるジンマ県ゲラ郡の1つの村を2012年からほぼ毎年調査のために訪れている。村の事務所には、JICAが作成して配布したポスターが掲示されていたが、2012年から2014年はプロジェクトが行われていない期間であったこともあって、JICAに関連する活動は見受けられなかった[2]。人々は、森林の伐採はJICAのプロジェクト実施以降は控えられるようになったと語り、森林の伐採の抑制という点においてプロジェクトは一定の成果をあげていた。ただしWaBuBに関しては、2016年の時点では組織としてはほとんど機能していなかった。加えて、RA認証を取得した森林コーヒーの買い付けも勢いを失っていた。

　WaBuBが形骸化しつつある理由は、JICAのプロジェクトが一旦終了したことが関連していることは容易に想像できる。しかし、WaBuBの活動が持続性を失った主たる要因は、皮肉にも住民の生活向上を目指した森林コーヒーの買い付けをめぐる状況が関係していた。

　一般的に、収穫を終えた後のコーヒー豆の処理工程は大きく分けて2つある。ひとつはコーヒーチェリーの果肉を除去して、発酵、水洗いをして仕上げていくウォッシュド方式である。もうひとつは、摘み取ったコーヒーチェリーを高床式の乾燥棚に広げて数週間かけて天日乾燥させた後に、その乾果を脱穀して外皮、果肉、パーチメントを除去するナチュラル方式である。いずれの方式も成熟したコーヒーチェリーと、未成熟のコーヒーチェリーが混ざれば品質が落ちるが、ウォッシュド方式では人々がコーヒーチェリーを持ち込むため、果肉を除去する前に選別が可能である。一方で、ナチュラル方式では人々が乾燥させて処理した乾果を持ち込むため、持ち込まれた時点で品質を選別することは困難である。ゲラ郡では、ナチュラル方式が広く採用されており、WaBuBが買い付けを行うのもこの方式で処理されたコー

---

[2] 2012年から2014年にかけては、JICAのシニア海外ボランティアがオロミア森林野生生物公社で支援業務に携わっている。

ヒー豆である。

　WaBuBは、適切な処理工程を経た森林コーヒーを、一般の買い付け価格に15%から20%のプレミアムをつけた価格で組合員から買い付け、脱穀のために町へ輸送した。村で暮らすWaBuBの委員たちは、組合員たちのコーヒー豆の管理状況を認識しており、適切な処理工程を経たコーヒー豆のみを買い付けていた。しかし、買い取った乾果を脱穀するために村から町へ輸送する過程で、輸送手段の乏しさから、管理が徹底されていないコーヒー豆も同じ麻袋に入れて輸送されるという事態が生じた。しばらくすると、組合員のなかから森林コーヒーではなく、敷地内で栽培した改良品種のガーデンコーヒーを持ち込む者が出てきたり、近隣の村に居住する非組合員がコーヒー豆の買い付けを求めて訪れるようになったりするなど、品質管理を徹底することは困難に陥った。

　WaBuBによるコーヒー豆の買い付けは、その資金を共同組合から借り入れて行われている。借入金の金額は、組合員がWaBuBに事前に自己申告した売却予定数量をもとに算出される。コーヒー豆の国際価格が上昇し、一般の商人によるコーヒー豆の買い付け価格が上昇したとしても、WaBuBは買い付け価格を上げることに積極的ではなかった。買い付け価格を上げると、当初の買い付け予定数量に達する前に借入金が消化されてしまい、事前の申告数量を買い付けてもらうことができない組合員が出る可能性があることと、買い付け総数量が減少するためである。これは、収穫量が申告数量に満たない組合員が、数量を埋め合わせるためにガーデンコーヒーを混ぜて持ち込むという事態を招くことにもなった。

　このようななか、組合員の間ではオロミア森林野生生物公社に対する不信感も生じていった。ある年、オロミア森林野生生物公社は、WaBuBが買い付けたコーヒー豆の品質が悪いといって買い取りを拒絶した。オロミア森林野生生物公社からすれば、品質の劣ったコーヒー豆を買い取ることはRA認証を失う事態を招くものである。しかし、借入金で森林コーヒーを買い付けているWaBuBとしては、買い取りが拒否されれば、借入金を返済する目処は立たないどころか巨額の負債を抱えることになってしまう。ただし、ナチュラル方式では乾果を脱穀するまでコーヒー豆の品質の善し悪しを確認する術がない。WaBuBの担当者は、窮余の一策としてプレミアムをつけて買い付けたコーヒー豆を一般の商人に売却して対応したものの、プレミアム分

の損失額を個人で自己負担することになった。

当初、JICAがプロジェクトを実施していた際は、日本人の専門家が実際に村を訪れてコーヒー豆の買い付け状況を確認し、売却後にはコーヒー豆の品質、買い付け価格、売却価格などが記された明細書が提示されてプレミアムの支払いがなされていたという。2012年にプロジェクトが終了してオロミア森林野生生物公社がコーヒー豆の買い付け業務を一手に担うようになると、状況は一変したという。オロミア森林野生生物公社がプレミアムの支払いを行う際には、コーヒー豆の品質や価格が記された明細書はなく、プレミアムの分配額も組合員が納得できる金額ではなかった。こうした状況は、組合員がコーヒー豆の品質維持のために労力を費やす意欲を失う原因となり、WaBuBにおけるコーヒー豆の買い付けは徐々に鈍化していった。

2017年3月、政府主導にてゲラ郡の複数の村で住民たちが自ら出資して資金を集め、共同組合から資金供与を受けてウォッシュド方式の水洗施設を建設する動きが始まった。ウォッシュド方式であれば、コーヒーチェリーを摘んだその日のうちに作業所にもって行くことができ、コーヒー豆を乾燥させる際の手間や管理は不要である。コーヒー豆の品質を維持することも難しくないため、住民たちは施設建設に意気込んだ。筆者が調査地とする村では、わずか半年後には水洗施設が完成し、2017年11月には収穫されたばかりのコーヒーチェリーがこの水洗施設に持ち込まれていた。こうした新たな状況のもとで、RA認証をうけた森林コーヒーが今後どのような展開を迎えていくのかについては、住民たちの判断に委ねられている。

住民の歩みの先

住民の1人は筆者に語った。

「森林の重要性を一番認識しているのは私たち自身である。エチオピア政府やJICAにとってみれば、世界中にある森林のひとつでしかないだろう。森林がなくなって実際に困るのは、エチオピア政府でもJICAでもなく、森林とともに生活している私たちである。そして、森林を現在まで守ってきたのは、政府ではなく、私たちの先祖であり、私たち自身である。しかし今後、生活が困窮することがあれば、木を伐採せざるを得ない。」

筆者が調査地とする村のみならず、ゲラ郡の住民の大半は、豊かな生活を送っているとは言い難い。自らの農地の収穫量は十分ではなく、蓄えもない。金銭の工面に難儀した際には、手早く現金を得るために木を伐採して薪や炭を売る。商売を始めるのとは異なり、薪や炭を売るのに元手は必要ないからである。こうした生活状況のなかで、住民たちが非木材林産物である森林コーヒーを売却することで、安定した生活を持続的に営めるようになることを目指した「ベレテ・ゲラ参加型森林管理計画プロジェクト」の活動は的を射ていた。

　ただし、プロジェクト終了後も当事者の意識や活動をいかに持続させていくのかについては、いかなるプロジェクトにとっても大きな課題である。プロジェクト終了後に、住民たちが自らの生活や後世に思いを巡らせながら、何を選択し、どのような未来を創りあげていくのか。住民たちの主体性を念頭に置きながら、長期的な視点でプロジェクトのあり方を検討していくことが必要であろう。

白い花を咲かせるコーヒーの木

文　献

独立行政法人国際協力機構，2006，『エチオピア国　ベレテ・ゲラ参加型森林管理計画　終了時評価調査報告書』．

独立行政法人国際協力機構，2010，『エチオピア国　ベレテ・ゲラ参加型森林管理計画フェーズ2　終了時評価調査報告書』．

独立行政法人国際協力機構　REDD＋及び付加価値型森林コーヒー生産・販売を通じた持続的な森林管理支援プロジェクト（2017年10月5日取得）
https://www.jica.go.jp/project/ethiopia/006/outline/index.html

FAO, 2011, *State of the World's Forests 2011*, Food and Agriculture Organization of the United Nations.

松見靖子，2015，『森は消えてしまうのか？エチオピア最後の原生林保全に挑んだ人々の記録』佐伯印刷．

依田恭二，1992，「破壊と消失」四手井綱英・吉良達夫編『熱帯雨林を考える』人文書院, pp.247-298.

第4章

エイズと聖水
―HIVの治療活動に携わるNGOの活動―[1]

佐藤　美穂[2]

1．はじめに

　エチオピアの首都アディスアベバ（Addis Ababa）から北東に約200キロ離れたアムハラ（Amhara）州北ショア（Shoa）県モジャナワデラ（Mojana Wadera）郡デブレミトマク（Debre Mitmaq）行政区には、15世紀に当時の皇帝ザラ・ヤコブ（Zara Yaqob、統治期間：1434－68）によって建立されたマリヤム修道院がある。ほかのエチオピア正教会の教会と同じように、マリヤム修道院にも聖水があり、エチオピア全国から多くの人々が連日聖水による病気の治癒、悪魔祓いに訪れる[3]。抗レトロウイルス治療（antiretroviral treatment, ART）がまだ全国の保健医療施設に行き届いていなかった2005年前後には、最後の望みをかけてこの地にたどり着いたエイズの末期患者がこの地において息を引き取っていた[4]。

　聖水によるHIVの治癒を望んでデブレミトマクに来たある男性は、聖水を受けながらも次々と亡くなって行くエイズ患者を看取りながら、聖

---

[1] 本章の研究は、長崎大学大学院国際健康開発研究科倫理委員会とアムハラ州保健局倫理審査委員会の承認を受けている。
[2] 本章の研究の実施にあたり、共同研究者のメセレット・アディス氏と調査アシスタントのルワム・ゲトネト氏の協力を得た。メセレット氏は2015年2月の調査に参加し、筆者と共同で作成した質問ガイドをもとにすべてのインタビューを実施した。ルワム氏は2015年6月の調査に参加し、筆者の英語でのインタビューを通訳、あるいは筆者の同席のもと、質問ガイドを参考に自らアムハラ語でのインタビューを実施した。
[3] 修道院敷地内の水に聖職者が祝福した水。

水だけでは命は助からないことを実感し、教会から荒廃した墓地の敷地の一部分を譲り受け、衰弱したエイズ陽性者の支援活動を開始する。この活動がやがてHIV陽性者へのART開始あるいはARTを中断した人々への治療の再開支援、エイズ末期患者のケア、エイズ孤児の養育などを実施する「デブレミトマク・マリヤム修道院協同組合」（以後「DMTM協同組合」と略）と発展し、現在に至る。

筆者がDMTM協同組合に関心をもったきっかけは、そもそも抗レトロウイルス薬（antiretrovirals, ARVs）の服用を放棄し、聖水信仰によるHIVの治癒を求めてはるばるマリヤム修道院にやってきた人々に対して、DMTM協同組合はいかにしてARTを開始、再開、普及させることができたのか、またこの協同組合のモデルをほかのエチオピア各地の同様の施設で拡大展開することが可能であるか、という疑問であった。

本章では、HIVの治療に関し、相対すると考えられた伝統的、宗教的な聖水と西洋医学による治療薬双方を利用した治療を、聖水のある場所で実施することに成功した地方の協同組合の設立過程、DMTM協同組合構成員が作りだした社会的空間について、設立者、組合員、地域住民とのインタビュー結果から報告するものである。

次節では現地調査を実施した時点でのエチオピアにおけるHIV／エイズの状況を概説し、第3節ではARTと聖水と同時に摂取することへの考え方の変遷を説明する。第4節では本研究の実施地と聖水を求める人々が集まる聖マリヤム修道院について紹介する。第5節で本研究の中

---

[4] 高活性治療でウイルス複製を抑制して血液中のウイルス量を検出限界以下に下げ、HIV感染症の進行を抑える（公益財団法人エイズ予防財団 2015：12）。十分な治療効果を発揮するために、95％以上の内服率（アドヒアランス：患者が積極的に治療方針決定に参加し、自らの決定に従い服薬することを目指す姿勢）を継続することが求められている（国立国際医療センターエイズ治療・研究開発センター 2005）。

心となる「デブレミトマク・マリヤム修道院協同組合」の成り立ちについて、発展の経緯を具体例や調査で入手したデータを交えながら詳述し、第6節ではARTをやめ、聖マリヤム修道院にやってきた巡礼者たちがARTを再開するに至る行動変容のきっかけを明らかにする。最後の第7節ではこのような活動によって作り出されたマリヤム修道院協同組合における新たな社会空間について、考察を行う。

2．エチオピアにおけるHIV／エイズの状況

　DMTM協同組合の成立過程を述べる前に、エチオピアにおけるHIV／エイズ対策の状況を背景として示したい。

　エチオピア国家エイズリソースセンターによると、2016年、エチオピアにおけるHIVの成人罹患率は1.1％（男性0.7％、女性1.4％）であり、671,941人（男性256,319人、女性415,622人）がHIVとともに生きていると推計される（National AIDS Resource Center 2017）。

　エチオピアにおいて、最初のHIV感染が血清のサンプルから確認されたのが1984年、そして1986年には初のエイズ症例が報告され、翌1987年には国家エイズ対策プログラムが立ち上がった（Rosis 2015）。これは、当時多くのほかのアフリカ諸国がエイズの存在すら否定していた時期にありながらも、デルグ政権はHIV／エイズの現状を受け止め、世界保健機関（WHO）のリーダーシップのもと早急に対策に乗り出したことを意味する。1995年にエチオピア連邦民主共和国が樹立され、エイズ対策は一時滞ったが、1998年に保健省はHIV／エイズ政策を発表するとともに、産前ケアサービスが提供される医療施設において、定点観測調査を実施するようになった[5]。

　国際的な潮流として、1994年12月のパリエイズサミットにおいて

GIPA（greater involvement of people living with HIV/AIDS、エイズ対策のすべての段階におけるHIV陽性者の積極的な参加）の原則が採択され、翌1995年には国連合同エイズ計画（UNAIDS）が発足した。1996年には高活性抗レトロウイルス治療（highly active antiretroviral therapy, HAART）が導入されると、エイズ関連死亡が劇的に減少し、HIV感染症が死に至る病から長期的にコントロールすることが可能な慢性疾患として認識されるようになった。しかし、HAARTが受けられるようになったのは先進国に住む陽性者のみであり、2000年前後に全世界のHIV陽性者の7割を占めていたエチオピアを含むアフリカのHIV陽性者（UNAIDS and WHO 2001）がHAARTの恩恵を受けるには2003年まで待たなければならなかった[6]。

エチオピアにおいて抗レトロウイルス治療（ART）が無料で提供されるようになったのは2004年以降であり、この背景には米国大統領エイズ救済緊急計画（The United States President's Emergency Plan for AIDS Relief, PEPFAR）と世界エイズ・結核・マラリア対策基金（The Global Fund to Fight AIDS, Tuberculosis and Malaria、通称グローバルファンド）の支援がある[7]。また、これらの国際援助機関による各種HIV／エイズプロジェクトとGIPAの流れを受けて、エチオピア国内でも1989年にOrganization for Social Services for Aids（OSSA）、1997年にMekdim、1998年にDawn of Hope、というようにHIV陽性者団体が次々と設立されて行った。

---

[5] たとえば2005年に実施された定点観測調査では、全国82カ所の定点観測地点と72のサテライト地点から28,247のサンプルが集められた（FMOH and FHAPCO 2006）。
[6] HAARTは、最近ではART（antiretroviral therapy, 抗レトロウイルス治療）といわれるのが一般的である。
[7] 注4を参照のこと。

ARTの正式な導入から1年が経過した2005年のエチオピア国内のHIV罹患率は3.5％（都市部10.5％、農村部1.9％）、1,320,000の人々がHIV／エイズとともに生きており、うち277,800人（43,100人の子どもを含む）がARTを必要としていた（FMOH and FHAPCO 2006）。エチオピアにおいてHIV／エイズの罹患率は1984年と1994年の10年間にピークとなり、その結果死亡率の上昇、出生時平均余命の低下、さらに孤児と結核症例数の増加をもたらした（MOFED and UN Country Team 2004）。連邦保健省は2005年までにHIV／エイズが平均余命を5歳減少させ、さらに、2005年のすべての成人（15～49歳）の死因の34％、都市成人（15～49歳）の死因の66.3％がエイズであったと報告している（FMOH and FHAPCO 2006）。

3．ARTと聖水

AymeroとJoachim（1970）によると、聖水は内部の清浄、内部の浄化の象徴であるとされ、病人には聖水が飲み水として提供されたり、手に注がれたり、顔や体にまかれ、聖水はそれに触れる人すべてを浄化させる、と考えられている[8]。そのため、エチオピアにおいて、あらゆる疾患の予防や治療目的として人々が聖水を用いることは一般的に行われている（Kloos et al. 1987; Amberbir et al. 2008）。

---

[8]「聖水は、それを用いる者たちへの祝福と暗黒の力からの庇護を、神からもとめるために、司祭によって清められる。それは内なる浄化のシンボルなのである。聖水は教会が聖別しようとするすべてのものの浄化に用いられる。（中略）もし人が病めば、聖水は飲用のために、手にそそぐために、あるいは顔や身体に振りかけるために与えられる。聖水はそれに触れる者すべてを聖別し、穢れと暗黒の力の攻撃から救い出し、それが振りかけられたところはすべて、疫病と悪魔の誘惑からまぬがれることを確かにするのである。（Aymero and Joachim 1970、筆者訳）

人々が、聖水や薬草など、伝統的あるいは土着の医療を求める一方、ARTのような近代西洋医療による治療を受ける行動はエチオピアだけではなく、世界中のあらゆるところで実践され、多元的健康希求行動（pluralistic health seeking practice）と呼ばれる（Pelto and Pelto 1997；Slikkerveer 1982; Kleinman, Eisenberg et al. 2006：146）。

　しかし、エチオピアのARTと伝統的治療との関係で特徴的なことは、エチオピア正教会において、聖水は聖餐であるため（Berhanu 2010）、教会関係者が聖水を求める者に対し抗レトロウイルス薬の服用を中止することを勧める（Bezabhe et al. 2014）、あるいはART患者が聖水による治癒を求めるために、自らARVの服用を中止すること（Tiruneh et al. 2016）である[9]。これらが抗レトロウイルス治療から人々が脱落する原因となり、聖水とARVは互いに相容れないものとして考えられてきた。

　このような状況に危機感を覚えたエチオピア正教会の故アブネ・パウロス総主教は、2007年にアディスアベバのエントトマリヤム教会にて、「聖水もARVも双方ともに神からの贈り物であり、それらは互いに矛盾するものでも対抗するものでもない」と説いた（Powell 2007；rm et al. 2007；One Campaign 2010）。しかし、現在でも聖水による治療のため多くのHIV陽性者がARTを放棄している（FHAPCO et al. 2009；Wubshet et al. 2013；Asgary et al. 2014；Tiruneh et al. 2016）。

4．デブレミトマク行政区とマリヤム修道院

　本調査が行われたデブレミトマクの位置するモジャナワデラ郡の人口は77,952人で、中心はセラディンガイ（Sela Dingai）である。郡内には

---

[9] 2015年6月19日、DMTM協同組合専属看護師とのインタビューでも同様の内容が語られた。

第4章 エイズと聖水

14の行政区があり、デブレミトマクはそのひとつで、人口は3,500人におよぶ。前述の通り、デブレミトマク行政区内には修道院があり、全国津々浦々から巡礼者、参拝者が訪れる。特に病気の治癒を求めて修道院に来る人々のなかには1週間から2、3カ月、修道院の敷地内の簡易宿泊施設に泊まりながら滞在する者もある。そのため、デブレミトマク行政区の人口は常に流動的である。

デブレミトマク行政区は、首都アディスアベバからおよそ200キロの場所に位置し、郡の中心のセラディンガイまでは約15キロ、デブレミトマクの中心に位置する教会と隣接するDMTM協同組合から修道院までは約1キロの距離である（図1）。

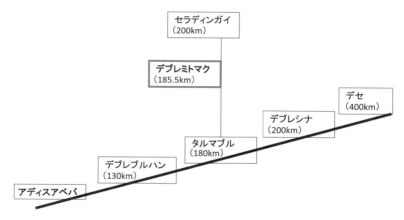

図1　アディスアベバとデブレミトマクの地理的位置
実線は幹線道路。カッコ内は首都アディスアベバからのおおよその距離
筆者作成

デブレミトマクは、マリヤム修道院があることでエチオピアの歴史にも登場するが、行政区として登録されたのはDMTM協同組合発足後のことであった[10]。

157

デブレミトマクには、町の中心部で平地に位置するエチオピア正教会の教会があり、ここには常時十数名の聖職者[11]が活動している。筆者がフィールドワークを実施した2014年と2015年は、この教会は修復工事中であった。この教会から1キロほど北東に丘陵地があり、この丘の頂上にマリヤム修道院が位置している（図2）。

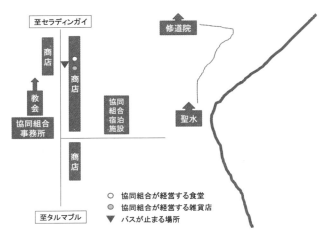

図2　デブレミトマクの教会、修道院、聖水を受ける場所の簡略図
右側の太い手書きの線は川、その隣の細い手書きの線は聖水を浴びる場所から修道院までの道である。この道は靴を脱ぎ、素足で歩くことになっている。町中の教会から修道院までの距離は約1キロほどである。　　　　　筆者作成

5．「デブレミトマク・マリヤム修道院協同組合」の成り立ちとその活動

　DMTM協同組合は2005年に発足し、2007年に正式に政府にNGOとして登録した。設立までの道のりを、DMTM協同組合創設者のサミュエ

---

[10] DMTM協同組合創設者兼責任者のサミュエル・タデセによる。
[11] インタビューでは教会の聖職者はቄስ、修道院の聖職者はመነኩሴと表現された。本章では前者を「司祭」、後者を「修道士」と表現した。

ル・タデセ氏の語りをもとに記述する。

5.1 DMTM協同組合設立に至るまで（〜2006）
5.1.1 サミュエルとHIV、マリヤム修道院

　サミュエル・タデセは、1961年、首都アディスアベバの商業を営む裕福な家に生まれた[12]。高校修了後は11年間タクシー運転手として働いたりしたが、次第に酒とタバコに依存するようになった。2004年、サミュエルはアメリカ合衆国の移民多様化ビザ抽選プログラム（Diversity Visa Lottery）の抽選に当選し、ビザの申請に必要であったHIV検査を受けたところ結果は陽性であった。よって彼の米国行きの夢は断たれ、意気消沈し、家族や友人にも見放され、自暴自棄に陥ってしまっていた。そのようなときに、彼の母親の勧めもあり、サミュエルはデブレミトマクのマリヤム修道院にやってきたのだった。

　修道院に滞在している人は1日1回食事をしてよいことになっていた。彼は自分の食糧として「はったい粉」を持参しており、決められた食事の時間にはったい粉をペースト状にしたものを食した[13]。しかし、はったい粉がない人はひよこ豆を食したり、食糧を一切もたない人は、食事の時間外に出て行った。ある時彼は、修道院に来ていたホテル経営をする男性が修道院に衣類を置き忘れたため、それらをアディスアベバまで届けに行った。その際、はったい粉とひよこ豆の寄付を受け、修道院にもち帰り、食糧を持参しない人々に提供した。何度かこの男性から食糧の寄付を受け取るうちに、少量を何度ももらうより、大量に寄付し

---

[12] 実名を公表することについて、本人の了承を得ている。本文に記した内容はサミュエル・タデセ氏とのインタビュー（2013年9月25日、2015年2月7日、2015年6月14日、24日、27日）による。
[13] 大麦を炒って挽いた粉のこと。麦こがし。

てくれるよう打診したところ、はったい粉3キンタル、砂糖1キンタル、豆1キンタル、ひよこ豆1キンタルの提供を受けた[14]。そこでサミュエルはこれらの食糧を修道院にいた115人の人々に配布した[15]。この出来事を契機として、サミュエルはアディスアベバの教会や篤志家を訪ね、食料や衣服の寄付を募り、これらの寄付を修道院に滞在する人々に手渡すようになった。

5.1.2 保健センターとの連携の開始

サミュエルが修道院に来て2年目となったころ、キディスト（仮名）という若い女性が修道院に来ていた。彼女は病気で痩せ細り、母親が介護していたが、彼女の体中が発疹で覆われたとき、母親は彼女を置き去りにし出て行ってしまった[16]。このままでは彼女の生命に関わると思ったサミュエルは、周りの数名と相談し、セラディンガイ保健センターまで彼女を連れて行った。このときの心境を、「そうしたかったからというよりは、そのままにしておけば彼女は死んでしまうため、強制的にそうせざるを得なかった」と、当時サミュエルを手伝ったテナウ（仮名）は語る[17]。そうしてキディストが（まだ正式に発足していなかったが）DMTM協同組合患者第一号となった。

この活動（修道院にいる病弱な人々を保健センターに連れて行くこと）を始めたころ、サミュエル自身も聖水によるHIVの治癒を求めて修道院に来たため、修道院に来ていたほかの人々と同様、保健センターで提供

---

[14] 1キンタルは100キロ。
[15] 前述の通り、裕福な家庭出身のサミュエル氏は、アディスアベバとデブレミトマクへの往復に自家用車を使っていた。
[16] 免疫システムが低下したHIV陽性者にみられる、日和見感染症の皮膚疾患であると考えられる。
[17] テナウ氏とのインタビュー（2015年6月19日）。

される薬の服用や西洋医学による治療ということは全く考えもしなかった[18,19]。その一方で、当時修道院で1日に亡くなる人の数は4、5人にのぼっていた。

　修道院に滞在する人々は亡くなって行く人々を見て恐怖を抱いていたため、サミュエルは危篤状態にある人々を亡くなる前に保健センターに連れて行かなければならない、と人々に説得した[20]。「聖マリヤムの慈悲を求めに来た人々を（彼らの意に反して）病院に連れて行くのか」、「修道院で死亡する人々が次々地域の墓地に埋葬されるため、本来の地域住民のための墓地のスペースがなくなってしまう」、など、特に修道院の修道士から批判されたが、サミュエルは黙々と活動を続けた[21]。

5.1.3　救護所の開設からNGO組織へ

　修道院では規定により、はったい粉とひよこ豆以外のものを口にすることはできない。それゆえ衰弱した人々に滋養のある食べ物を提供するため、サミュエルは活動の場を、修道院から1キロ下ったところにある教会の墓地用の空き地に移動した（図2参照：後日この場所にDMTM協同組合事務所とケア施設が建設されることになる）。この墓地の空き地は、サミュエルが教会の故障した発電機を修理した際、修理費のかわりに教会と交渉の末入手したお墓5基分の土地であった。

　この墓地に来てサミュエルはそこに住んでいた前述のテナウという男

---

[18] サミュエルは、当時修道院に来ていた人の8割がHIV陽性者であったと推測している（2013年9月25日、インタビュー）。
[19] 特に聖水による治癒を求める人々にとって、薬の服用は、聖水の治癒力を疑う行為であると考える患者や聖職者が多数を占めていた。
[20] 本来病気を治すために来ている人々が亡くなる、ということは修道院の評判にも影響するため、初めはサミュエルの活動を快く思わなかった修道院の修道士も病状が悪化する前に病人を「救護所」に送るようになった、とも考えられる。
[21] サミュエルによると、修道院の修道士は現在もこのような考えをもっているという。

性と出会う[22]。テナウは、てんかんを治すためマリヤム修道院に来ていた[23]。サミュエルが外部から資金や物資を調達する一方、テナウは病弱な巡礼者の救護所、保健センターへの搬送、彼らの食事、排せつ補助などのケアを担当していた[24]。こうして、救護所となった墓地の一区画を拠点にサミュエルとテナウは二人三脚で活動を始めて行った[25]。

　サミュエルとテナウがDMTM協同組合を立ち上げたのは、それをもともと計画していたのではなく、病弱な人々のケアを継続させるために、そうするしかほかに選択がない状況に追い込まれたからであった。

　ある日サミュエルはエチオピア正教会デブレブルハン司教管区の主教から、2人が教会の墓地敷地内で行っていた活動を許可しない、という内容の手紙を受け取った。この内容に抗議するため、早速サミュエルは首都のエチオピア正教会に出向き、面会した人物に墓地や活動の写真を見せたところ、先方はサミュエルらの活動の継続に理解を示した。さらに、この人物がサミュエルにNGOを立ち上げるよう勧めたのであった。その後政府への登録手続きを済ませ2006年2月2日、正式に「デブレミトマク・マリヤム修道院協同組合」が発足した。

---

[22] テナウによると、このころの墓地は整備されず、地域の人のゴミ捨て場となっていたため、荒廃していた。

[23] デブレミトマクに集まる人々はそれぞれこの地に辿り着くまでの特有のストーリーを持っている。テナウはオロミア州の出身で、聖水による治癒のためデブレリバノスの教会で7日過ごすが良くならず、落胆していたときにデブレミトマクに来る夢を見た。翌日足の向くまま2日間歩き続けてデブレブルハンに到着し、翌1日かけて徒歩でデブレミトマクに到着したという（2015年6月19日、インタビュー）。

[24] サミュエルの車がないとき、テナウは約15キロ離れたセラディンガイ保健センターまで病人を背負って連れて行ったという（2015年6月19日、インタビュー）。

[25] テナウによると、この時期にこの墓地の「救護所」に運ばれた人のうち、誰ひとりとしてよくなったもの回復した者はなく、皆息を引き取って死んでいったという。

5.2 外部資金獲得と活動の拡大（2006～2013）

当初計画していなかったとはいえ、政府にNGOとして登録した後、DMTM協同組合ではさまざさな活動が展開することになる（表1）。

表1　DMTM協同組合の活動に関する略年表

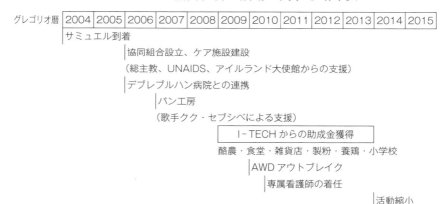

筆者作成

5.2.1　DMTM協同組合施設建設

次から次へと修道院から搬送される病人と、彼らの世話に専念するサミュエルとテナウを身近で見ていた近所の商店経営者は、サミュエルに病人のための簡素な泥レンガでできた施設の建設を提案した。サミュエルは、早速資金調達に乗り出す。

サミュエルは、まず実家から35,000ブルの寄付を受ける。また、彼が幾度となく食糧の寄付を受けていた首都のホテル経営者からは、セメント100袋とほかの建築資材の寄付を受けた。新たにサミュエルは、デブレブルハンやアディスアベバの慈善団体にも寄付を募りに回った。皆初めは好意的な反応を示したが、後日寄付を受け取りに出向くと居留守や、

門前払いに遭ったため、そう簡単に寄付は集まらなかった[26]。サミュエルの周りの人々は、エチオピア正教会の総主教が一般の人に謁見する日に直訴することを彼に勧め、彼は当時の故アブネ・パウロス総主教と謁見する[27]。サミュエルが、総主教と親交のあった自分の祖父のことを話すと、総主教はサミュエルに親近感をもち、最終的に屋根用の波形金属板200枚と、乗用車1台（運転手・燃料込み）を7日間使用できるようにすることをサミュエルに約束した。これらの寄付によって、DMTM協同組合の26床ケア施設は2006年5月28日に完成し（写真1）、サミュエルとテナウは病弱な巡礼者（多くが抗レトロウイルス薬を服用しないために日和見感染症、あるいはエイズを発症したHIV陽性者）のケアに本格的に取り組むことになる。

写真1　DMTM協同組合ケア施設
左の建物から男性部屋、中央奥が女性部屋、右が子ども部屋。
（出所）アイテックウェブサイト（I‐TECH 2014）

5.2.2　ドナーからの支援

2006年のケア施設の完成後、DMTM協同組合はアイルランド大使館、オランダ大使館・UNAIDS（グローバルファンド）からの資金援助を受け、ベッドやマットレスを購入した。また、2007年には修道院に来ていた歌手の

---

[26] サミュエルはこの門前払いの原因について、各団体訪問後、これらの団体はHIV／エイズ予防管理局にサミュエルについて問い合わせ、担当者から「サミュエルは嘘つきで泥棒である」と言われたため、と語っている。
[27] サミュエルの祖父は、アディスアベバ市にあるテクレハイマノット教会に通じる道路の建設、さらにデブレリバノスの建設にも携わっていたため、総主教と親交があった。祝祭日には、総主教にパンを献上する祖父に連れられて、サミュエルも総主教を訪れていた。

第 4 章　エイズと聖水

クク・セブシベ（Kuku Sebsibe）が人の勧めでDMTM協同組合を訪問し、患者を見舞ったところ、皆ククが来たと喜び、ククは感激して涙した。サミュエルは間髪入れず支援を要請したところ、アディスアベバに戻った彼女はチャリティコンサートを開き、5,000ドルの資金を集めた。この資金とクク自らの寄付金2,500ドルを合計した7,500ドルの寄付で、DMTM協同組合は商業用パン焼き機を購入し、この機械によって製造されたパンをデブレミトマク、セラディンガイにおいて薄利で販売している[28]（写真 2 ）。

写真2　ククセブシベからの支援によって購入したパン焼き機（左）とパン（右）
（出所）左：筆者撮影　右：アイテックウェブサイト（I – TECH 2014）

5.2.3　アイテックからの資金援助

　DMTM協同組合の活動のなかでもっとも大きな変化をもたらしたのが、アイテックからの助成金を 5 年間獲得したことであった[29]。5 年

---

[28] アディスアベバでは 1 個1.5ブルするところ、DMTM協同組合では 1 個 1 ブルで販売している（2015年 6 月現在）。また、サミュエルは、DMTM協同組合が雑貨店を開く前は 2 、 3 店舗があり、そこでは例えば30ブルするものが70や100ブルというように、店の言い値で売られており、（サミュエルの雑貨店ではほとんど卸値に近い値段で販売しているため、これらの店舗の人々は）我々を恨んでいるだろう、と語っている。

で総計約30万USドル（日本円で約3千万円）の支給を受けたことでDMTM協同組合の活動は大きく展開した[30]（図3）。

それまで受け取っていた寄付や助成金とは桁が違う額を受け取るようになったため、DMTM協同組合にはアイテックから会計士が定期的に派遣され、帳簿の管理など技術支援を提供した[31]。

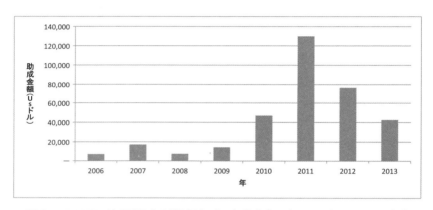

図3　DMTM協同組合が獲得した助成金額（2009年〜2013年）
インタビューデータをもとに筆者作成

---

[29] I-TECH（International Training and Education Center for Health、アイテック）は、米国ワシントン大学とカリフォルニア大学サンフランシスコ校のパートナーシップにより2002年に発足した組織である。アメリカ合衆国政府、特に保健福祉省（US Department of Health and Human Services, HHS）内の保健資源局（Health Resource and Services Administration, HRSA）や疾病管理予防センター（Centers for Disease Control and Prevention, CDC）からの資金により、資源の限られた国々のヘルスワーカーのスキルと保健システムを開発することを目的として活動している。
[30] インタビューから得られた数字であり、会計書類などと照合できていない。
[31] しかし、この技術支援が活かされているかどうかは筆者には疑問である。DMTM協同組合の経営する雑貨店や食堂において、帳簿の存在を確認できなかった。サミュエルとの予算やDMTM協同組合の収支に関するやりとりからも、筆者は財務管理がDMTM協同組合の大きな弱点であるように感じた。

第4章　エイズと聖水

　アイテックは、設立当初よりエチオピアの3州（アファール州、アムハラ州、ティグライ州）において、ARTサービスの拡大と質の向上のための教材開発と人材育成を主に実施していた[32]。アムハラ州においては、デブレブルハン病院の感染症科（HIV／エイズ）にARTに特化した看護師を育成したり、clinical mentorといわれる、診察の現場でHIV／エイズの治療診断方法についてメンターとなる人物を派遣したり、ラボにおける検査設備の充実、検査技師のスキル向上などに関する支援をしていた。

　2006年から2007年にかけて、デブレブルハン病院にはデブレミトマクからARTを放棄したために免疫力が低下し、日和見感染症を発症した、あるいはエイズを発症し非常に衰弱した者がサミュエルやテナウらによって搬送されてきていた。デブレブルハン病院長は手遅れになる前に聖水の現場でHIV検査し、ARTを開始、あるいは再開することが肝要と考え、アイテックにDMTM協同組合を紹介した。早速アイテックスタッフがデブレミトマクを訪れ状況を把握し、デブレブルハン病院から週末ごとに2名の看護師をDMTM協同組合に派遣し、巡礼者への健康教育（エイズ啓発、ART）、HIV検査を実施することになった。

　その間、2008年にはアイテックがDMTM協同組合を助成できる枠組みについてエチオピア連邦保健省と合意し、2009年から2013年の5年間、DMTM協同組合はアイテックからの助成金の交付を受けた[33]（図3）。DMTM協同組合はこの助成金によりまず、従来続けていた修道院でケ

---

[32] PEPFAR/CDCによるエチオピアのプロジェクトは大きく3ゾーンに分けられ、それぞれ3つの団体が契約で合意した内容の事業を展開していた。たとえば本文にあるようにゾーン1（アファール州、アムハラ州、ティグライ州）はアイテック、ゾーン2（オロミア州、ソマリ州、ハラリ州、ディレダワ）はICAP（コロンビア大学）、ゾーン3（アディスアベバ、ガンベラ州、南部諸民族州、ベニシャングル・グムズ州）はジョンズホプキンズ大学というように。

[33] アイテックは、同様の枠組みで3州で活動する6つの陽性者団体やNGOに助成金を交付し、地域レベルにおけるHIV陽性者の治療、ケア、サポート事業を推進していた。

アが必要となった人々への支援を充実させた。

　2010年には、セラディンガイ保健センターで看護師として勤務していた女性が、DMTM協同組合の専属看護師として常駐するようになり、ケア施設滞在者はこの看護師から専門的なケアを受けることができるようになった。さらに、ARTは政府保健センターから無料で提供される一方、日和見感染症の治療に必要な薬品は薬局から購入する必要があった。そのため、アイテックの支援期間には、日和見感染症に関連する医薬品を含め、専属看護師が希望する医薬品はアイテックによって調達、提供された。

5.2.4　DMTM協同組合の発展

　看護師による専門的なケアと医薬品の提供以外にも、潤沢な資金により、DMTM協同組合の施設設備は整い、施設を利用する人々の十分な衣食住の環境が整った。さらに、サミュエルとテナウはこれらの恩恵をDMTM協同組合だけにとどめるのではなく、デブレミトマクの地域にも行き届くようにした（たとえば、病人の車での医療機関への搬送、専属看護師による地域の人々への無償の医療サービス、医薬品の提供、貧困家庭や障がい児への食事の提供、祝祭日のごちそうの振舞い、冠婚葬祭などのイベント時の備品の無料貸出、など）。これら地域の人々とのつながりを通して、初めは「HIVの団体」ということでサミュエルやそこに集う人々に恐怖感を抱いていた近所の人々も、次第にDMTM協同組合を地域の存在として認め、互いに助け合うようになった（たとえば、DMTM協同組合の活動に無償、あるいは低価格での労働の提供、DMTM協同組合所有の牛を獣医の受診に連れて行く、など）[34,35]。

---

[34] 2015年2月5日、地域住民とのインタビュー。
[35] 同上。

DMTM協同組合が地域住民や修道院の巡礼者らに知れ渡るようになると、エイズ、あるいはそれ以外の理由で両親と死別・離別した孤児、貧困そのほかの理由から両親から独立しストリートチルドレンとなった青少年、あるいはHIV陽性者であるため（HIV陽性であると判明すると退去させられるため）安定して住居を借りることができない人々などがDMTM協同組合を拠り所とするようになった[36]。

　さまざまな事情、特にHIV陽性であるために家族から勘当されてしまった人々は、元気になっても戻る家がなく、施設に滞在し続けるケースが出てくるようになったため、サミュエルは3カ月の滞在期限を設けたこともあった[37]。しかし、そうすると、なかには「ARTを止めるぞ」と脅す者も出てきた。このような帰る場所のないHIV陽性者のために、サミュエルはパン工房、食堂、雑貨店、酪農など、かつてDMTM協同組合のケア施設に滞在していた人々が活躍できる場であるとともに、DMTM協同組合の収入源ともなるビジネスを展開した（図4）。なお、これらのビジネスにはHIV陽性者のDMTM協同組合メンバーもいれば、デブレミトマク出身でHIVに感染していない人も従事している。2015年2月現在、DMTM協同組合で仕事をする人は26人（うち10名が協同組合メンバー）におよぶ。

　また、2015年同時点で、1,637名の人々がDMTM協同組合の施設を利用した。1,637名の内訳は以下の通りである。男性：483名（うち206名がHIV陽性者で110名がARTを再開）、女性：1,154名（うち976名がHIV

---

[36] 2015年2月現在、DMTM協同組合は幼い孤児のほか、中高生8名（全員男性）を養育している。8名がDMTM協同組合に来た理由は麻薬中毒、両親との死別・経済的な理由による教育の放棄、などである（2015年2月5日、DMTM協同組合メンバーとのインタビュー）。
[37] あるいは帰りたくても交通費がなくて帰れない者に関しては、アイテックの助成金から交通費の支給があった。

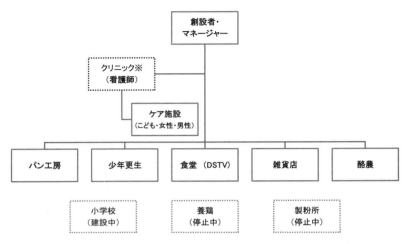

図4　DMTM協同組合の組織（2015年6月現在）
実線の活動が2016年現在でも継続中である。
インタビュー結果をもとに筆者作成
※クリニックに関し建物は機能していないが看護師は継続してケアにあたっている。

陽性者で407名がARTを再開）。これらの内訳を見ても分かるように、DMTM協同組合の施設ではHIV陽性の人々だけではなく、妊娠女性、糖尿病やがん、精神疾患を患う人々、宗教に関してもエチオピア正教を信じる人々が大半を占めるが、ムスリムやプロテスタントの信者の利用者もあった[38]。

---

[38] 看護師によると、エチオピア正教以外の信者や、聖水を信じない利用者もいたが、なかには施設に滞在するうちに聖水を信じるようになった者もいた。図2にあるように、人々は川近くの聖水を受ける場所の男女別の部屋で、聖職者立ち会いのもと、衣服を身につけず、裸で聖水を浴びる。その際、聖職者に（エチオピア正教徒であることの）信仰告白をする、あるいは聖水を浴びるまでに信仰告白していることが前提となっている（2015年6月18日、看護師とのインタビュー、聖職者とのインタビュー）。

5.3　外部資金終了にともなう活動の縮小（2013〜現在）

　2013年、エチオピア連邦政府と米国政府はHIV／エイズ関連の臨床ケアと治療のプログラム実施方式を、従来のゾーンに分け、アイテックのようなパートナー団体を通じてそれぞれ実施する方式から、米国政府がエチオピア連邦政府に直接資金援助する方式へ2014年9月から移行することを決定した（Office of the United States Global AIDS Coordinator 2013）。この両政府の合意のもと、2002年からアイテックが実施してきた活動は3州の州保健省に引き継がれた。この移行にともない、アイテックから助成金を受けていたDMTM協同組合を含む6つのNGOへの助成金プログラムも終了することとなった。

　アイテックの助成金が交付された2009年当初からDMTM協同組合には、アイテックからの資金に頼らず自立して協同組合の運営を継続できるよう繰り返し伝えられた[39]。2012年には、アイテックチームによるDMTM協同組合の継続性に関するキャパシティ・アセスメントが実施され、DMTM協同組合の収入創出活動は高く評価された[40]。図4の組織図のうち、2015年現在も運営が続いているのは、パン工房（電気がある時のみ使用可）、巡礼者に安価で安全な食事を提供し、他に娯楽がない若者が無料でケーブルテレビ番組を楽しむことのできる食堂、バスから巡礼者が降車する場所の目の前で、聖水を持ち帰るためのジェリカン、空きボトルやそのほかの日用雑貨を販売する店、そして酪農（乳牛の飼育）である。

　つまり、現在DMTM協同組合はそれまで無料で提供していた地域住民への医療サービスと医薬品、地域に住む社会的に脆弱な人々（貧困家

---

[39] 2013年9月25日、アイテックスタッフとのインタビュー。
[40] 2013年9月25日、アイテックオフィスでこのアセスメントに参加したスタッフとのインタビュー。

庭、障がい児）への1日3度の食事の提供の停止を余儀なくされた。その分活動の中心を、施設に滞在する患者15名と24名の身寄りのない子どもたち（うち5名がHIV陽性）へのケアとし、これらの活動を支えるための酪農（パン作りの材料の一部となる牛乳、余剰分は販売）、パン作りと販売、そして食堂と雑貨店の経営へ方向転換した、ということである[41]。このことからも分かるように、アイテックの支援終了後のサミュエル、テナウ、専従看護師の最大の懸念事項は、医薬品を必要とする施設利用者にどうそれらを提供し続けるか、ということである。

6. 抗レトロウイルス治療（ART）と聖水：巡礼者の行動変容

　筆者がDMTM協同組合に関心をもったきっかけは、そもそも聖水による治癒を求めるがゆえにARVの服用を放棄した人々が集まる場所で、DMTM協同組合はどのようにそれらの人々にARTを再開させているのか、という疑問であった。サミュエルによると、ケア施設に搬送されてくる人々が抵抗なくARTを開始、あるいは再開するようになるまで、少なくとも5、6年はかかったという。この道のりをインタビューのなかで言及された事例を紹介しながら考えたい。

6.1　テナウの変化

　サミュエルとともにDMTM協同組合の設立に関わったテナウは、てんかんの発作をもっていたが、元来薬を飲まなかったし、飲みたくもなかった。発作が起きた後も、教会に行って聖水を浴び、聖水を飲むと気分がよくなった。マリヤム修道院に来た当初も、ここに来る人は聖マリ

---

[41] 2016年6月現在。

ヤムの慈悲を求めに来ているため、薬を飲む必要はなく、薬を飲むことに反対の意見であった。転機となったのは、前述のDMTM協同組合最初の患者となったキディストという女性との出会いであった。デブレミトマクで、キディストは痩せ細り、嘔吐、下痢を繰り返し、さらに排泄も自分でコントロールできない状態となっていた。テナウは彼女をセラディンガイ保健センターに搬送し、入院患者となったキディストに、「あなたは死んでしまうから薬を飲みなさい」と言い、彼女は薬（ARV）を服用し始めた。すると、彼女の状態はみるみる改善し、彼女が1人でトイレに行けるようになると彼女は保健センターからDMTM協同組合のケア施設に移り、そこで2カ月過ごした後、DMTM協同組合で仕事をするようになった。

　前述の通り、サミュエルはキディストがDMTM協同組合最初の患者であったと言及したが、テナウにとって、彼女は初めて薬を飲み始めた人物であった。彼は彼女が瀕死の状態から健康を取り戻す姿を目のあたりにし、この事例を境に薬を飲むことの重要性を人々に説くようになった。しかし、人々はなかなかテナウの言うことを聞き入れなかった。ちょうどこの時期にデブレブルハン病院の看護師がDMTM協同組合に週末に来るようになり、施設利用者は看護師の言葉には耳を傾けた。しかし、ケア施設で看護師から薬の重要性を学び、ARVの服用に前向きな人でも、修道院の修道士に会い、薬を飲むことを告白すると、修道士がその考えを否定したため当時は困難の連続であった[42]。

6.2　急性水様性下痢症（AWD）の流行

　DMTM協同組合にアイテックの助成金が交付された最初の年の2009年8月、エチオピアでは国内各地で「急性水様性下痢症（Acute Watery Diarrhea, AWD）」が流行した[43]。デブレミトマクでは、修

道院や聖水の水源も汚染されたため、修道士はもとより多くの巡礼者もAWDに罹り、DMTM同組合のケア施設はAWDの救急看護施設と様変わりし、近隣の政府保健センターから医療従事者が集められ、多くの患者に手当が施された。このとき、修道院の責任者であり、自らも薬を口にしたことがなく、巡礼者に常に薬を飲まないように、と言い続けていた修道士がAWDに罹患しているとサミュエルが聞きつけ、ケア施設にいた看護師を1人修道院に送った。修道士は薬を服用し、間もなく回復した[44]。

　ほどなくAWDの流行は収まったが、この流行でデブレミトマクの教会、修道院の関係者のほとんどがAWDに罹り、薬を服用したことにより、DMTM協同組合では、「(教会や修道院の聖職者が) 下痢を治す薬を飲むことができるのだったら、なぜHIV陽性者が薬を飲むことができないのか」と声高に主張し、修道士たちはこの考えに同意することとなった。

---

[42] 聖職者に関して、本調査でインタビューできたのは、サミュエルにお墓5基分の土地を譲った教会の司祭のみであり、修道院関係者にはインタビューできなかった。DMTM協同組合に隣接する教会の司祭(同一人物)は、2度のインタビューで薬と聖水について次のように語った。「研究され、重要であると証明された薬は神が送ったものです。それゆえ薬を飲む人は神に感謝すべきであり、適切に服用しなければならない。なぜなら神様からのものだから」(2015年2月4日、インタビュー)。「多くの人々は(薬を)やめるでしょう、分かりません、ひょっとしたら隠れて(薬を)飲んでいるかもしれません、でもやめます。しかし私たちは薬をやめろとは言いません。彼らの選択ですから。彼らは『マリヤムが私を救ってくれるので薬は飲みません』と言うかもしれません。あるいは、私たち(司祭)のところに来て、飲まなければならない薬がありますが、どうしたらよいでしょうか、と聞いてくる人々もいます。我々は、まず聖水を飲んで、それから数分か数時間したら薬を飲みなさい、と言います。これが私たちが彼らに言うことです。」(2015年6月18日、インタビュー)。これらの語り、そしてその他のインタビューからも、DMTM協同組合に隣接する教会に属する司祭は聖水と薬の併用について支持しているが、1キロ離れた丘の上の修道院の修道士らは、彼らと異なる見解を示していると考えられる。
[43] 一般的にはコレラとして知られるが、エチオピアにおいてはAWDと報告される。
[44] 2015年6月19日、テナウとのインタビュー。

6.3　専属看護師の取り組み

　上記6.2で述べたAWDの緊急対応で活躍したのが現在DMTM協同組合の専属看護師として勤務する女性である。テナウによると、AWDの流行時には数名の看護師が救援のためにDMTM協同組合の施設に来ていたが、この女性看護師だけは夜を徹して病人の介護にあたっており、サミュエルとテナウは是非彼女にDMTM協同組合の常勤の看護師として来てほしいと希望し、その後念願叶って彼女はそれまで勤めていた政府保健センターの看護職を辞して2010年にデブレミトマクにやって来たのだった[45]。

　彼女がケア施設にやって来た当初は、特に初めてマリヤム修道院にやって来た者であれば聖水（による治癒）に全面的に注意を払い、「私の信仰だけが私を治すことができる」と思っていたため、ARTを既に開始していた人は薬を捨ててデブレミトマクに来た[46]。このような人が病弱になり、DMTM協同組合のケア施設に滞在するようになっても、ARTを始めるには時間がかかった。

　専属看護師は、このような人々に3つのステップのアプローチをとっていた。最初に、彼女の専門的カウンセリングを実施する。次に、人々は同じ部屋にいる人で既に薬を飲んでいる人の状態がよくなるのを見て、それに影響される。それでも頑なに薬を拒否する人には、看護師は以前薬を飲まなかったが飲むようになって体調がよくなり、DMTM協同組合内で元気に仕事をしている人から直接話をしてもらう。この3ステップを踏むと大抵の人は薬を飲むようになる、という[47]。そして彼女

---

[45] 看護師は、政府保健センターにいるときからDMTM協同組合の活動について知っており、大変好意をもっていた、と語っている。
[46] 看護師によると、マリヤム修道院の聖水を浴び、飲用し、HIVが陽性から陰性になった、という人の話を聞いたことがあるが、これらの人々のHIV陰性検査結果を見たことはない、とのことであった。
[47] 2015年2月4日、2015年6月19日の看護師とのインタビュー。

はケア施設滞在後、健康が回復した人々が仕事を探しているのであれば、DMTM協同組合から求人を見つけ、斡旋している。

7．DMTM協同組合が作りだした社会的空間

　15世紀に建てられたマリヤム修道院にサミュエルとテナウが辿り着き、寄付でDMTM協同組合の活動を開始させ、その後米国国際NGOから5年間潤沢な助成金を受けさまざさな活動を展開して行った。そしてその助成金が終了した後には、かつて助成金によって開始した小規模事業をやりくりすることによって、細々と施設利用者の人々と子どもたちへのケアを続けている。

　筆者はデブレミトマクにてDMTM協同組合構成員、近所の人々、行政関係者、保健センタースタッフとインタビューを実施した。DMTM協同組合の近所の人々、つまりデブレミトマクの地域の人々から口々に、DMTM協同組合は、孤児の養育、恵まれない人への支援、聖水と薬の併用、雇用機会を創出して自己資金を得ている点についてロールモデルだ、と話すのを聞いた。

　また、別の地域住民は、上述の下痢の流行の時の協同組合の働きが地域とDMTM協同組合の関係の転機であったと語った。

> 数年前、(DMTM協同組合は) 極度に孤立し、スティグマが存在しました。我々は彼らの敷地内に入ることさえ恐れたものでした。聖水の場所で下痢症の流行があった際、彼らは驚くべきたくさんの人々の世話をしました。これが人々に受け入れられ、スティグマを弱める助けとなりました。(2015年2月4日、フォーカスグループディスカッション)

第 4 章　エイズと聖水

　さらに、別の 2 人の男性も、DMTM協同組合の看護師やメンバーのよい働き、そしてメディアからの情報により、人々の態度は次第に変わっていった、と語った。DMTM協同組合近くで商店を営む男性は、実際にDMTM協同組合の活動を目にし、またメディアからの情報によって特に過去 4 年間で人々の態度は変わった、と答えた[48]。

　DMTM協同組合の聖水と薬の併用の推進に賛同しなかった修道院の修道士らは、急性水溶性下痢症の流行時に自らも薬を服用し、回復したことから、(表向きは)聖水と薬の併用に理解を示すようになった。また、サミュエルによると、彼がアイテックからの助成金で大型トラックを購入した際、デブレブルハン司教管区の主教にトラックを祝福してもらった。翌年の助成金の支給で、彼は豆の製粉機を購入し、その旨を主教に伝えた。すると主教は、デブレブルハン教会で教会関係者を集めて説教した。「そう遠くない前、サミュエルは豆をもらいに来ていたが、今彼は車を買い、今度彼は（製粉）工場を始めようとしている。（それに比べて）あなた方は一生物乞いをしている」と。この説教の後、デブレブルハン教会は車を購入し、ホテルを開業し、今はゲストハウスを建築している。サミュエルは、この収入創出活動はデブレブルハン教会関係者がDMTM協同組合から自己収入を得ることの大切さを学んだからだ、と語る。

　このように、衰弱した人々の命を守る活動から開始したDMTM協同組合は、聖水と薬の併用のタブーを覆し、多くの人々、特にHIV陽性者を生き返らせ、そのうちの何名かはそのままデブレミトマクの住人となり、DMTM協同組合の収入創出活動に従事し生きがいを得るようになった。当初DMTM協同組合に不信感、恐怖感を抱いていた地域の人々

---

[48] 2015年 2 月 4 日、地域住民とのインタビュー。

も、4年、5年という年月をかけて協同組合に近づいて行った。これもDMTM協同組合の施設利用者だけではなく、サミュエルやテナウのリーダーシップによってDMTM協同組合のさまざまなサービスがDMTM協同組合の内外を問わず、地域の人々にも広く提供されたからである。

　もちろん、DMTM協同組合に問題がないわけではない。とりわけアイテックの支援終了後は、施設利用者へ必要な医薬品を提供するために、時には前借りや借金をしている。また高額な製粉機を購入したものの、ビジネスを始めるために必要な資金やマーケティング、市場調査を含むビジネスプランが欠如しているため、製粉機はただ倉庫に眠っているだけである。さらに、協同組合には会計士が存在せず、財務管理に疑問が残る。

　DMTM協同組合の敷地に入り、そこで活動する人々と話をすると、皆アイテックに助成されていた時代を懐かしみ、現在は贅沢でない、最小必要限の生活をしていると語る。だが一方で、組合員は活き活きと目を輝かせ、DMTM協同組合が自分の家となり、組合メンバーが新たな家族となったとも語る。HIVをはじめ、さまざまな理由で社会から疎外された人々が、ここに自分の居場所を得て、それぞれの業務に日々従事している姿は、筆者には大変印象的であった。

8．おわりに

　エチオピア正教会の聖水による治癒を求めて多くの人々が集まる場所で、特にHIV陽性者へのARTの開始、再開について、デブレミトマクがモデルとなり、多くの場所で展開されることが望ましいと筆者は考えた。しかし、このモデルはサミュエルという特殊な人脈を持ち、ビジネスセンスに長けた人物と彼の活動を支えたテナウ、専門的かつ献身的ケアを提供する専属看護師、そして彼らを隣の敷地から陰になり日向になり支

援してきた教会（司祭）の存在があってからこそ可能になったといえる。

　本章第4節で言及したように、1990年代後半から、エチオピア国内ではHIV陽性者団体が設立し、これらはDMTM協同組合の助成金と桁違いの国際援助機関からの支援を受け、大規模なHIV診断、ケア、治療サポート活動を実施した。これらの団体は大規模なNGOとなり、「援助ビジネス」シーンに君臨するようになった。しかし、前述のように、政府やドナーが方向転換した際には自己資金がないため、活動の大幅縮小を余儀なくされる。サミュエルによると、活動を停止し、事務所を閉鎖した団体もあるという。多くのNGOが国際援助機関からの資金に依存するなか、サミュエルたちの始めたDMTM修道院協同組合は地方の1行政区の活動ではあるが、地方のニーズに根差し、問題を抱えながらも自立する協同組合・NGOの好事例であると言えよう。

　本章を締めくくるにあたり、サミュエルの言葉を引用したい。「ローカルNGOは会議やトレーニングにお金を使う代りに、実際のコミュニティーの活動をすべきだ。ローカルNGOは草の根レベルで仕事をすべきで、利益のためにするのではなく、仕事を愛するべきだ。結局、すべてのNGOは公衆のために仕えるべきなのだ」。（2015年2月4日インタビュー）

謝　辞

　アイテックスタッフのメスレット・キロス氏（当時）は本調査の計画段階から、デブレミトマク・マリヤム協同組合代表のサミュエル氏やアイテック内でDMTM協同組合の担当者を筆者に紹介してくれました。ゲブレアブ・バルナバス氏は、筆者のアディスアベバ滞在中の作業場所の提供、レンタカーの斡旋、さらに共同研究者、調査アシスタントの紹介と彼女らが英語に翻訳したインタビューテープ起こし原稿の精査、な

ど、本調査実施上さまざまな便宜を図って下さいました。この場をお借りしてお礼申しあげます。そして、サミュエル・タデセ氏、テナウ氏、専属看護師をはじめデブレミトマク・マリヤム修道院協同組合の関係者の皆様には現地滞在中、インタビューのアレンジ、宿泊先、食事、（安全面を懸念しての）同伴、そして時にはガリ（馬車）の手配まで複数回のインタビュー実施のために細やかなご配慮を頂きました。深謝いたします。そして今後のデブレミトマク・マリヤム修道院協同組合のご発展を願ってやみません。

文　献

Amberbir, Alemayehu, Kifle Woldemichael, Sofonias Getachew, Belaineh Girma, and Kebede Deribe, 2008, "Predictors of Adherence to Antiretroviral Therapy among HIV-Infected Persons: A Prospective Study in Southwest Ethiopia," *BMC Public Health* 8(1)：265. http://www.biomedcentral.com/1471-2458/8/265.

Asgary, Ramin, Sheila Antony, Zoya Grigoryan, and Jane Aronson, 2014, "Community Perception, Misconception, and Discord Regarding Prevention and Treatment of Infection with Human Immunodeficiency Virus in Addis Ababa, Ethiopia," *The American Journal of Tropical Medicine and Hygiene* 90(1)：153-59. doi:10.4269/ajtmh.13-0215.

Aymero, Wandemagegnehu, and Motovu Joachim, 1970, *The Ethiopian Orthodox Church*. Addis Ababa: the Ethiopian Orthodox mission. (Retrieved Feburary 5, 2017, http://ethiopianorthodox.org/english/Lent/sacramental.html).

Berhanu, Zena, 2010, "Holy Water as an Intervention for HIV/AIDS in Ethiopia," *Journal of HIV/AIDS & Social Services* 9(3). Routledge: 240-60. doi:10.1080/15381501.2010.502802.

Bezabhe, Woldesellassie M, Leanne Chalmers, Luke R Bereznicki, Gregory M Peterson, Mekides A Bimirew, and Desalew M Kassie, 2014, "Barriers

and Facilitators of Adherence to Antiretroviral Drug Therapy and Retention in Care among Adult HIV-Positive Patients: A Qualitative Study from Ethiopia," *PLoS ONE* 9(5). Public Library of Science: e97353. doi:10.1371/journal.pone.0097353.
FHAPCO, Eleni Seyou, Yared Mekonnen, Afework Kassa, Akram Eltom, Tiruye Damtew, Meskele Lera, Bogale Felema, Yibeltal Assaf, and Feleke Dano, 2009, "ART Scale-up in Ethiopia Success and Challenges," Addis Ababa, Ethiopia: HIV/AIDS Prevention and Control Office. (Retrieved Feburary 5, 2017, http://hapco.gov.et/index.php/resource-center/survery-and-research/file/66-art-scale-up-in-ethiopia-success-and-challenges).
FMOH, and FHAPCO, 2006, "AIDS in Ethiopia 6th Report." Addis Ababa, Ethiopia, (Retrieved Feburary 5, 2017, http://www.hapco.gov.et/index.php/resource-center/survery-and-research/file/67-aids-in-ethiopia-6th-report-english).
I-TECH, 2014, "Stories of Success from Ethiopia: The Tsadkane Holy Water Well," (Retrieved Feburary 5, 2017, http://news.go2itech.org/2014/09/stories-of-success-from-ethiopia-the-tsadkane-holy-water-well/).
Kleinman, Arthur, Leon Eisenberg and Byron Good, 1978, "Culture, Illness, and Care: Clinical Lessons from Anthropologic and Cross-Cultural Research," Annals of Internal Medicine 88(2): 251-258.
Kloos, Helmut, Alemayehu Etea, Assefa Degefa, Hundessa Aga, Berhanu Solomon, Kabede Abera, Abebe Abegaz, and Geto Belemo, 1987, "Illness and Health Behaviour in Addis Ababa and Rural Central Ethiopia," *Social Science & Medicine* 25(9): 1003-19. doi:http://dx.doi.org/10.1016/0277-9536(87)90005-0.
国立国際医療センター エイズ治療・研究開発センター, 2005, "HIV/AIDS 検査・治療・看護." (2017年2月5日取得、http://acc-elearning.org/aids/TextVersion5.html).
公益財団法人エイズ予防財団, 2015, "UNAIDS 用語ガイドライン," (2017年2月5日取得、http://api-net.jfap.or.jp/status/pdf/GuidLine_jp.pdf).

MOFED, and UN Country Team, 2004, "Millennium Development Goals Report: Challenges and Prospects for Ethiopia." Addis Ababa, (Retrieved Feburary 5, 2017, http://planipolis.iiep.unesco.org/upload/Ethiopia/Ethiopia MDG Report.pdf).

National AIDS Resource Center, 2017, "HIV/AIDS Estimates and Projections in Ethiopia, 2011-2016," (Retrieved January 31, 2017, http://www.etharc.org/index.php/resources/healthstat/hivaids-estimates-and-projections-in-ethiopia-2011-2016.

西　真如, 姜　明江, 2013,「感染症治療に服薬者の社会関係が果たす役割」『社会医学研究：日本社会医学会機関誌』30(2)：85-94.

西　真如, 2011a,「疫学的な他者と生きる身体：エチオピアのグラゲ社会における HIV/AIDS の経験」『文化人類学』76(3)：267-287.

西　真如, 2011b,「ケアの政治学 ―アジア・アフリカ地域社会からの視座―」『京都大学東南アジア研究所 GCOEワーキングペーパー』117：1-30.

西　真如, 2010,「ウイルスと共に生きる社会の倫理 ―エチオピアのHIV予防運動にみる「自己責任」と「配慮」―」『人間環境論集』10(2)：47-61.

Office of the United States Global AIDS Coordinator, 2013, "Congressional Budget Justification Supplement Fiscal Year 2014," Washington, DC. (Retrieved Feburary 5, 2017, https://www.pepfar.gov/documents/organization/222643.pdf).

One Campaign, 2010, *Living Proof: Holy Water Healing*, (Retrieved Feburary 5, 2017, https://vimeo.com/15773653).

Pelto, P. J. and G. H. Pelto, 1997, "Studying Knowledge, Culture, and Behavior in Applied Medical Anthropology." Medical Anthropology Quarterly 11(2)：147-163.

Powell, Anita, 2007, "Ethiopia Official Backs AIDS Treatment," (Retrieved Feburary 5, 2017, http://www.foxnews.com/printer_friendly_wires/2007May24/0,4675,EthiopiaAIDSHolyWater,00.html).

rm, kr, tdm, and oa, 2007, "Ethiopia: Church Endorses 'Holy Water' and ARVs as People Flock to Miracle Mountain," *IRIN*, (Retrieved Feburary

5, 2017, http://www.irinnews.org/report/72375/ethiopia-church-endorses-holy-water-and-arvs-as-people-flock-to-miracle-mountain).

Rosis, Carolina De, 2015, "The Organization of the Fight against HIV/AIDS in Ethiopia: Rallying around Afflictions," *Northeast African Studies* 15(1), Michigan State University Press: 67-111.

Slikkerveer, L. J., 1982, "Rural health development in Ethiopia. Problems of utilization of traditional healers." *Social Science & Medicine* 16(21): 1859-72.

Tiruneh, Yordanos M., Omar Galárraga, Becky Genberg and Ira B. Wilson, 2016, "Retention in Care among HIV-Infected Adults in Ethiopia, 2005-2011: A Mixed-Methods Study," *PLoS ONE* 11(6): e0156619.

UNAIDS, and WHO, 2001, "AIDS Epidemic Update," (Retrieved Feburary 5, 2017, http:/www.unaids.org).

Wubshet, Mamo, Yemane Berhane, Alemayehu Worku, and Yigzaw Kebede, 2013, "Death and Seeking Alternative Therapy Largely Accounted for Lost to Follow-up of Patients on ART in Northwest Ethiopia: A Community Tracking Survey," *PLoS ONE* 8(3). Public Library of Science: e59197. doi:10.1371/journal.pone.0059197.

コラム3 「NGOランド」に展開されるプロジェクト

田川　玄

1.「NGOランド」

　「NGOランド」。あるエチオピア人研究者が、エチオピア南部のボラナ県をこう呼んだ。主にこの地域の農牧民ボラナを対象に、数多くのNGOプロジェクトとそれに関係する調査報告が、絶え間なく行われていることを揶揄した言葉である。
　NGOのプロジェクトは、現地調査で筆者が世話になっている小さな集落でも目にする。ある年その集落にパパイヤの木が2本植えられ、そばに四角い大きな穴が掘られていた[1]。どこかのNGOのプロジェクトを集落の1人の青年が請け負ったのだという。雨水をためると聞いたような気がするが、穴は水で満たされることなくゴミ捨て場になり、やがては流れ込んだ土砂で埋まってしまった。一方、1本のパパイヤの木は枯れてしまったが、もう1本には毎年いくらかの実がなる。しかし、住民にとってなじみのない果物は関心をもたれることなく、青年もほかの集落に移って行った。この集落で次に筆者が目にしたのは、NGOによってもち込まれた近代的な養蜂箱であったが、野生動物が養蜂箱を荒らすため蜂蜜を採取するには至らず、翌年にはなくなっていた。このようにNGOのプロジェクトは現れては去って行った。
　ボラナ県でNGOがプロジェクトを行い続けているのには理由がある。この地域は降雨が不安定な半乾燥地で、定期的に干ばつに見舞われるからだ。たとえば、1998年から1999年、2000年から2001年、2003年から2004年、2006年から2007年、2007年から2008年というように2、3年に一度の割合で干ばつに襲われる（Aklilu & Alebachew 2009）。繰り返される干ばつは、牧畜民に経済的な打撃を与える。たとえば、1980年代半ばの干ばつでは70パーセントのウシが、2000年には全家畜のうち80パーセント、2006年には全家畜の25から60パーセントが失われたと報告されている（Aklilu & Alebachew 2009）。ごく最近でも2016年の小雨季、

---

[1] 田川（2016：102）の記述を訂正する。

2017年の大雨季ともに雨がほとんど降らず、農地からの収穫がなく家畜も多く死んだという。

　また、自然資源の劣化が、水場や牧草地をめぐる民族間の紛争を招きかねないと認識されている。つまり、ボラナ県は自然災害に脆弱であり、それと関連して経済的政治的な問題を抱える地域とみなされている。このため、緊急支援と開発支援のプロジェクトが繰り返され、冒頭に紹介したエチオピア人研究者流に表現すれば、ボラナ県は「NGOプロジェクトに適した地域」となる。

２．ボラナ県におけるNGO活動

　それではボラナ県ではどれほどのNGOプロジェクトが行われているのであろう。2014年にボラナ県財務経済開発事務所によって作成された「ボラナ県社会経済概要」（Physical and Socio-economic Profile of Borena Zone）のデータをもとに、NGO活動の概要を整理してみよう[2]。

　「社会経済概要」によれば、現在46のNGO団体があり、そのうち27団体は国際NGOであり、残りの19団体はローカルNGOである。NGOのプロジェクト予算規模は約17億5,920万ブルあり、これは年度をまたいだ予算ではあるが、「県の年間予算の2倍に近い」。また、このNGOのプロジェクト予算の内訳は、国際NGOが約15億5,800万ブル、ローカルNGOの予算は約2億,700万ブルと、国際NGOはローカルNGOのプロジェクトの7倍の予算をもつ[3]。予算の規模から見てもボラナ県は「NGOランド」と呼ぶにふさわしい。

　2011年から2017年までの間、NGOによって84のプロジェクトがなされている。[4] これらのプロジェクトは、「概要」では「農業」「子ども」「干ばつ」「教育」「保健」「緊急」「食糧援助」「統合」「生計」「栄養」「自然資源」「学校」「水」「女性」「若

---

[2]「概要」は2012年から2013年までのボラナ県の役所の資料から作成された。ただし、「概要」のデータは、ページによって数字のずれが見られる。42ページの「開発活動」の概要の本文中でNGO予算は約17億5,920万ブルであるが、58ページの表では国際NGOとローカルNGOの予算の合計額が約17億6,500万ブルと記載されている。また、年が明記されていない箇所もある。このため統計データはあくまでも全体の傾向を表す指標として理解する必要がある。
[3] この予算もプロジェクトの総額を合算した数値であり、単年度の予算ではないようである。
[4] プロジェクトは2011年から2017年まで行われた、あるいはその予定であるものが含まれる。

者」「家畜」などに分類されている。

　84のプロジェクトのうち22が「統合」に分類されておりもっとも多いが、予算額では「食糧援助」が圧倒的に大きな割合を占めている。この「食糧援助」とは、国際NGOのセーブ・ザ・チルドレン（Save the Children）によって実行されている生産的生活保障計画（PSNP）である。セーブ・ザ・チルドレンのPSNP予算は、すべてのNGOプロジェクト予算の34パーセントを占める[5]。

　また、NGOプロジェクトのドナーについては、7プロジェクトがアメリカ合衆国国際開発庁（United States Agency for International Development, USAID）、6プロジェクトがヨーロッパ連合（European Union, EU）の提供であり、NGO活動のすべての予算合計の44パーセントがUSAIDの資金による。

　ボラナ県で活動する主要なNGOは、国際NGOではセーブ・ザ・チルドレン、ケア（Care）、ゴール（Goal）があげられる。一方、ローカルNGOでは、ガーヨ牧畜開発計画（Gayo Pastoral Development Initiative, GPDI）、アクション・フォー・ディベロプメント（Action For Development, AFD）、エスオーエス・サヘル・エチオピア（SOS Sahel Ethiopia, SOS）である。国際・ローカルともにこれらの団体は現地で広く知られている[6]。

3．「住民参加」プロジェクト

　エスオーエス・サヘルは当初は国際NGOとして1980年代にイギリスで創設され、スーダン、ニジェール、エチオピアで活動していた。1999年に当時ボラナ県の行政府があったネゲレに事務所を設立し、自然資源保護・管理・利用のプロジェクトを4つの地域で行っていた。現在はヤベロに事務所が設立されている。2005年からエスオーエス・サヘル・エチオピア（SOS Sahel Ethiopia, SOS）としてローカルNGOとなった。

　SOSはボラナ県において、1999年にボラナ共同森林管理プロジェクト（Borana

---

[5] ただし、ボラナ県におけるPSNPの実行は、大部分が地方行政府によって行われている。
[6] このほかにも、政府開発援助として2012年から2015年まで村落レジリエンス強化プロジェクト（Rural Resilience Enhance Project）が日本国際協力事業団（JICA）によって行われた。

Collaborative Forest Management Project）を開始した。同プロジェクトは、国際NGOのファーム・アフリカ（Farm Africa）とともに参加型森林管理プログラム（Participatory Forest Management Program, PFMP）の一部として、ほかのエチオピアとタンザニアのサイトとともに行われた。

　ファーム・アフリカによれば、PFMPの目指すところは、共同体と政府がともに森林使用の権利を定め、森林管理責任を展開し、森林の利益を共有する仕方を同意することによって、持続可能な自然資源を利用することである[7]（cf. Mulugeta, Claire and Yvan 2015）。

　ボラナ県におけるPFMPの特徴としては、プロジェクトの対象地域のコミュニティだけでなく、ボラナ社会全体に対して伝統的な権威をもつ「ガダの父」と呼ばれるリーダーを組み込んだことがあげられよう[8]。それにより、無断に森林を伐採した違反者には、国家法ではなく「ガダの父」の関わるいわば慣習法として制定されたウシ5頭（5,000ブル）の賠償が課された[9]。

　SOSのボラナ県事務所長によれば、当初はPFMPに対して地域住民は、森林を政府が管理すると考えていたが、プロジェクトの進展につれて人びとの意識が変わり、子どもまでもが自発的に無断伐採を摘発するようになったという。しかし、筆者には、地域住民には政府とNGOによって一方的に禁止されたという意識しかないように見え、必要なときに自由に木を伐採できないことへの不満と、違反を摘発された際に法外な賠償を取り立てられることへの嘆きを多く耳にした。プロジェクトの終了後は、森林に対する地域住民と地方政府の態度はあっけなくもとに戻ったと当の事務所長も語っており、今や家屋を建設するための材木の切り出しも自由である。

　2017年9月に筆者が現地を訪ねると、山からいくつかの煙が上がっているのを目にした。昨年の小雨季と今年の大雨季とどちらも雨が降らず干ばつとなり、畑からの収穫がなく家畜もやせ細ってミルクもほとんどない状況のなかで、山の木を伐採し炭を作っているのだ。炭を町にもち込んで販売することは政府によって禁止され

---

[7] ファーム・アフリカのウェブサイト"Sharing the Forest"を参照。
[8] （Bassi 2010：223）でも言及されている。
[9] 賠償額は、2016年8月26日のヤベロ事務所におけるウカ氏へのインタビューによる。なお、ボラナでは和解プロセスの過程で賠償額が大幅に減額されることがほとんどであるが、この賠償については厳密であったと聞く。

ているが、薪より高く売れるため貧しい世帯が現金収入を獲得する方法である。その数が今年は目立って多かった。

4．NGOプロジェクトの可能性

　ボラナ県では、結局のところNGOが人びとにもたらすプロジェクトはどのような役割を果たしているのであろう。2000年代に入ってSOSは、村落部の女性を対象として現地の自然資源を利用した生計の多様化と収入の創出を目的としたプロジェクトを開始した。具体的には、16の女性協同組合が創設され、そのなかで10組合はアロエを原材料とした石鹸を製造し、ほかの組合は香木や樹脂などの天然香料の採集・加工をしている。それを上位組織の組合（union）が買い取り、商品となるように包装し販売する。ボラナ県の行政都市ヤベロには組合の販売所と倉庫があり、訪ねると店番の女性が、中年男性である筆者にもアロエ石鹸を使うとシミが消えるのだと、セールストークで効用を強調してくれた。組合の責任者は、アロエ石鹸をアディスアベバの美容院にも卸すようになったと誇らしげに語った。実際、アディスアベバから卸売問屋がやってきていた。

　筆者は、村落地域で天然香料の協同組合の中心メンバーとして参加している女性に、香料がどのように価値づけられ販売されて行くのか、それが実際に彼女たちにどのように利益になるのかについてたずねたが、彼女はそうしたことは分からないと答えるだけであった。中心メンバーでさえも必ずしもプロジェクトの全体像を理解してはいないのだ。ただし、「その仕事が楽しい」と参加の理由を語ったことは印象深かった。2017年9月に訪ねると、彼女は干ばつによって生活が厳しいので組合の活動を休んでいると語った。これは、NGOによって導入された活動が完全には人びとの生活に組み込まれていないことを意味する。また、現金を手に入れるために薪の伐採や炭の加工が行われていることから、従来の生計活動が根強いことも分かる。しかし、現在までこの新たな活動が持続していることは注目に値する。「楽しい」と表現される女性の主体的な活動は、（そうであるからこそ）当初NGOによって目指されたものではないかもしれないが、何か新しいアイデアと行動として実を結ぶ可能性をもつのではないだろうか。あのパパイヤの木とは違う形で。

文 献

Aklilu Amsalu & Alebachew Adem, 2009, "Climate change-induced hazards, impacts and responses in the Southern lowlands of Ethiopia," *Policy Brief*, 21, Forum for Social Studies.

Bassi, Marco, 2010, "The Politics of Space in Borana Oromo, Ethiopia: Demographics, Elections, Identity and Customary Institutions," *Journal of Eastern African Studies*, 4(2): 221-246.

Borena Zone Finance and Economic Development Office, 2015, "Physical and Socio-economic Profile of Borena Zone."

Farm Africa, "Sharing the Forest," (Retrieved February 10, 2017, http://www.farmafrica.org/downloads/resources/Participatory-Forest-Management-Case-Study.pdf).

Leus, Ton, 2006, *Aadaa Boraanaa: A Dictionary of Borana Culure*, Shama Books.

Mulugeta Lemenih, Claire Allan and Yvan Biot, 2015, *Making Forest Conservation Benefit Local Communities: Participatory Forest Management in Ethiopia*, (Retrieved February 10, 2017, https://www.farmafrica.org/downloads/pfmnewv11lowres.pdf).

SOS Sahel Ethiopia, 2007, *Annual Report 2007*, (Retrieved February 10, 2017, http://www.sossahel.org.et/publications/2007_SOS_Sahel_Ethiopia_Annual_Report.pdf).

SOS Sahel Ethiopia, 2010, *Annual Accomplishment Report for 2009*, (Retrieved February 10, 2017, http://www.sossahel.org.et/publications/2009_SOS_Sahel_Ethiopia_%20Annual_Report.pdf).

田川 玄, 2017, 「国家の周辺部におけるNGO活動 —エチオピア南部のオロミア州ボラナ県を事例として—」宮脇幸生編『NGOとアフリカ市民社会』大阪府立大学人間社会システム科学研究科.

| コラム4 | NGOの活動地域にみられる中心・周辺構造 |

藤本　武

　エチオピアにはさまざまなNGOが活動している。ただし、それらは全国一律に活動を展開しているわけではない。むしろ実態はその反対で、活動地域には大きな偏りがある。多数のNGOが乱立し、NGOバブルのような地域がある一方、NGOがほとんどあるいはまったく活動していない地域もある。NGOはいずれも地域の人びとの生活改善を目的に活動していることは共通する。ならば、NGOは生活改善の必要性が大きいところで多く活動し、そうでないところで少ないのかというと、そうでもない。NGOの活動が展開する地域にはなぜ大きな違いがあるのだろうか。現地調査から考えてみたい。

1．消えたオフィス

　筆者は1990年代前半から南部諸民族州（S.N.N.P.R）のマロ・コザ（Malo Koza）郡（Woreda）で、マロ（Malo）という農耕民を対象に調査を行っている。首都アディスアベバからマロの地に至るには人口170万人あまりのウォライタの中心都市ソッド（Soddo、人口約8万人）や同約35万人のゴファの中心都市サウラ（Sawla、同2万人あまり）を経由する必要があり、それらの町にも顔なじみの人ができていた。

　そのうちの1人がソッドにあるAという農業系の国際NGOで働くK氏だった。彼はウォライタ出身で、地域の重要な主食作物エンセーテ（Ensete ventricosum）の栽培技術を長く調査しており、膨大な知識を有していた。彼は農民に自らの考えを教え込む一方的な方法ではなく、農民たちから学び、相互交流を図りながら農

図1　エチオピア西南部の民族分布

業改善を目指す姿勢が顕著だった。調査を始めたばかりだった筆者は彼のオフィスにしばしば立ち寄り、ウォライタでのエンセーテ栽培について教えてもらうとともに、マロでの調査についてもアドバイスをもらったりした。また彼からサウラの同NGOで働くＴ氏を紹介してもらい、Ｔ氏のオフィスを訪ねたこともあった。1997～1998年に博士論文のための調査で1年間エチオピアに滞在した際も、以前ほど頻繁に訪れたわけではなかったが交流は続いていた。

しかし2002年に大学で教えるようになると、エチオピアで調査できるのは数年に1回1カ月行けるかどうかになった。そのためソッドやサウラも通過するか夜到着して翌朝出発するだけになり、挨拶に行くこともなかった。

2016年8月、4年ぶりにエチオピアに赴くことができた。NGOについて調べるのが重要な目的だったが、マロでNGOが活動していると聞いたことがなかった。そこでソッドで時間をとってＫ氏らの活動を見せてもらうつもりだった。ソッドの町はこの10年あまりで大発展を遂げ、Ａのオフィスを探しあてることができないほど変貌していた。バジャジ（簡便なタクシー）の運転手にたずねたが、不思議なことに誰ひとりとして知らなかった。ぐるぐる町を移動するなか、以前見た建物もちらほら見つけた。そしてかつてのオフィス近くで見つけたNGOで聞いてみたところ、ようやく場所が分かった。しかし訪れてみたところ、そこには別のNGOが入っていた。彼らがここを借りる前確かにＡのオフィスだったが、少し前に出て行ったという。町のほかの場所に引っ越したのかもしれないと思い、役場を訪れたが、現在20ほどあるソッドにオフィスを構えるNGOのなかにＡはないとのことだった。

つまり私が訪れなかった間にＡのソッド・オフィスは閉鎖しており、それはすなわち、ウォライタでのエンセーテ栽培に関する同NGOのプロジェクトは終了していることを意味した。NGOの活動に接することが少なくこれまでその活動を理解していなかった筆者は、このときようやく、NGOは地域に長く定着して活動するとは限らず、プロジェクト終了とともにオフィスが撤退することがあることを遅まきながら知った。

2．撤退を繰り返すNGO

このため当初予定していたＡのソッド支所で行われてきたエンセーテ・プロジェ

クトに関して調査することは断念し、サウラなどで活動するNGOについて調べることにした。

　ゴファの人たちの暮らす地域は行政的には近年までゴファ周辺郡（Gofa Zuria Woreda）だったが、2015年にサウラ（Sawla）、平原ゴファ（Demba Gofa）、高地ゴファ（Gezze Gofa）、オイダ（Oyda）の4つの郡に分かれた。そのサウラ郡の役場（これは旧ゴファ周辺郡の役場）で、このあたりで活動するNGOを聞いた。書類が見つからず、厳密とは言い難いが、以下の情報をえた。

　少し前はBなどの国際NGOがオフィスをおいて活動していたが、すでに撤退した。またCというNGOが活動していたこともあったが、10年いたことはなく、いずれも一時的だった。Aについて名前をあげて聞いてみたが、覚えている人はおらず、撤退して久しいようだった。現在サウラにオフィスを構えて活動しているNGOは2つあり、ひとつはDというローカルNGOで、4、5年前からこの地域で活動しているもので、もうひとつはEという医療活動を行う政府系のNGOで、こちらは来てまだ1年たつかどうかでスタッフも1人という。彼らはこれらもこれまでのNGO同様、遠からず撤退するだろうと見ていた。

　ソッドでは町のあちこちにNGOのオフィスを見かけるのに対して、サウラに2つしかない理由を聞いてみたところ、アディスアベバからソッドへは舗装道路が通っているなど便利だが、ソッドからサウラまで100キロ近く距離がある上に砂利道で車の燃料費がかさむため敬遠されるのだろうという。また、ウォライタとちがい、ゴファの地域は車で行ける場所が限られていることも大きいという。そしてここからさらに奥に行ったマロやバスケートのほうは道の状態が悪く交通が不便なためNGOは活動していないとのことだった。NGOは車で頻繁に移動しながら活動するため、それで行けないところでは活動しないという。確かにNGO関係者は自分たちの車を保有し、それで移動しているようであることから、車が入れないところでの活動は限られる可能性があるだろう。郡などの役人が車道のない村々まで徒歩で来て作業するのと比べると、スタイルに違いはあるようだった。燃料費が多くかかることが原因なのかはともかく、ソッドとサウラの状況を見ただけでもNGOの活動地域に大きな偏りがあることは明らかだった。

　またサウラで活動したNGOの状況からも分かるが、彼らはプロジェクトが終わる

と継続して活動することはまずなく、10年以内に撤退してしまうのだった。つまり、サウラなど末端付近の地域では長期にわたって活動が継続して実施されることはなく、NGOが新たに進出しても短期で撤退を繰り返しているようなのだった。先にソッドのAが知らぬ間に撤退していたことを述べたが、それでもソッドでは筆者が知る限り20年前後はオフィスがあり、複数のスタッフで活動していた。他方、サウラの同オフィスはスタッフが1人しかおらず活動や予算も限られ、ごく短期間で閉じていたようであることからもその点は確認される。現地の状況に応じてプロジェクトが計画され、NGOが活動しているわけでなく、もっと別の要因でNGOの活動地域は決まっていることがうかがわれるのだった。

とはいえ、現地の状況に基づいて計画・立案されているものもあることも確かである。以下ではそうしたものを紹介しよう。

3．プロジェクト獲得に追われるNGO

役場近くにオフィスのあるDを訪れて話をきいた。このNGOは14年前に設立されたローカルNGOで、本部がアディスアベバ、支部がアディスアベバから約50キロの距離にあるデブレゼイトとここサウラにあるという。設立以来デブレゼイト周辺で活動してきたが、10年の活動を契機にほかの地方でも活動することが検討された結果、ここになったという。ここが選ばれたのは、事前の広域調査で、この地域は女性への暴力が頻発するなど女性の人権状況に深刻な問題があることが判明したからという。つまり、地域の事情を鑑みた上でプロジェクトが計画されたといえる。ここには、専属スタッフが3人（うち1人会計）おり、いずれも現地採用のゴファとその隣のバスケート出身の20～30代の大卒者である。ここでは調査当時2つのプロジェクトが運営されていた。

ひとつはこのオフィスが設立された2012年から始められた「女性の能力開発（woman capacity building）」で、サウラ近郊の5つの郡から10ずつ行政村（カバレ）を選び、各郡15～30名の女性たちを定期的に集めて、夫からの暴力、女性性器切除、幼児婚など女性への暴力がないか聞くとともに、見つかった場合、それをなくす方法を説くものである。これを通じて地域における女性リーダーを養成

するのが目的である。ノルウェーの国際NGOより資金を得て実施しており、2016年12月で5年間のプロジェクトが終わるという。

もうひとつは「社会的説明責任（social accountability）」というもので、サウラ近郊の4つの郡から24行政村を選んで実施している。行政村の村長（リカンバーレ）など役職者はもっぱら男性で占められており、女性の意見が行政に十分反映されていない現状があることから、行政村が郡と対応するときに女性に説明し合意形成を図りながら進めるよう働きかけるものという。2014年に世界銀行から資金を得て始め、2016年中に中間評価を受けるとのことだった。活動が低く評価された場合、予算が減額されるだけでなく、最悪、そのプロジェクトが打ち切られるといい、ドナーの評価を気にしていた。

なお、先の「女性の能力開発」のプログラムは2016年で終了するため、2017年には新規のものを計画しているとのことだった。プロジェクトはいずれも長く続くものでないため、常に次のものを考えているとのことだった。プロジェクトがなくなれば、オフィスも早晩なくなってしまうだけでなく、現地採用スタッフは多く職を失う。つまり、彼らは自分たちの首がかかっているのであり、そのため必死にその維持・運営に取り組んでいるのだった。

4．活動域内にもみられる偏り

筆者はその後、マロでフィールドワークを行った。村の人たちにNGOの活動がないかたずねてみたが、知っている人は誰もいなかった。飲用水や農業開発、学校・病院建設、リセトルメントなど政府・行政によるさまざまな事業が実施され、マロの人々の生活を変えつつあるが、車道が通じていないマロにNGOは依然として来ていないようであった。

しかしマロを含む人口12万人あまりの

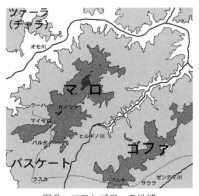

図2　マロとゴファの地域

マロ・コザ郡の役場のある町ラーハ（Laaha、人口約5千人）できいたところ、いくつかのNGOが近年活動を始めているのを知った。以下ではそれを紹介する。

　ひとつはFというローカルNGOで、来てまだ1年もたっておらず、役場の建物の一室を借りてオフィスにしていた。スタッフは3人で、いずれも近隣地域出身の大卒者だった。ガモ・ゴファ県ではマロ・コザ郡のみだが、全国30以上の郡で活動しているという。

　彼らのプロジェクトのひとつは、ラーハ近くを流れるモジョ（Mojo）川の水を利用した灌漑プロジェクトで、メッラ（Mella）という集落に農業用水を供給する予定という。同じく近くを流れるトゥルモ（Turmo）川の水を利用してトッバ（Tobba）という行政村に飲用水を供給する計画もあるとのことだった。5年間のプロジェクトで、世界銀行がドナーである。彼らによると、モジョ（Mojo）川を先に行ったイスタ（Yista）でも5年ほど前までアフリカ開発銀行の同様の灌漑プロジェクトが行われていたという。

　もうひとつは「共通利益集団（Common Interest Group）」というもので、養鶏や畜産など同じ関心をもつ人たちでグループを作り、そこに融資するもので、マロ・コザ郡の39行政村のうち16行政村で実施する予定という。ただしまだ計画段階で、選定した16の行政村も地図上で選定しただけで（それらはいずれもラーハ付近のものだった）、現地で具体的に何をするかも決まっていないとのことだった。こちらも世界銀行がドナーになるという。

　ほかにGというローカルNGOがあり、こちらも水源開発や公衆衛生のプロジェクトをしているとのことだったが、スタッフに会えなかったため詳細は不明である。

　これらの断片的な情報からうかがわれるのは、役場のあるラーハ周辺ではNGOが多少ともプロジェクトを行っているのに対し、同じマロ・コザ郡のなかでも車道の通っていない（しかし人口は郡の半分以上を占める）マロの人びとの暮らす地域では活動は行われていないことだった。つまり、同じ郡のなかでもNGOの活動地域には偏りがあるのだった。今後マロ・コザ郡でNGOの活動がより活発に展開される可能性はあるが、こうした域内の偏りは容易に解消されることはないだろう。

5．NGOの活動地域にみられる中心・周辺構造

　以上から分かる通り、エチオピアにおけるNGOの活動は地域により状況が大きく異なる。およそ首都から遠ざかるにつれて活動するNGOは減り、また同じNGOでも遠方の地域では人員や予算を限定して小規模に活動していた。そのため、末端地域ではNGOが進出しても短期の撤退が繰り返されていた。NGOの活動地域には顕著な中心・周辺構造が存在するのだった。

　また、同じ地域においてもその状況に違いがあった。すなわちNGOのオフィスのある町から近く、車でアクセス可能なところで活動が多く展開されるのに対し、町から隔たりまた車道の通っていないところではほとんど活動がなされていないのだった。1つの地域のなかにもNGOの活動状況に関して中心・周辺構造が存在しているのだった。つまり、全体から見るならば、二重に中心・周辺構造が存在していることになる。すでに外部世界とつながり多少とも経済発展のあるところでNGOは活発に活動する一方、それから取り残されるところではNGOからも取り残される傾向があるといえる。

　NGOは国家などによる大規模な開発プロジェクトと異なり、小規模であることを生かして地域社会の実情に即して活動することが期待されるが、一定の発展のあるところを発展させる一方、そうでないところには関与しないという社会経済的格差をむしろ助長するよう活動を展開しているといえなくもないのである。NGOの本来の目的から考えた場合、矛盾しているようにも思えるこうした構造はいったいなぜ生じているのだろうか。

　NGOの活動は基本的にプロジェクト単位で実施されており、それは5年程度の短期間に一定の成果をあげることがドナーから強く求められている。成果をあげられないと途中で打ち切られてしまいかねないほどである。そのためNGOとしても苦肉の策として手っ取り早く成果が出せそうなものを選び、また遠方で経費がかさんだりするものも予算に響きかねないため避けられる傾向があるのだろう。行政などによる教育・医療・公衆衛生などの開発事業に比べると、彼らは予算・人員ともはるかに限られた脆弱な基盤のもとで活動していることはまちがいなく、それが末端地域で活動するNGOほど顕著に表れるのだろう。

第5章
女性のエンパワーメントと地域社会組織の展開
―農牧民ホールにおける女性組合の事例から―

宮脇　幸生

1．はじめに

　本章では、エチオピア西南部に居住するクシ系農牧民ホールにおいて1990年代から活動している女性たちの互助的組織である「女性組合」の成立と展開の過程について報告する。

　この活動に関わった女性たちは、学校教育を一切受けておらず、エチオピアの共通語であるアムハラ語もまったく話すことのできない農牧民の女性たちである。教育を受けたことのない農牧民女性たちが、自ら主体となって組織した相互扶助とセルフ・エンパワーメントを目的とする企業的活動は、いかにして成立したのだろうか。そこには多くのハードルがあったはずであり、またそれを乗り越える条件があったはずである。私はこの活動を、1990年代から見てきており、またそれに部分的に関与したこともある。そして2012年から、インタビューによってこの活動の調査を行ってきた。本章ではこれらの参与観察やインタビュー、そして識字者によって残された会計報告の文書をもとに、ホールの「女性組合」の活動の経緯を描き出すことにしたい。

　まずこの活動の社会的な位置づけについて確認しておくことにしよう。BrattonはNGOを、多数の専従職員を擁し、複数の国家で活動する国際NGO、専従の職員がいる国内NGO、そして地域の資源を利用し、その構成員によって運営される地域社会組合の3種類に分類した（本書

序章)。本章でとりあげる「女性組合」は、上記の分類では地域社会組合にあたる。この組織の活動を考える場合、国家との関係、およびグローバル社会との関係を考慮に入れることが重要になる。そこでまず、国家との関係、次いでグローバルなネットワークとの関係をもとに、この組織の位置づけを示すことにしよう。

ホールの「女性組合」は、商品の市場での販売と、氾濫原での商品作物の栽培および販売という二本柱で収益をあげ、その収益を自らの生活の維持と向上に用いている。エチオピアには、法的に認められた営利を目的としない協同組織として、「慈善団体および市民団体に関する布告」によって規定されるいわゆるNGOと（本書第1章、第2章)、「協同組合社会に関する布告 No.147/1998」(Cooperative Societies Proclamation)および「協同組合の委員会設立に関する布告 No.274/2002」(Cooperatives' Commission Establishment Proclamation)によって規定される協同組合がある(Veerakumaran 2007)。ホールの「女性組合」は、その目的や機能はこれらの組織に似ているが、法的な認可を受けていない、また専従の職員をもたないきわめて小規模な組織であるという点で異なっている。

他方でエチオピアには、伝統的な互助組織が存在している。たとえばダボ (debo) と呼ばれる組織は、農村で播種や収穫期に行われる共同労働である。また1930年代に都市において始まり、地方に伝播したウッドゥル (idir) という共同で葬式を行う組織や、ウックゥブ (iquib) という頼母子講がある (Daniel 2005)。これらの組織はいずれも相互扶助を目的としており、また政府の認可を受けない草の根の組織であるという点でホールの「女性組合」と共通点がある。だがこれらの組織は外部から援助を受けたり、企業活動による資金の創出は行っていない。ホールの「女性組合」は外部のネットワークや市場を利用して利潤をあげよ

うとする点で、これらの伝統的互助組織とは異なっている。

　以上を踏まえた上で、ここではこの「女性組合」を、「地域社会組織」（Community Based Organization, CBO）としておこう。CBOとは、ある国のある地域でその地域社会に根差した活動を行う非営利の民間団体のことを指す（関谷 2006：78）。開発関係の研究においては、CBOは多様な組織を含むが、ここでは草の根のレベルで集団メンバーの福利・生活の向上を目指していることに加え、外部のネットワークや資金・市場を利用することを、その条件としておきたい。

　さて、CBOは2000年代になり、第三世界における政治経済情勢の変化とNGO活動の縮小にともない、開発主体として注目を集めるようになってきている。序章に述べたように、途上国の多くのNGOは資金を提供する国際援助機関に対する説明に忙殺され、草の根の実情から乖離しがちであることが多かった。また政府に登録されたNGOは、許認可権を盾に政府の規制を受けることが多い。それに対してCBOは、より地域に密着し、政府の規制にしばられずに柔軟に地域の必要性に応えるはずである。だがアフリカの周辺地域においては、実際にいかなるCBOが、どのような活動を行っているのかについて、十分な研究がなされているとはいえない[1]（Holmén 2010）。本章で扱う農牧民女性によるCBOは、そうした数少ない事例研究のひとつである。

　ここで参照とする枠組みは、社会運動論の枠組みである（大畑ほか

---

[1] そのような研究のひとつとして、エチオピア南部のボラナにおける協同組合の形成と発展についての一連の調査がある。これはケニア北部における自生的な牧畜民女性によるCBOを参考にして、国際NGOが介入することで、エチオピア南部のボラナ牧畜民の女性の間に、多数のCBOを組織するという試みについて報告したものである（Coppock et al. 2012；Coppock et al. 2013）。また神代は、開発援助に参加した経験から自分たち独自のマイクロファイナンスを開始したブルキナファソ農村における女性住民組織の事例を報告している（神代 2014）。

2004)。社会運動論は、特定の社会運動が成立する際の条件や背景を明らかにしようとする。それならば、この活動が始まるときに、女性たちはいかなる状況に置かれており、どのような不満や望みをもっていたのか。それを解決するようために、どのような資源が利用されたのか。またそこに女性たちが集まるのにさいして、どのような説得の言説が用いられたのか。そして女性たちの活動に対して、家父長制的なホールの男性たちはどのように反応し、また地方政府はどのような態度をとったのか。このような問いを設定することにより、ホールの「女性組合」の活動を、より包括的にとらえることができるだろう。

次節では、ホールの社会について背景説明を行う。第3節では、「女性組合」の設立の経緯と現在までの経過について報告する。第4節では、2013年時点におけるホールの「女性組合」の現状について記述する。第5節では、「女性組合」の成立と継続を可能にした要因を、社会運動論の枠組みを用いて整理し、この独自の活動を可能とする諸条件を明らかにする。最後にこれらの諸条件を整理した上で、この活動の独自性を確認したい。

2. ホールの歴史と社会
2.1　ホールの社会

ホール（Hor）はエチオピア西南部のウェイト（Woito）川の河口付近に住む人口4,000人ほどの農牧民で、氾濫原農耕と牧畜を営んでいる。北から南にかけて、ガンダラブ（Gandarab）、クラム（Kulam）、ムラレ（Murale）、エグデ（Egude）という4つの地域集団に分れており、それぞれが定住集落をもつ。またすぐ北には、クイレ（Kuile）という北に住む農牧民ツァマコ（Tsamako）の首長筋の住む集落がある。そ

れぞれの集団には年齢組と世代組を中心とした年齢組織があり、中心的世代組からは地域集団を政治的、経済的に統制する長老集団が選出される。またそれぞれ地域集団には、儀礼首長（kawot）と政治首長（kernet）がおり、長老集団とともに、地域集団における氾濫原の分配や儀礼の執行、紛争の仲裁、慣習的規範からの逸脱者の処罰に関わっている。

地域集団には、ブル（birr）と呼ばれる外婚の単位である親族集団がいくつかあり、女性は家畜などの婚資と交換に、婚姻を通して親族集団間を移動する。婚姻によって花婿側のクランに婚入した女性の産む子どもは、すべて夫の嫡子となる。娘は父に、妻は夫に従うものとみなされ、女性には財産（家畜）の所有権もない。ホールは典型的な家父長制社会である。次にホールの歴史を見ておこう。

2.2　ホールの歴史と社会環境の変化

ホールの居住するトゥルカナ湖周辺の低地は、19世紀までさまざまな牧畜社会が離合集散する地域だった。ホールもそのような社会のひとつで、19世紀の末にアルボレとマルレという集団が結びついてできた民族集団だった。だがホールは19世紀の末にエチオピア帝国に征服され、エチオピア国家の支配下に入った。そしてそれ以来、国家とホールの間を仲介する「仲介者」が、もっとも強力な政治的権力を握るようになった。「仲介者」はホールの出身者であるが、知略にたけ、高地人に巧みに取り入り、高地人からその地域を統治する地位を与えられ、ホールの人々に対して君臨してきた者たちである。ホールの人々は、支配者であるエチオピア高地人やそのもとにいる「仲介者」に対して強く反発し、伝統であるアーダ（aada）に基づき自分たちの民族アイデンティティを維持しようとしてきた。だがその一方で、政治権力と物質的な富を握る「仲介者」に対して、恐れと羨望の入り混じったアンビバレントな感情も抱

いてきた。

　ホールでは1974年の帝政崩壊と軍事政権移行以後、ホールにも国家の末端組織である「農民組合」が作られ、ホールのなかにも政権の末端に連なる者が出始める。また、徐々に男性の間で学校教育を受ける者が出始めた。1991年にエチオピア人民革命民主戦線（Ethiopian People's Revolutionary Democratic Front, EPRDF）政権に移行し、民族自治に基づく連邦制が施行されると、地方政府の要職もその地域の民族出身者によって占められるようになり、教育を受けた一部のホールの若者が行政職に就くようになった。だが学校教育を受けていない大半のホールにとっては、学校教育を受け行政職に就くこれらの若者たちは、敵である「高地人」のようになり、自分たちの伝統を捨てた者とみなされている。

　一方でホールの住む空間的環境も、この数十年で大きく変化してきた。ホールの居住地はエチオピアの首都であるアディスアベバから800キロ離れた遠隔地であり、エチオピア国家に編入された後も、西南部の行政の中心地であるジンカから百数十キロ離れ、徒歩で行くのにも数日を要していた。だが1950年代にホールの北の集落ガンダラブの近くに警察の駐屯地が作られ、数人の高地出身の警察官が居住するようになった。この駐屯地はやがてエルボレ（Erbore）と呼ばれる小さな町となる。1970年代の後半になると、ホールの集落の近くを通る自動車道が作られ、高地の都市との距離は一気に縮まった。この自動車道は西のオモ川の下流に作られた綿花プランテーションに通じており、大型のトラックが周辺を通過するようになった。またエルボレの町には、交易で知られる農耕民コンソ（Konso）が定住するようになり、警察官やホールの住人を相手に、酒や塩、コーヒーなどの小売をするようになった。さらに初等学校やクリニックも建設されるようになった。それまでホールにとっては無縁であった貨幣経済も、このような商店やクリニックへの支払いを

第 5 章　女性のエンパワーメントと地域社会組織の展開

通して浸透するようになった。

　1980年代末には、ウェイト川の中流のツァマコのテリトリーに高地人が綿花プランテーションを建設した。プランテーションの近辺、ホールから北に50キロほどのところには、ウェイト（Woito）という町ができ、プランテーションの季節労働者を相手とする商店、飲食店、警察官の駐屯所、教会などができている（宮脇 2011；2012）。

　また90年代以降、この地域を通り、オモ川周辺の農牧民社会を訪れる外国人観光客向けの「辺境ツアー」が盛んになり、ホールにもランドクルーザーに乗り高地人観光ガイドに率いられた外国人ツーリストが頻繁に訪れるようになった。

　ホールでは今でもアーダと呼ばれる伝統が重視され、それに基づく家父長制的な社会制度が維持されている。だがそれは、国家支配に抗し、それに対する対抗的な価値および民族アイデンティティの係留点として維持されてきたものであった。女性たちはそのなかで、財の所有権をもたず、男性の支配下に置かれてきた。他方で空間的・社会的な変化は大きく、農耕と牧畜による自給自足経済と伝統に従って生きる自分たちのライフスタイルの傍らに、商売によって利潤を得るコンソのような生き方や、学校教育を受け給与生活をする高地人や教育を受けたホールの男性の生き方を見るようになった。

　ホールの「女性組合」は1995年にガンダラブで設立された。2013年現在、ガンダラブとクイレに組織をもち、100ほどのメンバーを擁している。次に、このようなホールの状況のもとで、「女性組合」がどのような経緯で設立され、いかにして拡大してきたのかを見てみよう。

3．組合の設立と事業の拡大

3.1　組合の設立と初期の活動（1995年～2003年）

　この活動を始めたのは、シルバ・アルゴレという女性だった。この活動を開始した1995年当時、彼女は40歳前後の年齢だった。シルバによれば、この活動を始めた理由は、町に住むコンソの商人たちが塩やコーヒーなどの商品をホールに売り利益をあげているのを見て、自分たちも同様にしたら利益をあげることができるのではないかと考えたからだという[2]。

　シルバはこのアイデアを、知人の3人の女性に相談した。1人はシルバの義理の母で、同じクランで暮らしている。また残りの2人も隣人だった。だがホールの集落はコンパクトな集村であり、隣人はたくさんいる。シルバが多くの隣人のなかからこの3人の女性を選んだのは、自分の革新的なアイデアを、これらの女性たちは受け入れてくれるだろうと考えたからだという。ホールでは女性は家畜をはじめとする財産をもつことはできない。交易を通してお金を稼ぐということは、ホールの女性にとって初めての試みだった。保守的な女性なら、このような試みに賛同しなかっただろう。

　また彼女たちのうち2人は、シルバにとって、「親の世代」にあたる年長の女性だった。なかでもその1人は夫が「祖父の世代」に属しており、女性の儀礼的地位が夫の世代組によって決まるホールでは、非常に重要な儀礼的地位についていた。このような影響力のある女性を仲間にもつことは、仲間を増やして活動を行ったときに、その女性たちに対し

---

[2] 以下の情報は、ガンダラブにおけるシルバ・アルゴレとガレ・アルクロへのインタビュー（2015年8月20日）より。なお以下の個人名はすべて実名である。「女性組合」の活動については、ホラ・スラ氏自身が2015年10月に実名で大阪府立大学のシンポジウムにおいて、その活動について報告を行っている。

て強力な統制力を期待できると考えたのである。

　だが当時ホールの女性で、学校教育を受けた者は皆無だった。そのため彼女たちのなかで、計算ができる者はいない。そのうえ、共通語のアムハラ語を理解できる者もいない。それどころか、ホールの居住地を出て、町に出かけたことがある者さえいなかった。だが町でコンソの商人が売っているコーヒーや塩、蒸留酒は、どれもホールの居住地の外部からもたらされたもので、ホールの女性だけでそのような商品の交易をすることは不可能だった。そこで、このアイデアを実現するための仲介者を探すことにした。

　シルバが白羽の矢を立てたのは、ホラ・スラという男性だった。ホラはシルバと同じ年齢組に属しており、さらにシルバの婚入したクランであるリース（Riis）に属していた。年齢組織においても、親族関係・隣人関係においても、きわめて近い間柄だったのである。だがより重要だったのは、ホラがこのような革新的なアイデアを受容できる男性であり、それを実現できるだけの能力をもっていたことだった。

　ホラは1974年に帝政が崩壊し社会主義政権となったときに、ホールで頭角を現し、郡の副行政官まで務めた男だった。彼はホールで初めて中等教育を受け、首都のアディスアベバで数年間働いたこともあった。1991年に社会主義政権が倒れてから職を失い、私のような人類学者のインフォーマントをしつつ、生活の糧を得ていた。ホラによれば、自分の行政官時代にホールで「女性組合」を作っていたが、政権が変わってからこの組合は活動を休止していた[3]。それを再建したかったのだという[4]。

　そのころホールでは、レッド・バルナ（Redd Barna, Save the

---

[3] ただし社会主義政権時代の「女性組合」は、名ばかりの組織で、実質的な活動はしていなかった。

Children Norway）というNGOが援助の穀物を配給していた。相談を受けたホラは女性たちに、配給穀物を利用してビールを醸造し、それを売ることで資金を稼ぐことを提案した。この提案によって、このとき15人の女性たちが集まった。

　女性たちはビールを醸造して販売し、徐々に資金を増やして行った。それを元手にホールが日常的に飲むコーヒーの実の殻を買い、売り始めた。さらにホラはアディスアベバまで行って塩を購入し、それをホールで売った。塩はコンソの商人もコーヒーのカップを単位にして売っていたが、コンソよりも大きなカップを用いたので、よく売れたという。資本金はどんどんと増え、メンバーも25人に増えた。ホラはこれらの商品を運ぶのに、人類学者の自動車を利用したり、ツァマコに作られていたプランテーションの自動車を利用したりと、自分の広範なコネを最大限に活用した。ホールに建てていた私の調査基地も、塩などの商品の倉庫として利用されていた。この当時、女性たちの目標は、動力粉挽き機を買う、というものだった。ホールの女性は、毎日モロコシやトウモロコシを鞍型の石の挽き臼で挽かねばならない。これは数時間にもわたり全身を使う重労働である。重油によってエンジンを動かし自動で粉に挽くことのできる粉挽き機を買い、労働を軽減するというのが、彼女たちの大きな目標だったのである。

　だが他方で「女性組合」の活動は、地方政府に目をつけられてしまった。というのは、ホラは前政権時代の行政官であり、政権が変わってか

---

[4] 以下はガンダラブにおけるホラ氏へのインタビュー（2013年8月19日）による。ホラによると「女性組合」を提案したのは自分で、それに応じてシルバをはじめとする15人の女性が集まってきたという。だがシルバの設立当初についてのより詳細な語りを考慮すると、最初のイニシアティブは女性たちによるもので、それとホラの思惑が合致したと考えたほうがよいのではないかと思う。

第 5 章　女性のエンパワーメントと地域社会組織の展開

らも、選挙になると反政府側の政党から立候補していたため、危険人物とみなされていたのである。そしてこの「女性組合」の活動も、反政府的な政治活動だとみなされたのだった。ホラは反政府活動の疑いで逮捕され、罰金と称して政府の末端で働くホールの男性たちに金を取り上げられたりした。だがこのような逆境にもかかわらず、女性たちは秘密裏に活動を続けていた。

3.2　商業作物栽培の開始と国際NGOの支援（2004〜2011年）

　2004年になり、「女性組合」の活動に転機が訪れた。商品作物の栽培を開始したのである。これ以降、「女性組合」の活動は、交易に加えて商品作物の栽培・販売が、重要な柱となった。

　まず私がホラの依頼を受けて、アディスアベバで日本製のポンプを買い、ホールにもって行った。ホラはすでにホールの人々を雇ってウェイト川の川辺林を切り開き、広大な耕作地を作っていた。ここはウェイト川が氾濫しても冠水しない場所であり、ポンプを使って水をくみあげ、初めて耕作が可能になる土地だった。

　ホラと女性たちはここで、トウモロコシと野菜を栽培し始めた。ホールが栽培する穀物はモロコシとトウモロコシだが、モロコシは充分な水分がある氾濫原でないと成長しない。それに対してトウモロコシは天水だけでも栽培できた。だからポンプによって灌漑するこの耕作地にうってつけだと考えたのである。そこで作った野菜はキャベツ、ニンジン、トマト、トウガラシ、タマネギなどで、いずれもホールではそれまで栽培されなかったものであった。これらの野菜をホラは、ホールから100キロほど離れたトゥルミ（Turmi）という町や郡の行政府のあるディメカ（Dimeka）という町まで運んで売った。川辺林を切り開き、ポンプによって灌漑し、商品作物を栽培するというやり方は、ツァマコで綿花

栽培をしているプランテーションがすでに行っていたものである。ホラはそこからこのやり方を学んだのだった。

このころホールにはいくつかの国際NGOがやってきて活動をしていたが、目立った成果をあげることなく、数年のプロジェクト期間が過ぎると去って行った[5]。そのなかで、ホールの「女性組合」の活動に重要な支援をしたのが、ファーム・アフリカ（Farm Africa）だった。

ファーム・アフリカは2006年にホールでいくつかのプロジェクトを行っており、そのひとつにマイクロ・ファイナンスがあった。当初ファーム・アフリカは35人の男性を選び、1,000ブルずつ与え、それを元手に起業をするように促した。男性に隣接民族のテリトリーにある町の市場に行き、ウシの交易をするようにと促したのである。ホラはその会合に出席しており、男性の次に女性にお金を与えて起業を促そうと相談しているのを聞き、「女性組合」のメンバーを中心とした35人の女性を選び、マイクロ・ファイナンスの対象として推薦した。ファーム・アフリカは女性たちに資金として300ブルずつ与えたが、女性たちはこのお金をすべて「女性組合」に預け、ホラにこの資金を使って町で交易品を買ってくるようにと依頼した。ホラは塩を購入し、それがホールでよく売れたために、「女性組合」の資本金は増大した。

またファーム・アフリカはポンプを2台購入し、「女性組合」に寄贈した。「女性組合」のポンプは計3台となった。

---

[5] ホールで活動を行った主なNGOは、以下のものがある。1980年～1988年には、レッド・バルナがホールに灌漑施設を作った。2005年にはエチオピア牧畜民研究・開発協会（Ethiopian Pastoralist Research and Development Association, EPaRDA）がホールの年配男性を連れて、民族間の平和儀礼を取り行った。2006年にはファーム・アフリカがマイクロ・ファイナンスのプロジェクトを始めた。2007年にはホール・プロジェクト（Hor Project）が、ホールで家畜を買いあげ、水害に見舞われたオモ川河口に住むダサネッチにそれを寄贈した。2006年～2008年には、メカニ・イエスス（Mekani Yesus）がFGM廃絶にたずさわった。

2007年にはカナダのNGOであるフレンズ・オブ・サウスオモ（Friends of South Omo）のメンバーの男性がホールを訪れた。彼はホールでの援助を計画しており、ホラは彼と交渉して、「女性組合」の畑の耕作のために、ツァマコの綿花プランテーションからトラクターを貸与してもらうための資金を引き出した。そしてプランテーションからトラクターを1台、1年7,500ブルで借りることができた。

　翌2008年には、ホラはフレンズ・オブ・サウスオモにポンプを要求した。フレンズ・オブ・サウスオモはその要求を受け入れて送金をし、「女性組合」はその資金でポンプを3台購入した。さらに2009年にはトラクターを要求し、資金の提供を受け、手押しの耕運機を1台購入した。2010年にはホラは「女性組合」の資本金の一部を使い、手押しの耕運機をさらに2台購入した。

　この当時、ウェイト川の流路が変わり、2004年に開墾した土地は川から水を引くことができなくなっていた。そのため、ガンダラブの長老と交渉し、「女性組合」も氾濫原の分配を受けるようになった。一方「女性組合」では耕運機が3台に増えたために耕作効率が向上し、耕作面積も拡大していた。そこで「女性組合」は商品作物用の野菜を栽培するだけでなく、メンバーの女性たちに畑を分配することにした。女性たちはモロコシを栽培し、収穫したモロコシを干ばつに備えて家に蓄えるようになった。

　このころから「女性組合」には、ガンダラブの女性のほかにクイレの女性たちも参加するようになっていた。2012年になると、クイレの女性の数が増えたため、ガンダラブとクイレの女性たちそれぞれで、個別の「女性組合」とすることにした。

3.3　交易の停滞と商業作物栽培への傾斜（2012年〜）

　このころ塩の値段と交通費が上昇し、塩の交易によって利益をあげる

ことが徐々に困難になってきていた。そこで「女性組合」のメンバーたちはホラと相談し、ビーズを交易品とすることにした。最初にホラがアディスアベバから購入してきたビーズはホールで飛ぶように売れ、大きな利益をあげた。しかしその次に購入したビーズは最初のビーズと種類が異なり、ホールでは不人気で売れなかった。資本金の大半をこれに費やしたために資金がビーズの形で塩漬けになり、これ以降交易は滞ることになった。

　農業部門では、ホラは新たな換金作物としてゴマに目をつけ、栽培を開始した。これは2014年には順調に収穫を迎え、利益をあげることができた。

4．ホールの「女性組合」

　この節では2014年現在の「女性組合」の状況を見てみることにしよう。「女性組合」とはホール語で、modeiya mahabarという。modeiyaとはホール語で女性、mahabarとはエチオピアの共通語であるアムハラ語からの借用で、協会や組合、団体のことを意味している。この活動の中心人物の1人であるホラが、前政権時代の「女性組合（set mahaber）」にちなんでつけた名前である。

4.1　メンバー

　私が2013年に調査を行ったときには、「女性組合」にはガンダラブだけでなく、その北にあるツァマコの首長の村落であるクイレからもメンバーに加わる女性が増えており、メンバーとして名前があがった女性は全部で100人になっていた。それぞれの地域のメンバーは、現在は別々の組合として活動をしている。表1は地域集団ごとに見た所属する年齢組から推定したメンバーの年齢を表している。

第 5 章　女性のエンパワーメントと地域社会組織の展開

表 1 　「女性組合」参加者の推定年齢

purchas	Gandarab	Kuile	合計
23 – 46	3	14	17
47 – 78	35	22	57
79 –	11	2	13
不明	1	12	13
合計	50	50	100

2013年の聞き取り調査より筆者作成

　この表の年齢区分は、ホールの年齢階梯制度でおよそ30年のスパンをもつ世代組で区切ったものである。これを見ると、ガンダラブ地域集団の女性のほうがクイレの女性たちよりも年齢が高いことが分かる。これは「女性組合」がガンダラブで創設され、その初期メンバーがガンダラブにはまだ残っているからである。

　これらの女性のほかに、商品の買い出し役・資金の記帳役としてホラが、また耕作地での耕運機の操縦役として若い男性が 1 人、この活動に加わっていた。

　また「女性組合」には、代表（likamember）、副代表（mitikil likamember）、書記（tsahafi）、監督（tekotateri）、会計（genzab yaji）などの役職が設けられ、会議の招集やお金の計算などを受けもっていた。

4.2　農耕と交易
4.2.1　農耕部門
　「女性組合」の活動の柱は、商品作物の栽培・販売と、商品の市場での販売の 2 つである。農耕はすでに述べたように、2004年当初はウェイト川の川辺林でポンプを用いて灌漑を行い、商品作物を栽培していた。これらの作物を100キロほど離れた町で販売し、「女性組合」の重要な資金源としていた。このほかにも自給用のトウモロコシを栽培していた。

また2007年から手押しの耕運機を導入し、耕作を行っている。

　その後、ウェイト川の流路が変わり川辺林の畑では灌漑ができなくなったので、氾濫原で農耕を行うようになった。氾濫原はホールの地域集団の長老組織が各世帯に分配することになっているので、「女性組合」も長老組織から氾濫原の分配を受けている。

　2014年からは商品作物としてゴマの栽培を開始し、収穫を得ている。

4.2.2　小売部門

　小売部門は、「女性組合」設立当初から、ビールの販売という形で始まった。やがて販売する商品は、ホールが日常的に飲料に用いるコーヒーの実の殻、塩、ビーズ、コヤスガイと移って行った。

4.2.2.1　利潤をあげる仕組み

　市場における商品販売は、「女性組合」だけでなく、「女性組合」のメンバー自身が自分たちの稼ぎを得る手段ともなっている。そこで稼いだ金が、それぞれの女性が自由に使うことのできる収入となるのである。以下にその仕組みを説明しよう。

　まず「女性組合」は、組合の資金から一定のお金を拠出して、商品となる品物を仕入れる。何を商品とするのかは、組合の幹部の女性たちと仕入れ役のホラが相談して決める。ホラは商品を値段の安い遠隔地の町から仕入れ、ホールまで運んでくる。蜂蜜や衣服を仕入れたときには、ケニア国境近くの町オモラテ（Omorate）に行ったし、ビーズやコヤスガイは首都のアディスアベバから仕入れた。

　ホールの集落の近くにある町であるエルボレでは、週に1度、市場が開かれ、ホールの各集落からだけでなく、周辺の民族からも人々が集まってくる。このときに「女性組合」のメンバーは、仕入れた商品があれ

ば、各々それを売りに出る。

　まずメンバーは女性組合の商品の倉庫から、一定の量の商品をもち出す。そのときに書記が、塩ならばコーヒーカップ何杯分となるのか、ビーズならば何本分か、コヤスガイなら何キロかを１人１人確認し、それに相当する金額に換算して記憶しておく。この金額は、商品を町で仕入れた金額に、「女性組合」の利益を上乗せした価格となっている。またこの金額が、各メンバーの「仕入れ価格」となる。商品をもち出したメンバーは、市場に出てその商品を、「仕入れ価格」に自分の利益を加えた価格で売る。この価格は、それぞれのメンバーが、市場の状況を見て自分で決めることができる（図１）。

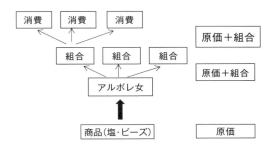

図１　商品販売における利潤のあげ方

　もし商品の売れ行きがよく、早々に売り切れてしまった場合は、ふたたび「女性組合」の倉庫に戻り、商品を仕入れて市場で売ることができる。その日の終わりに、各々のメンバーは自分の売りあげのなかから、「女性組合」からもち出した商品の仕入れ価格にあたるお金を支払う。

　その日のうちに売り切ることができなかった場合は、そのメンバーの「借り」として記録される。メンバーはそれを集落にもち帰り、隣近所の世帯に売ったりすることで、商品をさばき、後日仕入れ価格にあたるお金を「女性組合」に返す。

市の日の終わりには、市場での商品の売買に参加した女性たちの名前と、「女性組合」からもち出した商品の「仕入れ価格」が、ホラによってノートに記帳される。

4.2.2.2　小売り活動の頻度とパターン

　図2は、2009年2月から2012年12月にかけての3年10カ月分の出納簿から、どれくらいの女性が市での商品販売に従事したのかを示したグラフである。この間に「女性組合」のメンバーが市で商品販売に従事したのは37回、参加者はもっとも多いときで17人、もっとも少ないときで2人、平均8.9人である。

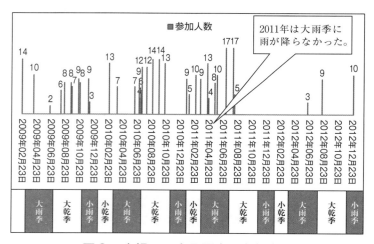

図2　市場での商品販売の参加者数

女性組合の出納簿より筆者作成

　グラフを見ると、頻繁に商品の販売がなされている時期と、そうでない時期があることが分かる。その理由のひとつは、気候である。ホールでは3月から7月が大雨季、11月から12月が小雨季である。市場は屋根も何

もない広場で開かれるので、雨の降るこの時期には販売回数が少なくなっている。ただし2011年には大雨季に雨が降らなかったために、販売回数の減少は見られない。もうひとつは、商品の仕入れに関わっている。2011年の後半から、塩の値段と交通費の値上がりで、塩の販売では利益が出なくなった。そのために仕入れが滞り、販売回数が減少している。2012年に、商品をビーズとコヤスガイにし、ふたたび販売が始められている。

次に、どのようなメンバーがどれくらいの頻度で販売活動に参加しているのかを見ておこう。

4.2.2.3 メンバーごとの活動頻度

図3は、同じ出納簿からメンバーごとの参加回数を抽出して示したものである。3年10カ月の期間のうちで商品販売に参加したメンバーは46人（うち女性42人、男性4人）、もっとも参加回数の多いメンバーは32回、もっとも少ないメンバーは1回、平均は7.7回である。

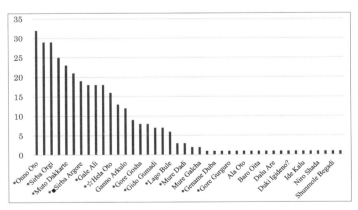

図3　「女性組合」メンバーごとの市場での商品販売への参加日数
（2009年2月〜2012年12月）
摘要：■代表　□副代表　☆書記　＊2006年の35人のメンバー
女性組合の出納簿より筆者作成

図から明らかなように、メンバーによって参加回数は大きく異なっている。ここでこれらのうちで女性42人を対象とし、2006年のファーム・アフリカがマイクロ・ファイナンスのプロジェクトを行ったときのメンバーと、2014年現在の100人に含まれるメンバーを比較した上で、メンバーを以下のように４つに分類し、活動頻度に差があるかどうか確かめてみよう[6]。

A　2006年時に組合に在籍し、今も在籍しているメンバー。
B　2006年時に組合に在籍し、今は在籍していないメンバー。
C　2006年時に組合に在籍しておらず、今も在籍していないメンバー。
D　2006年時に組合に在籍しておらず、今は在籍しているメンバー。

　Aは初期から現在まで参加しているメンバー、Bは初期に参加していたが、何らかの理由で脱退したメンバー、Cは途中から参加し、まもなく脱退したメンバー、Dは途中から参加し、現在に至るまで活動しているメンバーである。
　それぞれの参加回数の平均は、以下の通りである。

表２　在籍期間と商品販売の回数（2009年２月～2012年12月）

在籍時期	人数	平均参加回数
A（2006～2014年）	14	17.1
B（2006～2012年）	8	7.4
C（2009～2012年）	15	1.6
D（2009～2014年）	5	4.8
全体	42	7.5

女性組合の出納簿より筆者作成

---

[6] 女性組合の構成員が、組合の創設メンバーに言及する場合、2006年のファーム・アフリカのマイクロ・ファイナンスに参加したこの35人の名前があげられることが多い。

中途で参加し脱退したメンバー（C）が全体の36％（15人）いること
から分かるように、「女性組合」のメンバーは累積的に増加したのでは
なく、参加してもすぐに脱退するメンバーも多いことが分かる。このよ
うなメンバーの平均参加回数は1.6回で、1～2回参加しただけで商品販
売をしてやめてしまっている。会員の増加は、このような新規メンバー
のなかで販売を継続し、残留する女性たちがいるためである。また設立
当初から現在に至るまで参加している中核的なメンバーは、平均参加回
数が17.1回で飛びぬけて多く、商品販売においてもっとも精力的であっ
たことが、ここから読み取れる。

4.2.2.4　販売による利益

　それでは、この商品販売において、参加したメンバーはどれくらいの
利益をあげていたのだろうか。表3は、市で商品販売が行われた日の総
売りあげと、1人当たりの売りあげを示している。2012年以降は売上高が
非常に高くなっているが、このときに初めてビーズとコヤスガイという
高額商品を販売したためである。この3回を除くと、1回の1人当たり
の平均売上額は、76ブルである。先に書いたように、そこにどれだけの
利益を乗せて売るのかは個人の裁量にかかっているが、聞き取りによる
と、10～30％の間で利益を乗せていたようだ。個人の得る利益はだいたい、
1日の販売活動で、およそ8ブルから23ブル程度だったと思われる[7]。

---

[7] 2014年当時、1USドル＝20ブル（birr）程度のレートだった。ホールでは10～20ブルが
あれば、町のクリニックでの医療費の支払いや、塩やコーヒー、石鹸などの日用品の購
入には充分だった。

表3　市場での商品販売への参加者数と売上高（2009年2月～2012年12月）

年	販売回数	年間のべ参加人数（人）	1回あたりの平均参加人数（人）	年間の売上（ブル）	1回あたりの平均売上（ブル）	1人あたりの平均売上（ブル）
2009年	13	90	6.9	8,387	645.2	91.4[1]
2010年	11	111	10.1	9,177	834.2	82.7
2011年	11	107	9.7	9,028	820.7	84.4
2012年	2	12	6	9,360	4,680	780
2013年	1	10	10	14,314	14,314	1,431.4
平均[2]			8.9		1,322.8	157.4
平均[3]			8.3		699.8	76.1

[1] 参加人数が不明の日が1日あり、その売りあげ160ブルを差し引いて計算
[2] 全期間の平均
[3] 2009年2月23日～2011年8月16日の平均

女性組合の出納簿より筆者作成

　一方で、組合自体がどれくらいの利益を蓄積していたのかという詳細なデータはない。これは農業部門とも関わってくるので、個人の利益に比べると、その全体像がつかみづらいのである。だが聞き取りによれば、仕入れ値に40％程度の利益を上乗せして、メンバーに商品を配布していたという。また出納帳に記されている数字からは、農業部門と商業部門を合わせた数字かどうかは分からないが、2009年3月3日に3,679ブルの資本金、2010年9月28日に7,368ブルの資本金、2012年2月6日に14,000ブルの資本金がたまったと記されている。2013年に売れずに塩漬けになったビーズを作ってしまうまでは、「女性組合」の資本金は順調にたまって行ったようだ。

　「女性組合」に蓄えられた資本金は、次の商品の購入の資金として用いられただけでなく、結婚で多くの出費を必要としたり、病気で急な出費が必要なメンバーへの貸付金としても用いられる。全期間でどのくらいの金額が貸しだされたのかは明らかではないが、出納帳には35ブルから300ブルまでの13回の個人への貸出しの記録が記されている。

5.「女性組合」とエンパワーメント

このような「女性組合」の活動は、女性たちにどのような影響をもたらしたのだろうか。それを経済的効用、能力の涵養、自立とコントロール感覚の3点からまとめておこう。

5.1 経済的効用

経済的効用とは、商品や農作物の販売で収入を得たり、相互扶助によって経済的な支援を受けられるようになったことを指す。女性たちはそれを、アムハラ語から由来するトゥクム（tikim,）という言葉で表している。次の女性は、市場での商品の小売で得た経済的利潤の重要性を語っている。

> 「女性組合」に入ってよかったことは、いろいろなものを売って利益を得るということを知ることができたことです。自分が商品を売って得る利益で、いろいろなものを買うことができるのです。（ゴホ・アルコーボ、ガンダラブ、2014年8月17日）[8]

ここでは「利益」は、商品→貨幣という形でとらえてられている。だが「女性組合」の経済的利点は、商品の小売による利益だけではない。必要なときには、組合から数百ブルの借金をすることも可能である。

> 「女性組合」に参加して、大きな変化を経験し、利益を得ることができました。これを始めてからウシを売るということがなくなったのです。誰に借金をすることなく、子どもを医者に連れて行くこ

---

[8] カッコ内は、氏名、インタビューの場所、インタビュー日時を表している。

とができます。これも「女性組合」のメンバーだからです。ほかの人は、どうやって利益を得たかとたずねます。私たちは「女性組合」でやり方を知っているからそれができるのです。昔は借金をしたり、ウシを売ったりしました。今はお金を借りて、利益を得て、それを返すのです。借りる銀行はジンカの銀行でなく、「女性組合」の銀行なのです[9]。（シルバ・オルギ、ガンダラブ、2014年8月16日）

　この女性は女性組合によって得られる「利益」を、女性組合から借りたお金を元手に得られるものととらえている。ここでは経済活動が、貨幣→商品→貨幣という、資本主義的な原則によるものとしてとらえられているのである。だがこの活動は、資本の増大を目指す無限の運動を引き起こすわけではない。そこで得られた利潤は、世帯の安定のために利用される。次の女性たちはそれを「利益」として語っている。

　　私は「女性組合」に入り、自分の娘を結婚させることができました。「女性組合」で得られる利益はとても大きいです。病気になると、以前はヤギを売ったりしてお金を作っていました。しかし今では「女性組合」からお金を借りることもできるのです。（バレ・カル、ガンダラブ、2015年8月18日）

　　「女性組合」の活動が進むにつれて、お金がたまっていきました。すると困難を抱えた人が「女性組合」にやって来たのです。この組合があると、病気になった人もまずここでお金を借りて、後に

---

[9] ジンカ（Jinka）はホールから170キロほど離れた高地に位置するサウス・オモ県の中心都市。

ウシを売って返すことができるのです。一番の利益は、家族のためになったということです。以前私たちはお金をもっていませんでした。ウシが財産でした。今ではウシを売るまでの間に、ここでお金を借りて、病気を治すことができるのです。(ニロ・ガルチャ、ガンダラブ、2014年8月16日)

　ホールでは家畜が第1の財産である。そして現金が必要な場合は、家畜を売らなければならない。しかしウシは集落から数十キロ離れた放牧キャンプで飼養されている場合が多いし、売る機会も週に1度の市場しかない。さらに女性には家畜の所有権がないために、子どもの病気などで女性が現金を必要とする場合も、まず家長である夫の許可を得る必要があった。「女性組合」の貸し付けは、女性たちをそのような困難から救ったのである。資本主義的な経済活動は、いったんはホールの家父長制的ジェンダー秩序に回収されるのである。

5.2　能力の涵養

　「女性組合」はまた、女性たちに新たな学びの機会を与えることになった。農耕部門で新たな作物の栽培方法を知るということもそのひとつだった。

> 畑でニンジンやトウガラシ、ニンニクを栽培して、自分で食べることができます。ニンジン、キャベツの栽培の仕方を知ることができたのです。(クロ・バルガイエ、ガンダラブ、2014年8月17日)

　だがより重要なことは、ホールの女性が商品の小売を通して利益をあげるやり方を学んだということだろう。

私は以前、何も知りませんでした。1ブルを見て5ブルだと、10ブルを見て100ブルだと言っているようなものでした。今では私は大変な商人になりました。もってきた商品を見て、どれくらいの利益が上がるのかを言えるようになったのです。どこで学んだかと言うと、「女性組合」から学んだのです。（シルバ・アルゴレ、ガンダラブ、2014年8月16日）

「女性組合」が組織として存続して行くためには、個人が利益をあげるだけでなく、組合自体も利益をあげ、資本を蓄積して行かねばならない。毎回の小売での商品の分配や金の貸し付けでは、厳重な資金の管理が必要となる。初等教育さえ受けたことのないホールの女性たちは、それを自分なりのやり方でクリアして行った。

　私がお金の管理役になったときに、いったいどうしたらいいのだ、そんなことはやりたくないと言いました。けれども考えて、草でヒモをつくって、誰かが1カップの塩をもって行くと結び目を作っておくようにしました。それから彼女がお金をもって帰ると、その結び目をほどくようにしました。そうしているうちに、それが頭のなかに入ったのです。自分でこのようなやり方で覚えたのです。こうして（商品の出し入れを記憶して）、その日の最後に、その報告をホラにします（ホラはそれを帳簿に記帳しました）。するとみんなが拍手をします。こうやったのです。（ヘラ・オット、ガンダラブ、2014年8月14日）

　この女性は「女性組合」の「書記」をしている。市の立つ日には、数人から十数人の女性たちが、入れ替わり立ち替わり商品を組合の倉庫か

らもち出す。そして1日の最後にはその日の売りあげのうち、組合へ返す仕入れ金を支払う。それをどのように記憶したのかを、この女性は語っているのである。ホールでは数日後に会議やダンスの集まりなどがある場合、木の皮でヒモをつくって日数分の結び目を作る。そして1日たつごとに、その結び目をほどき、約束の日を間違えないように確認する。この女性はそれを応用し、商品をもち出した女性ごとにヒモを作って、もち出した回数分の結び目を作ったのである。そしてお金を返却するたびにそれをほどいた。そうしているうちに、やがて実際にヒモを作らなくても、ヒモのイメージが頭のなかにできるようになり、商品の売上金の管理を空で行うことができるようになったのである。

5.3　女性の自立とエンパワーメント

　このような活動は、女性の経済的な支援となり、学びの機会を与えただけでない。経済的利益はホールの家父長制的ジェンダー秩序に回収されるかに見えたが、しかしそれによる経済的な自立と、自力での活動が、女性たちに家父長制支配からの自立をも促し、大きな自信を与えることになった。

　　　今では、子どもにも夫にも面倒をかけることはありません。粉挽き機を使うのにも、自分のお金を使います。誰に頼ることもないのです。ここで得たお金は、自分の利益にもなります。粉挽きも、塩を買うのも、子どもの髪をそるためのカミソリも、自分で買うのです。……70ブルもらったら、それをどのように運用するのか、私には分かります。タバコを買って、それを小さなカップに分けて売って、利益を得るのです。4人の子どもがいますが、困っていたら助けてやるし、自分もやっていけます。これが大きな変化です。（シ

ルバ・アルゴレ、ガンダラブ、2014年8月16日）

　女性はそれまで自分の財産をもつことができませんでした。だが今ではもつことができます。夫を管理しているのは私ですよ（笑い）。（クロ・バルガイエ、ガンダラブ、2014年8月17日）

　「女性組合」の良いところは、子どもの病気も自分の病気も、娘の結婚の蜂蜜もビーズも、「女性組合」から得ることができる点です。かつて女性たちはそれを、みんな男（夫）から得ていました。しかし逆に、今は私たちが男を助けています。（ヘラ・オット、ガンダラブ、2014年8月14日）

このような女性たちの活動を、当初男性（夫）たちは妨害しようとしたという。「女性組合」の会合や農耕、商品販売のために家を空けると、夫たちはそれに難癖をつけた。また「女性組合」にお金がたまると、女性は財産をもつことができないはずと言って、それを非難した男たちもいた。だが女性たちは活動を続けた。そして「女性組合」の貸し付けが知れ渡ると、困難を抱えた男たちが、命の次に大事な銃を抵当に、お金を借りに来るようになったという。

　なぜ女性が財産をもつのだと文句を言う男はいました。しかし私たちは、これは自分で稼いだお金だと、ゆずりませんでした。そのうち男性もお金を借りに来て、「組合」に入れてくれというようになりました。われわれは、「組合」の金は自分で稼いだ金だと説得したのです。そうして逆に男たちが自分たちも入れてくれと言うようになったのです。（シルバ・アルゴレ、ガンダラブ、2015年8月20日）

ホールの伝統では、女性は家畜をもつことはできない。なぜなら女性は結婚のときに、家畜と交換に嫁ぎ先に婚入するからである、と言われる。だが「女性組合」は家畜ではなく、現金を蓄え、それを女性の財とした。そして当初はそれに文句を言っていた男性たちも、やがてそれを認め、活動に加わろうとする者も出てきたのである。

6．組合の創設および規模拡大の要因

　ホールの「女性組合」は、国家支配のもとで「伝統」に執着し、女性に対して抑圧的な家父長制的社会のなかで、大きな発展をとげることができた。ならばいかにしてそれが可能になったのだろうか。以下にその要因を、資源の動員、女性の不満と説得の言説、「女性組合」を取り巻く地域社会と地方政府の状況から説明してみよう。

6.1　資源の動員

　「女性組合」が結成され、その規模が拡大して行った背景として、メンバーが効果的に集められたこと、また事業を推進するための資金を獲得できたことを指摘できる。ホールでは地域集団ごとに年齢組織がある。女性の年齢組織は、結婚するまでは生年によって組織された年齢組に所属し、結婚後は夫の世代組に帰属する。設立当初のメンバーは、この地縁と同年輩集団を通じて知り合っていた者たちだった。

　この組織を立ち上げたシルバが巧みだったのは、第一に、女性のなかに、このような新たな試みを受容し、なおかつ伝統的な年齢組織において権力をもつ年長の女性を加えたことだった。ホールでは女性たちは、結婚までは同年齢集団内で、統制のとれた活動をしている。年齢集団内には指導的な役割を担う役職がある。結婚後は夫の世代組によって決ま

る世代階梯に属し、その上位にある女性たちは、儀礼において重要な地位を占めるようになる。伝統的な組織で重要な地位にある女性を迎えることで、この新奇な活動がほかの女性たちにも逸脱的なものとは見えなくなったし、組織内での統制をきかせ、フリーライダーの出現を抑制できたのだった。

　第二に、外部との交渉役として自分の嫁ぎ先の親族集団に属し、年齢組も同じホラを据えたことだった。ホラはホールでは、外国人や高地人も含む人脈をもっとも多くもつ男性だった。中等教育を受け、アディスアベバで暮らしたこともあり、外部との交渉役にうってつけだった。また前政権時代に男性の「農民組合」や官製の「女性組合」を作っており、このような組織作りにたけていた。彼はチャレンジ精神が旺盛で、伝統に抗して新たなことを試みることを好んでおり、ホールがこのような商業に携わることについても、非常に積極的だった。さらに当時は公職から追放されており、組合活動に割くことのできる潤沢な時間ももっていた。

　ホラの活躍は、女性たちの期待に十分応えるものだった。彼は組織を回す上で必要不可欠な資金と交通手段を次々に獲得して行った。2000年代以降、サウス・オモ県でプロジェクトを行おうとする国際NGOが徐々に増加したことが、「女性組合」にとっても追い風となった。ホールでもいくつかのNGOがプロジェクトを行っていた。教育を受けた青年たちが競ってこれらのNGOから職や資金を得ようとしていたが、ホラはファーム・アフリカとフレンズ・オブ・サウスオモから巧みに資金を引き出した。またこの地域で研究を行っている私を含む文化人類学者も資金源として利用した。さらにウェイト川の上流の綿花プランテーションとも交渉し、商品運搬用のクルマを借り出し、耕運機をリース契約で借りた。

　ホラはまた、組織の編成と活動の内容に関しても、外部の知識を応用する点で重要な仲介者となった。「女性組合」の名前も、また役職の構

成も、前政権時代の官製組合をもとに作られたものだった。また商品の小売とならぶ商品作物の栽培は、綿花プランテーションを観察して得たアイデアだった。このようにホラは、この活動を編成する際の資金やアイデアを外部世界からもたらす結節点となっていたのである[10]。

6.2 活動の目標

　それならば、なぜ女性たちはこのような活動を始めようとしたのだろうか。女性たちはこの活動を通して経済的に自立し、男性と渡り合えるほどの力をつけるということを最初から目指していたのだろうか。そしてホラはなぜ女性たちの活動に協力したのか。

　シルバは、この活動を始めた理由を、「エルボレの町の住人は商品を小売して利益をあげている。どうしてわれわれはそれをしないかと考えていた」（シルバ・アルゴレ、ガンダラブ、2015年8月20日）と語っている。そしてほかの3人の女性を集め、ビールを醸造して売るアイデアを出し、ホラに相談したという。

　ホラはそれに応えて、ビールを売るだけでなく、他地域から商品を安く仕入れてホールで売るということを提案した。ホラもホールでの小売りはコンソが行っており、利益はすべてコンソが独占することを問題と考えており、ホール自身による市場を作りたいと考えていた。だが女性たちは、自分たちはコンソやアムハラのようなことをするのかと、困惑したという（ホラ・スラ、アディスアベバ、2013年8月19日）。

　少なくとも当初は、女性たちすべてが小売活動に積極的に参加し、経済的な自立を勝ち取るということを目標においていたわけではなかった

---

[10] これは社会関係資本論でいうところの、結束的紐帯と橋渡し的紐帯を組み合わせているといえるだろう（Putnam 2000＝2006）。

ものと思われる。それならば、なぜこの活動に関わる女性たちが増えて行ったのだろうか。それは初期において、この活動が女性たちにとってきわめて分かりやすい目標を掲げていたからである。その目標とは、「組合でお金を貯めて動力粉挽き機を購入する」というものだった[11]。毎日、石臼での粉挽きにあけくれる女性たちにとって、町で使われている動力粉挽き機を導入するということは、非常に魅力的な夢だったのである。この分かりやすい目標が、設立当初の4人以外の女性たちをこの活動に引きつけて行ったものと思われる。

だが2000年代の半ば、「女性組合」が粉挽き機を買う前に、町に住むコンソの商人が粉挽き機を導入し、ホールの女性たちはそれを利用するようになった。一方、「女性組合」は2006年にファーム・アフリカのマイクロ・ファイナンスの支援を受け、人数を35人に増やしている。そして農業部門も耕運機を導入することで拡大を続けた。このころはすでに商品の小売りも軌道に乗っていた。「女性組合」に入ると自分のお金を得ることもできるし、組合からお金を借りることもできるということが、「動力粉挽き機を購入する」という目標に代わって、女性たちがこの活動に参加する動機となった。

6.3　家父長制権力および地方政府との関係

社会運動の勢いは、国家をはじめとする権力を握る制度との関係でその勢いが変化する。それはこの「女性組合」にもあてはまる。当初4人の女性で始まったこの活動は、2000年代の半ばまでメンバーは25人ほどだった。2006年に35人となり、2010年代には100人となっている。この

---

[11] これは2000年代の初めに私がホールで調査をしていたときに、この活動に関わる女性たちから繰り返し聞かされたことだった。

ようなメンバーの推移は、女性に対して影響力をふるうホール地域社会の家父長制権力を担う男性たち、および警察を通して圧力を加える地方政府との関係が大きく影響していた。

　この活動が始まった90年代から2000年代半ばにかけては、地域社会も地方政府も、この活動に対して抑圧的だった。活動に参加している女性たちの夫は、彼女たちが家を出て会合に参加し小売りをすることに反対した。またホラは当時、地方政府から反政府勢力として目をつけられており、実際に選挙があると反政府側の政党から立候補していた。その結果、彼は何度か政府転覆をたくらんでいるという理由で逮捕され、刑務所に入れられた。一時は「女性組合」の活動も、反政府的活動を行っているという理由で、地方政府に禁止された。

　このような関係が変化したのは、2000年代半ば以降である。「女性組合」の活動が軌道に乗ると、メンバーの夫たちも活動を許容するようになったし、男性でこの活動に参加する者や、組合からお金を借りる者も現れるようになった。一方ホラはこのころから政治活動に関わることをやめ、「女性組合」の活動一本に精力を集中するようになった。その結果、地方政府からマークされることはなくなり、逆に牛耕やポンプ、耕運機を取り入れ、商品作物を栽培するというこのあたりの農牧社会では行われていない農業のスタイルが注目され、地方政府にモデル農家として顕彰されるほどになった。2000年代後半から現在に至る「女性組合」のメンバーの増加は、このような周囲との関係の変化が関連していたのである。

6.4　貨幣経済の浸透

　次に、ホールを取り巻く経済状況の変化を指摘しておこう。それは貨幣経済の浸透と市場ネットワークの拡大である。1960年代の初めにホール

の近くに作られた警察の駐屯地には、1970年代に入りコンソの商人が移住をしてきて小さな町エルボレになり、ホールを相手に小売の商売を始めていた。商人たちは衣服、塩、コーヒー、カミソリ、酒などを、ホールを相手に売っていた。社会主義政権下では、ホールで週に1度の市も開かれるようになり、周辺の民族や町から商品を携えてくる人々が増えつつあった。また政府のクリニックも作られ、ホールもそれらを利用するようになった。ホールでは家畜が重要な財産であったが、1980年代以降になると、貨幣も生活に欠かせないものとなりつつあった。そしてその必要性を特に痛感していたのが、世帯の維持を担っている女性たちだった。

　また1980年代にはオモ川に巨大なプランテーションが作られ、エルボレの町はその中継点となった。ホールの社会はこの交通網によって、近隣の町だけでなく、遠くアディスアベバとも容易につながるようになった。

　「女性組合」の活動は、このような貨幣経済と交通網の発達の上にたち、市場における商品売買によって利潤獲得と貨幣の蓄積を目指したという点で、それまでの土地からとれる農作物や畜産物を自給自足するというホールの生存経済とはまったく異なるものとなったのだった。そして財を、女性に禁じられている家畜ではなく、貨幣によって蓄積することにより、家父長制権力のおよばない領域を確保し、経済的な自立を手にしたのである。

6.5　権力からの逃走

　最後に、「女性組合」と政府やNGOなどの公的組織との関係について触れておこう。本章の冒頭で述べたように、このような自助的な組織は、エチオピアでは法律によってNGOや協同組合として政府に登録されうる。またホールにやって来る特定の国際・国内NGOの傘下に入ることも考えられるだろう。だがホラをはじめとする「女性組合」のメンバー

は、そうすることをかたくなに避けている[12]。政府の認可を受けると、銀行などからの融資を受けることが可能になる。またNGOの傘下に入ることで、資金の調達やより広範なネットワークに参入することが容易になるだろう。他方で政府の認可を受けることによりこの活動が政府にとってより可視的になり、権力の介入をまねく可能性が出てくる（Coppock et al. 2012：28）。またNGOの傘下に入ると、事業の方向性や資金の用途についての説明責任が生ずるだろう。この組合の活動を見るのならば、ときにはいい加減とも見えるような融通無碍さ、転身のすばやさが、活動の存続に関わっているように思われる。草の根のなかに潜航しつつ活動を続けることが、この組合にとって柔軟さを保証するというメリットがあるのかもしれない。

7. 結論

　家父長制下におけるホールの「女性組合」の活動の発展には、いくつかの要因があった。貨幣経済の浸透により、世帯の維持に貨幣が欠かせないものとなり、女性たちはその必要性を痛感していた。また交通網の発達により、エチオピアの最周辺部に位置するこの地域も、周辺の町・都市の市場と結びつくようになっていた。

　1人の女性の発案によって始められたこの活動は、商業的な農業と商品の販売という、ホールではそれまでだれも行ったことのないユニークな活動の形態をもつに至った。それがうまくいったのは、女性たちの結束的な紐帯と、そこに加わった男性の外部との橋渡し的なネットワーク

---

[12] 私はこの活動に関わるようになってから、何度か政府の認可を受けることや、国内NGOの傘下に入ることを勧めたが、そのたびに忠告は無視された。

が、巧みに組み合わされたからだった。当初女性たちを引きつけたのは、穀物の粉挽きの重労働からの解放という目的だったが、活動が軌道に乗るにつれ、経済的な自立とそれを通した家父長制権力からの自立が活動継続の大きな動機づけになって行った。

　2000年代の後半に活動が大きく進展したのは、地域社会においてはこの活動に反対していた男性たちを取り込むことができたこと、また抑圧的であった地方政府との関係が好転したことがあげられるだろう。さらに、NGOをはじめとする外部の資金提供者がこの地域で活動をし始めたことも重要な変化の要因だった。

　当初、ガンダラブという特定の地域集団内で作られたこの活動は、北の地域集団クイレにも伝播し、さらに南の地域集団でも「女性組合」を作る動きが始まりつつある。政府の認可を受けないことにより、この「女性組合」の活動は、権力の介入を受けることなく、融通無碍で絶えず状況に応じて形を変えるという身軽さをもっていた。他方で会計監査の仕組みをもたないために、資金の流れがどのようになっているのか十分には明確でないし、銀行などから融資を受けることができないという弱点もある。活動の範囲がより大きくなるにつれ、どのような変化が生じるのか、今後もこの活動に注目して行くことにしたい。

文　献

Coppock, D. Layne, Seyoum Tezera, Solomon Desta and Getachew Gebru, 2012, *Achieving Development Impact among Pastoral and Agro-Pastoral People: Lessons Learned in Southern Ethiopia, 2000-2009*, (Retrieved February 10, 2017, http://digitalcommons.usu.edu/cgi/viewcontent.cgi?article=1506&context=envs_facpub).

Coppock, D. Layne, Seyoum Tezera, Solomon Desta, Mark Mutinda, Stellamaris Muthoka, Getachew Gebru, Abdillahi Aboud and Azeb Yonas, 2013,

"Cross-Border Interaction Spurs Innovation and Hope Among Pastoral and Agro-Pastoral Women of Ethiopia and Kenya," *Rangelands*, 35(6): 22-28.

Daniel, Sahleyesus Telake, 2005, *Non-Governmental Organizations in Ethiopia: Examining Relations between Local and International Groups*, New York: The Edwin Mellen Press.

Holmén, Hans, 2010, *Snakes in Paradise: NGOs and the Aid Industry in Africa*, Sterling: Kumarian Press.

神代ちひろ，2014，「マイクロファイナンスを「創り出す」―ブルキナファソ農村における女性住民組織の事例から―」『アフリカ研究』84：17-30．

宮脇幸生，2011，「開発と抵抗 ―エチオピア西南部におけるプランテーション開発と現地住民の生存戦術―」『人間科学 大阪府立大学紀要』6：23-66．

宮脇幸生，2012，「プランテーション空間と農牧民の生存戦術 ―エチオピア西南部低地プランテーション周辺に集まる農牧民世帯の分析を通して」『人間科学 大阪府立大学紀要』7：133-186．

大畑裕嗣・道場親信・樋口直人・成元　哲編，2004，『社会運動の社会学』有斐閣．

Putnam, Robert, D., 2000, *Bowling Alone: The collapse and revival of American community*, New York: Simon & Schuster.（＝2006，柴内康文訳『孤独なボウリング ―米国コミュニティの崩壊と再生』東京：柏書房．）

関谷雄一，2006，「地域社会組織（CBO）基盤の多様性と課題：アジア＆アフリカの比較分析」『青山学院女子短期大学総合文化研究所年報』14：77-92．

Veerakumaran, G., 2007, *Ethiopian Cooperative Movement-An Explorative Study*, (Retieved February 10, 2017, http://copac.org.za/files/Ethiopian%20Cooperative%20Movement%20by%20G.Veerakumaran.pdf).

コラム5　ローカルNGOによる平和構築活動の成果と挫折

佐川　徹

1. サウスオモ県のNGO活動

　エチオピアの牧畜地域で活動するNGOによって1998年に創設された「エチオピア牧畜フォーラム」(Pastoral Forum Ethiopia)[1]によれば、エチオピアは国土の61％が「牧畜地域」に分類される。牧畜地域とは、高度1,500m以下、年間降水量400〜700㎜の、家畜飼養に強く依存した生活を営む人びとが多く暮らす地域であり、この地域には29の民族集団、1,200〜1,500万人が存在しているという。

　牧畜地域の多くは、首都から離れた場所に位置しており、しばしば警察機構も適切に機能していない。エチオピアの西南端に位置し、ケニアと国境を接する南部諸民族州サウスオモ（South Omo）県もそのような地域である。同県で人口の多くを占め、県政府の要職に就くことが多いのは、高度の高い同県北部に暮らす農耕民である。一方、高度の低い同県南部や北西部には小規模な牧畜集団が多く分布している。サウスオモ県の牧畜地域では、家畜の略奪や放牧地の確保を主目的とした集団間紛争が頻発してきたが、2000年代に入ってからローカルNGOが平和構築を目的とした活動を始めた。本論では、同県最南部に位置するダサネッチ（Daasanach）郡における活動に焦点をあて、その成果と限界を明らかにする。

　その前に、サウスオモ県でのNGO活動の概況を行政資料[2]に依拠してまとめよう。2014年12月時点で、同県では26の市民社会組織が51のプロジェクトを実施していた。行政文書ではプロジェクトの領域が5つに区分されており、「農業」は1、「教育」は2、「保健」は10、「女性・子ども・若者」は1、複数の領域に携わる「統合型」は37のプロジェクトが、それぞれ行われていた。ここから分かることは、平和構築に関連したプロジェクトが存在しないことである。この活動領域の偏りは、エチオピ

---

[1] http://www.pfe-ethiopia.org/about.html（2010年2月22日取得）。
[2] *South Omo Zone Finance and Economic Development Setor. Zonal Annual Statistical Abstract 2007 E.C (2014-15).*

ア政府が2009年に発令した「慈善団体および市民団体に関する布告」(Proclamation No. 621/2009) が関係している。この布告は、国外のNGOと活動資金の10%以上を国外から得たNGOが平和構築などに関する活動へ従事することを禁じた。サウスオモ県でも、2009年までは次節で触れるEPaRDAが平和構築関連の活動を進めていたが、この布告を契機としてプロジェクトを終了させた。本論は、2009年の布告が地域の治安状況に与えた影響も示すことになるだろう。

2. 平和構築活動を行うNGO①：EPaRDA

ダサネッチ郡で、最初に本格的な平和構築活動に従事したNGOは「エチオピア牧畜民研究・開発協会」(Ethiopian Pastoralists Research and Development Association, EPaRDA) である。この組織は牧畜地域の開発を目的として1999年に設立された。代表者はエチオピア北部出身のティグライ人である。EPaRDAは2006年からダサネッチらが居住するクラツ郡（2006年にダサネッチ郡とニャンガトム郡に分割）で、「紛争緩和プロジェクト」を開始した。EPaRDAは国内での紛争に加えて、ケニアに暮らす牧畜民トゥルカナとエチオピア側の住民との紛争への介入も行った。その際には、2003年にトゥルカナ人が創設したケニアのNGOリャムリャム・トゥルカナ（Riam Riam Turkana）をカウンターパートとした。

2つのNGOは、両国の地方政府と連絡をとりながら活動を行い、牧畜民を集めた大規模な平和会合を何度か主催した。この取り組みは効果を発揮し、2006年から2008年までこの地域は相対的に安定した状態に置かれた。短期間の活動によって紛争の根本原因が取り除かれたわけではないが、集団間に小規模な争いが起きると、両国のNGOの職員がバイクですぐにその現場へ足を運び、問題の収束を試みることで、紛争の激化を未然に防いだのである。

EPaRDAによる介入が奏功した理由はいくつかあげられるが、ここではNGOの職員と地域住民の関係に焦点をあてよう。この地域の牧畜民は、過去の歴史的経験から政府など外部からの介入に強い不信感を抱いてきた。私にとって意外だったのは、その彼らがEPaRDAによる平和会合には積極的に参加していたことだ。このことから、NGO活動の内容だけではなく、そもそもなぜ人々がEPaRDAを活動主体として

受け入れたのかを考える必要が出てくる。

　住民との折衝において、中心的な役割を果たしたのはEPaRDAのプロジェクト・リーダーである30代のアムハラ人男性であった。アムハラとは、エチオピア中部から北部に分布する集団である。19世紀末にエチオピア帝国に軍事征服されて以来、この地域の牧畜民にとって政府の中核を占めてきたアムハラは嫌悪の対象であり、町に住むアムハラもダサネッチを見下していることが多い。

　だが、このリーダーは、農業省の職員として数年間この地で働いた経験があり、村に住むダサネッチに顔見知りがいた。EPaRDAに就職後は、会合の準備段階から積極的に村落部へ足を運び人々と親睦を深めた。あるダサネッチの男性は、政府やNGOの職員は「村に来ても用を済ませるとすぐに帰るし、会合ごとに違う人間が派遣されてくるので信頼できないが、EPaRDAのリーダーはいつもよく話をするので顔も覚えることができる」と述べて、彼の姿勢を高く評価していた。多くの人が会合に足を運び、そこでの議論に積極的に参加した理由のひとつは、活動の中核を担ったこの人物に牧畜民が人格的な信頼を抱いていたことにある。また、小さな争いが起きたときに迅速に対処を進めるEPaRDAの活動を、人々は賞賛していた。

　この活動がその後も続けば、安定した集団間関係が維持される可能性が開けたかもしれない。だが、上述した2009年の布告によってプロジェクトは道半ばで中止せざるを得なくなった。EPaRDAは活動資金の大部分を国外の組織から得ていたからである。EPaRDAはその後、農業分野などに事業を限定してしまった。効果的な介入が途絶えたこの地域では、まもなく規模の大きな紛争が再発するようになった。

3．平和構築活動を行うNGO②：AEPDA

　2009年の布告発令後にも、サウスオモ県で平和構築に関連した活動に従事していたNGOが「平和のための牧畜開発協会」（Atowoykesi Ekisilil Pastoralist Development Association, AEPDA）である。この組織は、高校を卒業してまもない3人のニャンガトムの青年が2007年に設立した。そのきっかけは、2006年のEPARDA主催の平和会合だという。この際に、若い世代のトゥルカナが自らリャムリャム・トゥルカナを立ち上げたことを知り、自分たちも同様の組織を作ろうと考

えたのである。

　AEPDAの主要な活動は、「平和のための対話集会」(Peace Dialogue)を開くことと、戦いの被害を受けた女性に小規模な灌漑農業を教えることだった。この組織は、活動資金のほぼすべてをEUなど国外の組織から得ていた。だが、EUが市民社会組織の活動支援のために設けた資金の一部は、エチオピア政府が国内資金として扱うことを宣言したため、AEPDAの活動資金に国外からの資金が占める割合は10％以下に抑えられていた。この組織が2009年以後も平和構築活動に従事できていたのはそのためである。

　2011年9月時点で、同組織のメンバーは20人だった。代表と書記には創設者であるニャンガトムの2人が就いていた。残りはサウスオモ県の9つの民族集団から各1～2人の成員が、フィールドモニター職に就いていた。各集団で紛争のきっかけとなる動きがないかをモニタリングしたり、平和集会に参加する住民を選び集会の場で通訳をするのが、彼らの仕事である。

　ここでは、AEPDAが発案して2011年9月6日にエルボレという小さな町で開かれた「平和のための対話集会」に触れよう。私はこの集会に参加するために、ダサネッチの村人2人とバスでダサネッチの町からAEPDAの本部が置かれた町ジンカへ移動した。この時点で、会合がいつどこで行われるかを、村人は知らされていなかった。開催前日になって「明日エルボレで開催される」と告げられたが、内容についての説明はなかった。翌日エルボレの町に着くと、この集会がホールという民族の長老が、自分たちが近隣集団との間に平和を築いた術を他集団の成員に教え聞かせるものであることが明らかになった。集会が始まってからは、政府の治安局の役人とホールの長老が話すばかりで、ダサネッチが積極的に発言をする機会はなかった。事前に適切な準備と情報共有がなされ、参加したすべての集団から等しく意見を聞こうとしていたEPaRDAによる平和会合とは、対照的な集まりだった。

　そもそも、平和集会に同行したAEPDAの職員が「平和が定着するためにはあと1,000回は会議が必要だろう」と自嘲気味に述べ、会合の効果に疑問を投げかけていた。彼に限らず、AEPDAの職員は自分たちの活動に不満を抱いていた。彼らは、2009年の布告が出たことで活動内容を大きく変更せざるを得なくなったと強調する。それ以前は、村に出向き平和教育を行うなどコミュニティに密着した紛争抑止

活動に従事していた。だが2009年以後、村での活動許可を申請しても県政府に却下される。その活動が村人に「反政府的」な思想を刷り込むという危惧を政府が抱いているから、というのが職員による解釈である。

法的には平和構築活動に従事することが認められているが、実際にできる活動は限定されている。そのため、彼らにできることは町で似たような集会を何度も開くことだけなのだという。AEPDAは創設時から43回の平和集会を開催してきたが、2009年以降は集会の場でその名前に言及されることがなくなった。実際に会合をセッティングしているのはAEPDAだが、公式にはAEPDAは事業内容を県政府に提案するだけで、主催するのは県政府であることになっているからである。EPaRDAの活動が成果をあげた一因として、リーダーらが村に何度も出向き、組織の名前と職員の顔を住民に覚えてもらった点があげられるが、AEPDAにはそのような機会もなくなった。自分たちの望む活動ができないAEPDAは、創設者同士の対立などもあり、2013年に解散した。

4．おわりに

以上、サウスオモ県での2つのNGOの試みを記した。EPaRDAの活動は地域に平和が維持される可能性を開きかけたが、短期間で終わることを余儀なくされ、AEPDAはコミュニティ内での活動を禁じられ、解散に至った。2009年の布告は、この地域の平和構築にマイナスの影響を与えたといわざるを得ない。もっとも、国民の生命と財産を守ることは国家の最低限の務めであるとすれば、NGOではなく政府こそが平和構築活動に従事する義務があるのだと考えることもできる。だが、NGOによる活動が困難になったあと、政府が適切な介入を実施しているとは言い難い。2010年代に入ってから、国家による紛争への関与の度合いは強まっているが、それは地域固有の事情を無視した典型的な「上からの」介入という形をとっている。

その背景には、この地域が国家にとってもつ意味が劇的に変容したことがある。2000年代後半から、この地域では国内外の資本が次々と大規模な開発プロジェクトを開始した。投資家や企業は、紛争が発生して自分たちの事業が悪影響を被ることをなによりも恐れている。これらの資本をつなぎとめておくために、政府にとって

この地域の治安確保が大きな政策課題として浮上してきたのである。そのため政府は、牧畜集団間や住民と商業農場などとの間に諍いが生じた時には、警察や軍隊による物理的暴力の行使を示唆したりまた実際に行使しながら、問題に対処する姿勢をとり始めてている。国家に不信感を抱く牧畜民にとって、介入する側の住民に対する態度が介入の成否に大きな影響を与えることは、EPaRDAの事例から明らかである。現在の政府による介入姿勢は、紛争の「抑圧」に短期的には貢献するかもしれないが、中長期的に集団間関係や地域住民と国家との関係にネガティヴな影響を与えることが危惧される。

・・・・・・・・・・・・・・・ 第6章 ・・・・・・・・・・・・・・・

難民の市民社会組織にみるローカルな生存戦略
―ウガンダの南スーダン難民の事例―

村橋　勲

1．はじめに ―問題の所在と目的―

1.1　難民支援における支援者、難民、市民社会組織の関係

　これまでの章では、エチオピアにおける市民社会組織（Civil Society Organization, CSO）を、NGOの活動実態や、国家とNGOとの変化する関係に関して分析が行われてきた。各章に共通する問題意識は、端的にいえば、近年、急速に発展しているアフリカのCSOが、住民の生活向上に関わる地域社会の自発的な組織なのか、あるいは国家統治を補強する支配装置の一部なのかという点であろう。本章では、ウガンダの南スーダン難民が自主的に組織したNGOや地域社会組織（Community-Based Organization, CBO）の活動に注目し、これらのCSOが、モル（Moru）というローカルな地域集団を基盤としながら、グローバルに共有される価値観―人権、貧困、教育、紛争解決―に基づく地域開発や人道支援活動を行っている点を指摘し、難民としてのローカルな生存戦略について考察する。

　現在、モル難民が組織したNGOとCBOは、難民居住地に来た同郷の避難民や、南スーダンに残る避難民を支援する活動を行っている。一般に、私たちがメディアを通して知り、寄付を行うNGOは、国連難民高等弁務官事務所（United Nations High Commissioner for Refugees, UNHCR）と協働する国際NGOである。こうした難民キャンプで活動す

るNGOと、難民自身が組織したNGOやCBOは、その立場、方針、活動内容において、いかなる類似性と相違点がみられるのか。この問いに答えるため、先行研究を参照しながら、支援者であるNGOの役割、支援側と受益者との関係、そしてウガンダの難民居住地におけるNGOやCBOの位置づけについて整理する。

UNHCRの定義に従えば、難民とは、政治的迫害から逃れ、国境を越えた人々を指す。しかし、国際難民レジームの確立とともに、難民は、実質的に、単に支援を逃れた人々を指すだけではなく、国内外からの支援の対象となるようになった。難民支援の枠組みでは、支援側は、UNHCRや国連機関と協働するNGOを指し、一方で、紛争の犠牲者とされる難民は受益者である。とりわけ、援助の合理化、効率化のため、難民を一カ所に集めることを目的とした難民キャンプでは、支援者と難民の境界は明確であり、両者の間には上下関係がみられる。VoutiraとHarrell-Bondは難民キャンプを、ゴフマンが示した全制的施設のひとつととらえ、そこでは、庇護国の政府が任命した役人による上意下達式の命令系統がみられ、その権力は武装した警官や準軍事要員によって強化されていると指摘した（Voutira & Harrell-Bond 1995：210 cf. Goffman 1961＝1984）。また、Malkkiは、第二次世界大戦末期に誕生した難民キャンプは、軍事キャンプをモデルとしており、難民の統計、移動の統制、学校教育、社会復帰プログラムなどケアと管理に結びついたさまざまな権力の技術を使用することで、「ものごとの国家的秩序」（the National Order of Things）から排除された人々を管理する装置となっていると分析した（Malkki 1995b：498）。つまり、難民キャンプは、現代の「まつろわぬ民」ともいえる難民を、たんに物質的、精神的なケアによって救済するための施設ではなく、同時に、彼らを管理しながら更生させ、最終的には本国に戻すことを企図したさまざまな支援プログラムが実施

される空間ととらえることができる。

　従って、支援側が、難民キャンプを「紛争で傷ついた人々にとっての安息所」という理想郷的なイメージで語るのとは裏腹に、現実には、支援側である援助団体と受益者である難民との関係は状況に応じて複雑に変化し、必ずしも両者が協力と信頼によって結ばれているとは限らない。難民に対する支援者の姿勢によっては、「もてる」支援者と「もたざる」受益者という非対称的な力関係が創出、強化され、それによって双方の不信が拡大することもある。Harrell-Bondが指摘するように、贈り物を与える側は、誰がそれを受け取る価値があるかを決定する力をもっており、それはドナーから援助機関へと転移される（Harrell-Bond 2002：56）。支援側の権力は、支援活動が利他的な博愛精神に基づくという理由によって無条件に正当化され、とりわけ、直接的に援助物資を配布する援助団体の職員と受益者である難民との間にはヒエラルキーが生じる。難民の雇用は、こうした両者のヒエラルキーを端的に示している。たとえば、ウガンダでは、難民の就労の自由を認めているが、大学出身の難民であっても、難民居住地でNGOの職員として雇用されることはめったになく、短期雇用の改良普及員（extension worker）としてインセンティブと呼ばれる報酬を得られるわずかな就労の機会が認められる程度である。また、難民キャンプ特有の権力構造は、ときに、NGO職員の多くを占める庇護国の人々を支配者、一方、難民を被支配者ととらえる認識をも生み出す。たとえば、タンザニアの難民居住地に暮らすフトゥ（Hutu）難民は、母国のトゥチ（Tuti）の政権とタンザニア人の援助関係者をどちらも不道徳の支配者をみなす一方、自らを善良な働き者だが、搾取の対象となっているととらえていた（Malkki 1995a）。

　その一方で、難民支援では、難民の男女平等の理念のもとに支援団体によってさまざまな啓発活動が推進される。こうした男女平等や女性へ

の性的暴力の廃絶を進める啓発活動では、女性は支援機関の重要なパートナーとして母国よりも重要な社会的役割を担う場合や、生計支援のパートナーとして主要な受益者に選ばれることがある。このため、支援者と難民の女性との関係は対等とは言えないまでも、しばしば良好な関係になる。たとえば、タンザニアのフトゥ難民の女性の間では、「白人」（wazungu）と呼ばれるUNHCR職員は、実際の夫よりも、食糧、医薬品、日用品を与えてくれることから「より良い夫」ととらえられていた（Turner 1999：2）。また、ケニアの難民キャンプに暮らすあるソマリ難民の女性は、援助団体から能力と経験を評価され、保健部門の職員として援助機関の意思決定にも関わることになった（Hyndman 2000）。

　このように、支援者と難民との関係は、難民キャンプ特有の権力構造の影響を受けながら、ジェンダー間で差異がみられる。一般に、支援者と彼らが評価する難民との関係は良好で、評価しない難民との関係は悪い。Harrell-Bondによれば、支援者の間では、「善い難民」は、支援を求める無力で従順な難民としてイメージされる一方、「悪い難民」は、恩知らずで、嘘つきで、攻撃的で、要求の多い難民としてステレオタイプ化されているという（Harrell-Bond 2002：58）。ただ、最近では、UNHCRも援助団体も、「難民の援助依存からの脱却」を支援の目標として掲げるようになり、より自立する志向性や能力をもった難民が評価される傾向にある。

　以上のような先行研究から示される支援者、難民、市民社会組織の関係性を念頭に置きながら、本章は以下のような構成をとる。まず、次節で、南スーダン難民のウガンダの難民支援を概観する。続いて、地域集団としてのモルを紹介した後、NGOやCBOの代表となっている２人のモル人をとりあげ、彼らが、スーダン／南スーダンの紛争に関わりながら、2015年以降、難民という立場でどのように緊急人道支援や開発支援

に参与してきたかを示す。ここでは、支援側であるUNHCRとそれと協働するNGOとモル人の市民社会組織との関係、そして、隣国から同郷の避難民を支援する上での戦略や困難についてとりあげる。そして、結論では、グローバルな価値観を受け入れながら自主的に市民社会組織を結成することで、難民という逆境に対処しようとするモル人のローカルな生存戦略について考察する。

1.2 調査方法と調査地

本章の記述は、ウガンダでNGOやCBOの活動を行っているモル人への聞き取り調査と彼らの活動記録、そして、南スーダンの情勢に関するニュースソースや報告書に基づく。筆者は、2015年のキリヤンドンゴ難民居住地での調査時に、モル難民に初めて会い、その後、モル人が組織したNGOやCBOの代表をインフォーマントとして難民居住地での参与観察を行ってきた。

まず、南スーダンとウガンダの地理的な位置関係を示す（図１）。モルは、南スーダンの南西部、西エクアトリア州、ムンドゥリ地方（Greater Mundri）を故地とする。ムンドゥリ地方は、ムンドゥリ東（Mundri East）、ムンドゥリ西（Mundri West）、ムヴォロ（Mvolo）という３つの郡（county）に分かれており、中心となる町、ムンドゥリは、首都ジュバから170キロの距離にある[1]。また、キリヤンドンゴ難民居住地は、ウガンダ中西部のキリヤンドンゴ県に位置し、首都カンパラから225キロ離れている。また、モルの中心の町、ムンドゥリ（Mundri）からは直線にして約580キロの距離にある。また、難民居住地に隣接する町、

---

[1] 2015年、南スーダン政府は、新しい行政区分を導入し、ムンドゥリ地方３郡はアマディ（Amadi）州として再編、統合された。

ブヤレ（Bweyale）は、カンパラと南スーダンの首都ジュバ（Juba）を結ぶ幹線道路沿いにあり、ブヤレから居住地までの距離は4キロである。

キリヤンドンゴ難民居住地は、1990年、スーダン難民を保護するために設立された一時滞在センターを始まりとし、その後、2005年に第二次スーダン内戦が終結するまで、ほぼスーダン難民を受け入れる居住地となっていた。内戦終結後の2006〜08年にかけて、彼らの本国帰還が進んだが、2007〜08年にかけ、ケニア難民を受け入れ、2013年12月以降は、南スーダン難民を受け入れるようになった。現在、難民と庇護申請者を合わせ、約56,000人を受け入れているが、その99％が南スーダンからの避難民であり、そのほか、ケニア、コンゴ民主共和国、ルワンダ、ブルンジなどからの難民を含む（OPM 2017）。2013年12月以降は、ディンカ（Dinka）、ヌエル（Nuer）からの難民が半数以上を占めたが、2016年7月以降、モル、アチョリ（Acholi）などエクアトリア地方からの難民が増加した。また、女性と子ども（18歳未満）の割合が高く、全体の約85％を占める。

図1　南スーダンと周辺国
（2011年、南スーダン独立時点）

245

2. 南スーダン難民とウガンダの難民支援

2.1 南スーダンの紛争と難民の流入

　スーダンでは、2005年1月の包括和平合意（Comprehensive Peace Agreement, CPA）締結によって、22年続いた第二次スーダン内戦が終結した後、2011年7月に南部スーダンが南スーダン共和国としてスーダンから分離独立した。しかし、2013年12月、首都ジュバで勃発した戦闘を契機に、与党かつ国軍であるスーダン人民解放運動／軍（Sudan People's Liberation Movement/Army, SPLM/A）は、サルヴァ・キール大統領を支持するSPLM/Aとリエック・マチャル前副大統領を支持するSPLM/A野党派（Sudan People's Liberation Movement/Army-in-Opposition, SPLM/A-IO）に分裂し、北東部の上ナイル地方（Greater Upper Nile）を中心に両軍が武力衝突を繰り返した（村橋 2015）。

　両派の紛争は、キール大統領の出身であるディンカとマチャル前副大統領の出身であるヌエルとの「民族対立」の様相を呈し、2014年上旬にかけて、都市部では市民を巻き込んだ大規模な戦闘が行われた。上ナイル地方での戦闘は、2014年半ばまでには、政府軍が主要都市を制圧し、SPLA-IOは農村部やブッシュに撤退してゲリラ戦術での抵抗運動を続けた。一方、2015年以降、これまで、両者の対立に対して「中立性」を保ってきたエクアトリア地方（Greater Equatoria）において、各地域におけるローカルな対立が次第に反政府武装活動の色合いを帯びてくる。西エクアトリアでは、アロー・ボーイズ（Arrow Boys）、ニャランゴ（Nyarango）、国民救済革命運動（The Revolutionary Movement for National Salvation, REMNASA）といった自警団や民兵組織が反政府武装活動を展開するようになる（HSBA 2016）[2]。

　2015年8月、アジスアベバと、その後、ジュバにおいて、SPLM/A

とSPLM/A-IOの間で停戦合意（Agreement on the Resolution of the Conflict in the Republic of South Sudan, ARCSS）が締結された後、エクアトリア地方の広い範囲で、各地域集団の自警団や民兵組織がSPLM/A-IOに参加した。2016年4月、マチャルが第一副大統領に復帰し、国民暫定統一政府（Traditional Government of National Unity, TGoNU）が誕生するが、7月にはジュバで両軍の武力衝突が発生し、その後、マチャルはエクアトリア地方を移動して、コンゴ民主共和国に逃れた。この事件以降、現在に至るまで、エクアトリア地方では、政府軍とSPLA-IO傘下の反政府武装勢力の間で激しい戦闘が繰り返されている。

　このような政治情勢のなかで、2013年12月から3年半の間に人口の約3分の1にあたる400万人以上が家を追われ、そのうち難民として190万人が隣国に避難した（UNHCR 2017）。特に、2016年7月以降のエクアトリア地方からウガンダへの難民流出はこれまでになく大規模であり、2017年8月現在、ウガンダは、100万人の南スーダン難民を受け入れる最大の庇護国となっている（UNHCR 2017）。こうした大量の難民の移動は、もちろん拡大する内戦が背景にあるが、同時に「19世紀以降の歴史的経験に基づき、『逃散』が生存戦略となってきた」点も指摘できる（栗本 2017：75）。1980年代以降、エチオピア、ケニア、ウガンダなど周辺国に難民キャンプが設置され、さまざまな人道支援プログラムを行う難民支援体制が整備されると、人々は多様な目的や用途に応じて難民キャ

---

[2] アロー・ボーイズは、2005～06年、LRAの侵入に対抗するために組織された自警団。現在のリーダーは、アルフレッド・ファトゥヨ（Alfred Fatuyo）とみられ、2015年以降、SPLA-IOに参入。一方、ファトゥヨのIO参加後、異を唱えるアロー・ボーイズの一部が離反し、南スーダン国民解放運動（The South Sudan National Liberation Movement, SSNLM）を結成。SSNLMは政府系民兵組織とみられている（HSBA 2017）。REMNASAは、SPLAを離反したロスバ・ロドゥラ（Losuba Lodura）が結成した反乱軍だが、ARCSS後はIOに統合された。

ンプに集まるようになる。

2.2 ウガンダにおける自立支援型の難民支援

ウガンダは、ルワンダ、スーダン、コンゴ民主共和国、ブルンジなど周辺国から絶えず難民を受け入れ、アフリカ諸国のなかでは早くから自立支援型の難民支援を難民政策に導入してきた。ここでは、簡潔にウガンダの難民政策の歴史とその特徴を要約する。

ウガンダでは、難民は、政府が区画した難民居住地（refugee settlement）か首都カンパラで難民登録を行うことを義務づけられる。南スーダン難民の大多数は、北部に設けられた複数の難民居住地で難民登録を行い、難民居住地内での居住を認められる。難民キャンプや難民居住地の状況は、各国によってさまざまであるが、端的にいえば、前者では、難民は居住地しか与えられず、食料確保はもっぱら食糧援助に頼ることになるが、後者では、居住と耕作用の土地が与えられるかわりに、食糧援助は数年間でカットされ、自分で食料生産をすることが求められる。ただ、Nabuguzi（1998：60-61）が、ウガンダの難民居住地では、難民は物理的に隔離され、官僚制度の柵に囲われていると指摘するように、難民キャンプと難民居住地のいずれにおいても、支援者と難民の間には明確なヒエラルキーが存在し、難民が支援者によるケアと管理の対象であるという点では違いはない[3]。ただ、ウガンダでは、難民の自営的な収入創出活動による経済的な自立を政策目標に掲げていることもあり、難民キャンプを設けているほかのアフリカ諸国と比較すると、難民の移動や経済活動の自由がより認められている[4]。

---

[3] 現在、ウガンダ国内の難民居住地は、首相府（Office of the Prime Minister, OPM）難民局（Department of Refugees, DoR）が一元的に管理している。

1999年から4年間、ウガンダ北部では「自立戦略」(Self-Reliance Strategy, SRS) が導入されたが、ここでは、「援助から開発へ」というスローガンのもと、難民が自立支援を通して、援助依存からの脱却し、ホスト地域の開発に貢献すること、そして、難民とホストコミュニティの社会サービスの統合などが決められた（OPM and UNHCR 1999；Jacobsen 2005：74）。2004年以降、SRSは、「難民受け入れ地域に対する開発援助」(Development Assistance for Refugee Hosting Areas, DAR) へと拡大、継承されたが、2005年に第二次スーダン内戦が終結し、難民の本国帰還が始まると実質的に終了した。

　2013年12月以降、南スーダンから難民が大量に流入すると、「難民とホスト住民のエンパワーメント」(Refugee and Host Population Empowerment, ReHoPE) という新たな難民支援戦略が計画された。ReHoPEは、国連機関、世界銀行、ウガンダ政府、NGOを含む国外内の市民社会組織による共同プロジェクトであり、2016年から難民居住地が設けられている県で実施されている。ReHoPEは、SRSの基本方針を継承しており、難民の自立支援を通してホスト社会の負担軽減を目指している[5]。難民の自立支援プログラムは、難民参加型アプローチを通して、難民コミュニティにおける農業生産力の向上、ビジネスチャンスの拡大、企業家の育成などを達成するために農業支援や職業訓練が行われている。

　従って、ウガンダでは、国家が、難民を難民居住地で管理すると同時

---

[4] ただし、難民の移動と就労の自由は、2006年難民法、2010年難民規約によって初めて法的に認められた。それ以前は、難民の移動や就労の自由を制限する難民取締法（Control of Alien Refugee Act, CARA）が適用されていた。また、現在も、難民の帰化は認められておらず、難民は国民と同等の市民権（citizenship）を有しているわけではない。

[5] ReHoPE戦略の概要については以下を参照。5年で3.5億ドルの予算が計上されている。(https://d10k7k7mywg42z.cloudfront.net/assets/5667425fd4c96170fe082173/REHOPE_2_Page_Brief_141015.pdf)

に、一定の範囲内で経済活動の自由を認めることで労働力として地域開発に貢献することを求めているといえる。それは、ReHoPEが、国家開発計画Ⅱ（National Development PlanⅡ, NDPⅡ）に組み入れられていることからも明示されている。そのため、ウガンダでは、難民は単に援助の対象ではなく、「開発のエージェント」であることが期待される。言い換えれば、国家は、難民を庇護国の国家開発を推進させるための労働力としてとらえていると考えられる。

2.3　難民参加型アプローチと市民社会組織の役割

　ここでは、ReHoPEにおけるCSOの役割について述べる。まず、ウガンダでは、CSOは国家NGOフォーラム（National NGO Forum）を通して登録されるが、それは、登録方式が異なるNGOとCBOに大別できる。NGOは県（district）をまたいだ全国的な活動が可能となるが、事務所や専従のスタッフなど、施設と安定した運営資金が必要となり、認可までに時間がかかることが多い。一方、CBOはNGOよりも小規模であり、20人程度のメンバーで構成されることが多い。CBOは、準郡（sub-county）[6]で組織され、県をまたぐ活動が認められないが、登録の手続きが簡便である（Government of Uganda 2016）。

　ReHoPEは、難民の経済活動を活発にすることで、難民の脆弱性を軽減し、ホスト社会の開発を推進しようとする開発戦略である。ここで用いられる難民参加型アプローチでは、個別世帯とコミュニティが介入の

---

[6] ウガンダでは、1992年から地方分権が進められ、地方評議会（Local Council, LC）が村（LCⅠ）、教区（LCⅡ）、準郡（LCⅢ）、郡（LCⅣ）、県（LCⅤ）に組織されている。難民居住地にも、ホスト社会のLCに対応する形で、難民福祉評議会（Refugee Welfare Council, RWC）という自治組織が作られている。キリヤンドンゴでは、村レベルのClusterにRWCⅠ、教区レベルのRanchにRWCⅡ、そして、難民居住地全体を代表するRWCⅢの3つが組織されている。

対象となり、難民自身がCBOを自主的に組織することが求められている。難民支援の文脈では、CBOは、UNHCRや国際NGOなどの援助機関による難民へのサービスの提供を簡便かつ合理化するために難民の間に組織されるグループである。とくに、難民の経済活動の促進を主眼とするReHoPEでは、CBOは難民が何らかの経済活動や貯蓄貸付を行うための最小グループであり、生計支援プログラムにおいて組織化が進められる。難民はCBOを単位として、ビジネスプランを記載した申請書をNGOに提出し、NGOの支援対象に選ばれると資材や資金を手に入れることができる。難民支援の各プログラムは、OPM、UNHCR、NGO、CBOという各ステークホルダーが、相互の利害を調整し合いながら実施されているが、支援者と難民とのヒエラルキーは維持されており、受益者が組織するCBOは、国家と国連機関が中心になって意思決定を行う開発装置における受益者レベルの末端組織として構想されていると考えることができる。

　ここで、キリヤンドンゴ難民居住地における生計支援プログラムを一例としてNGOやCBOの組織化がどのように行われているかを示しておきたい。生計支援プログラムは、UNHCRが計画概案を策定し、それを実施パートナー（Implementing Partner, IP）や運営パートナー（Operational Partner, OP）であるNGOが実行する[7]。ReHoPEでは、個別世帯とコミュニティそれぞれが介入の対象となっており、キリヤンドンゴにおいても、国内NGO「A」と国際NGO「B」（いずれも仮名）が分担して、難民とホストコミュニティの生計支援プログラムを実施している。生計支援プログラムのなかでは、難民とホスト住民それぞれに10

---

[7] IPとOPの区別は、前者がUNHCRをドナーとするNGO、後者がUNHCR以外の政府機関や民間財団などをドナーとするNGOという点にある。

人以上のメンバーから構成される生計グループを自主的に組織することが奨励される。たとえば、2016年、NGO「A」が実施した生計支援プログラムでは、難民コミュニティに31、ホストコミュニティに7の生計グループが組織され、そのなかから、「A」によって支援対象に選ばれたグループが、OPMとキリヤンドンゴ県の承認を得た後、ウガンダのCBOとして登録されることになった。CBOは、支援対象としてUNHCRから2,500,000ウガンダシリング（約78,000円）に相当する資材や家畜を得られることになっていた。また、それぞれの生計グループは、葬式などの社会活動や、ビジネス投資などの経済活動に必要な資金をメンバー内で貯金しながら、資金が必要なメンバーに貸し付けるという村落貯蓄貸付組合（Village Savings and Loan Association, VSLA）の制度を利用することを指導されていた。

3. モルの市民社会組織による地域開発、治安維持、緊急支援
3.1 モル

ここでは、南スーダンに目を移し、モル人がスーダン内戦後にNGOを自主的に組織して、地域の経済開発に取り組む一方、ディンカ人との対立が先鋭化し、地域集団を守る必要性から自警団が組織されて行く過程を示す。

モルは、ナイル・サハラ語族、東スーダン系の言語を母語とする少数民族で、人口は約20万人と推定されている。西にバントゥー系のザンデ、東に東ナイル系のバリ諸族に隣接し、北に西ナイル系のディンカが居住している[8]（図2）。主たる生業は農耕で、年間1,200ミリ以上の降水量があり、主食であるモロコシのほか、トウモロコシ、キャッサバ、ラッカセイ、サツマイモなど新大陸原産の農作物も広く栽培している

(Sharland 1989：7)。また、20世紀初頭には、狩猟や漁撈、養蜂も行われていたが、家畜、家禽の飼養はヤギ、ニワトリが中心で、ウシはあまり有していなかった（Nalder 1937：178）。

モルが外来の影響を強く受けるようになったのは、約15年間のベルギー支配[9]を除けば、イギリス＝エジプト共同統治下にあった1920年代からである。当時、英国聖公会宣教教会（Church Missionary Society, CMS）の牧師兼医師であったフレーザーを中心に、病院や学校の建設、キリスト教の布教などが行われ、モルの近代化やキリスト教化が進んだ（Fraser 1938）。現在、モルの人々は、ほとんどがキリスト教徒であり、スーダン聖公会（Episcopal Church of Sudan, ECS）のほか、セブンスデー・アドバンティスト教会（Seventh-Day Adventist Church, SDA）など新興の宗派が信仰されている。

スーダン独立後、モルの人々も、スーダン内戦に深く関わってきた。特に、1983年に第二次スーダン内戦が始まると多くのモル人がSPLM/SPLAに参加し、エチオピアで訓練を受け、スーダン政府軍に対するゲリラ戦に参加した。2005年に内戦が終結すると、モルの人々は隣国や国内の避難先から集落や町に戻り、地域の社会インフラの整備や経済開発に参加して行くようになる。

3.2　スーダン内戦後の地域開発と治安維持

ここでは、パトリックとジョセフ（いずれも仮名）という2人のモル人を中心に、モルにおいて内戦後の地域開発と治安維持がどのように進

---

[8] 東スーダン系の他の民族集団には、南スーダンからウガンダにかけて居住するマディ（Madi）、アブカヤ（Avukaya）、ルグバラ（Lugbara）などがある。
[9] モルを含むラド包領（1894〜1910年）はベルギーの支配下にあり、当時、モルはベルギーとザンデの連合軍の侵入に対して戦ったといわれている。

められたかを紹介する。

　パトリックは、2005年の内戦終結時、国際移住機関（Iternational Organization of Migration, IOM）[10]の職員として、南部スーダン北部の町、ベンティウ（Bentiu）で勤務していた。彼は、2008年に故郷であるモルの集落に戻り、「ラチャコミュニティと経済開発」（Lacha Community and Economic Development, LCED）というNGOを設立し、地域の経済開発を進める活動を始めた。彼によれば、国連機関や開発NGOの多くが首都ジュバに集中しており農村地域に少ないこと、そして、これらの支援機関を通した活動は計画から実施までに時間がかかることが、モルに帰ってNGOを立ち上げた理由である。LCEDは、ローカルな共同体の経済開発を目標としており、若者や女性を対象とした農業生産技術の向上や現金稼得機会の拡大、コミュニティレベルでの紛争解決と平和構築、人権侵害や子どもの保護の監督、フード・フォー・アセット（FFA）[11]などの活動を行っていた。たとえば、2015〜16年にかけては、基礎教育の推進と農業開発を目的として支援プロジェクトを実施していた（LCED 2015a）。

　ジョセフは、パトリックの異母兄弟である。彼は、第二次スーダン内戦中にSPLAに参加し、「ブッシュ」を移動しながらゲリラ戦を行っていた。内戦後は、看護師の資格を得てムンドゥリの町で薬局を開く一方、農業にも力を入れ、新しい換金作物の栽培などを始めていた。

　彼は、内戦が終わると、新たなビジネスチャンスを手に入れる一方、ローカルな自警団にも参加していた。この自警団は、遊牧民の侵入や「神の抵抗軍」（Lord's Resistance Army, LRA）[12]の暴徒を防ぐためにモル

---

[10] IOMは2004年から南スーダンで活動をはじめ、南スーダン政府の出入国管理システムの構築支援などを行っている。

第6章 難民の市民社会組織にみるローカルな生存戦略

の若者が結成したものであるが、そのきっかけは、第二次スーダン内戦中に発生した「ボル虐殺」（Bor Massacre）である。1991年、SPLM/Aのヌエル人将校であったリエック・マチャルは、ラム・アコルらとともにSPLM議長兼SPLA最高司令官であったジョン・ガランに反旗を翻し、SPLM/Aナシル派の創設を宣言する。同年、上ナイル地方の町、ボル（Bor）では、主にロウ・ヌエルの若者からなる白軍（White Army）が約2,000人のディンカ人を虐殺する「ボル虐殺」が発生し、この時、ボルから逃れてきたディンカ避難民が西に逃げ、モルに庇護を求めた。モルの人々は、州の一部をボル・ディンカの避難民に与え、居住を認めたが、彼らは、次第にバハル・エル・ガザル地方（Greater Bahr el Ghazal）のディンカ人と一緒にウシやヤギなどを州内で放牧するようになり、モルの農地を荒らすようになった。モルの人々は、農地で家畜を放牧しないように遊牧民に求めたが、その後も家畜の放牧による農作物の被害が続いたため、両者の緊張関係が高まった。ジョセフによれば、彼らは、SPLAのディンカ人の将軍たちの家畜を放牧しており、AK47やRPG[13]で武装しているという。また、LCEDの報告書では次のように書かれている。

　西エクアトリアで治安が悪化している主な要因は、家畜掠奪など、レイクス州における牧畜共同体がもつ半遊牧的文化である。1998年以来、イロル西郡からムンドゥリ郡への遊牧民の季節的な移動が毎

---

[11] Food for Workともいわれ、労働の対価として食料を与える支援。
[12] ウガンダ北部で結成されたウガンダ政府に対する反政府武装組織。内戦中は、スーダン政府の支援を受け、ウガンダ北部とスーダン南部のナイル川東岸で活動し、ウガンダとスーダンの地域住民に大きな被害をおよぼした。2005年にスーダン政府とSPLMが和解すると、その後は、スーダン南部の東エクアトリア州から西エクアトリア州へ移動し、さらにはコンゴ民主共和国や中央アフリカへと活動範囲を移した。
[13] AK47は通称カラシニコフと呼ばれる旧ソ連で開発された自動小銃。RPGは対戦車擲弾。

年行われるようになった。彼らは、乾季にウシの大群を引き連れて牧草地と水場を求めてムンドゥリ西郡へ侵入している。さらに、雨季でイロルに草や水があるような時でさえ、ムンドゥリに来るようになった。そのため、モルの人々は、武装した牧畜民がレイスク州やユニティ州で掠奪したウシを所有者に見つからないように隠しに来ているのではないか、あるいは、ムンドゥリ西郡の良質な牧草地を利用しているのではないかと考えている。レイクス州では牧畜民の銃の所有がコントロールされておらず、また、政府が自警団（community police）と称して若者を武装させているため、家畜掠奪が激しさを増している。また、家畜掠奪やコミュニティ間の暴力に対する刑罰や法制度が整っていないために、若者による家畜掠奪が取り締まられることがない。（LCED 2014：9）

　Pendle（2015）によれば、CPA終結後、南スーダン政府は、内戦中にスーダン政府に支援されていた複数の民兵組織—その大半はヌエル人を主体とする武装組織—をSPLAに取り込むか、解体させる一方で、バハル・エル・ガザル地方のディンカ人の若者を自警団（community police）と称して武装させるようになった。そして、軍事化した遊牧民は、非政府と政府との境界を曖昧にしながら、南スーダン政府とさまざまな関係をもつようになる[14]。

　一方、パトリックによれば、第二次スーダン内戦中に、ディンカ遊牧民とモル農耕民との対立はみられたものの、ガランがモルに対し自警団

---

[14] この顕著な例は、大統領を守ることを目的として組織された民兵組織Mathing Anyoor（別名はDut ku Bany）がある。Mathing Anyoorは2012年からキール大統領の故郷であるバハル・エル・ガザル地方から集めた若者たちで構成され、2013年12月にジュバで大統領警護隊間での銃撃戦が勃発すると、ヌエル人を標的にした殺人を行った。

の結成を禁止していたため、モルとディンカとの対立が大規模な形で表面化することはなかったという。しかし、2005年、CPA締結から半年後にガランが事故死すると、ジョセフの従弟にあたるウェズレー・ウェレベ（Wesley Welebe）[15]が、遊牧民の侵入とLRAの襲撃から住民の安全を守るために、ニャランゴという自警団を結成する（HSBA 2016：8）。ニャランゴとは、モル語で、白い花序をつけるモロコシを指す。ニャランゴは、正規軍ではないが、軍隊と類似の階級構造を有する準軍事組織ということができ、ジョセフによれば、彼は「司令官」として、コミュニティの治安維持にあたっていた。

3.3　「民族紛争」の激化と難民の発生

　2013年12月以降、上ナイル地方では、SPLAとSPLA-IOが全面的な戦闘状態に入ったが、モルを含めたエクアトリア地方の人々は、両勢力の対立を、「ディンカ対ヌエル」の対立ととらえており、積極的に関与する姿勢は示さなかった。一方、モルでは、多くの武装したディンカ遊牧民が、肥沃な牧草地や水場を目指してモルに侵入するようになったため、ディンカ遊牧民とモル農耕民との間の緊張が高まった（HRW 2017：19）。

　2014年8月、バハル・エル・ガザル地方から武装した遊牧民が家畜を連れてきて、21フェダン[16]の農地の作物が荒らされる出来事があった。そのとき、畑の所有者であるモル人が怒って、畑を荒らしたウシ3頭を殺害し、17頭にケガを負わせると、その後、遊牧民が、畑の所有者を殺害し、周辺の19家屋と5軒の商店を焼き討ちにするという報復に出た（LCED 2014：11）。この事件後、ディンカとモルの間での戦闘が続

---

[15] ウェレベは、元SPLA兵士であり、2010年まで州議会議員を務めた。
[16] スーダンで使用されている面積の単位。1フェダンは、60m×70m＝4,200㎡

き、2015年2月までに、ムンドゥリ西郡では、市民47人が犠牲になり、46家屋が焼失し、7,000人が近くのブッシュに避難した（HSBA 2016：8）。ニャランゴの「司令官」であったジョセフも、2014年8月にウガンダに逃れ、キリヤンドンゴ難民居住地で難民申請を行った。その後、2015年4月、キール大統領は、エクアトリアにおける治安悪化の解消のため、中央・西エクアトリアにいるすべてのウシを故地に戻すよう命じる大統領令を出す。しかし、モルでは、この法令の布告後も家畜による農地への被害が続いた。

　2014年半ばから2015年前半にかけて、モルとディンカの対立は深まったが、ウェレベ自身は、ニャランゴとSPLM/A-IOとの関係を否定しており、ニャランゴはあくまで自警団であると主張していた[17]。一方、マチャルは、2014年後半から、主としてヌエルの反政府武装活動であったIOを多様化しようと、エクアトリア地方やバハル・エル・ガザル地方でIO司令官の動員を始めた（HRW 2017：19）。

　こうした動きのなか、2015年に入り、モルではローカルな対立がより大規模な戦闘に発展する。まず、5月初めにムンドゥリ西郡で遊牧民5人が襲撃される事件が起き、続いて、中旬にもSPLA兵士2人が殺害された。さらに、この事件の翌日、モル人であるムンドゥリ西郡の事務局長（executive director）が事件現場を検分するために訪れた際に暗殺される事件が発生した。現場の状況からSPLA兵士による報復と考えられたこの事件をきっかけにSPLAとニャランゴの間で戦闘が発生し、5月末までに、市民130人が犠牲となり、約3万人が家を追われた（UNHCR 2015）。このころ、パトリックは、戦闘に巻き込まれたモルの

---

[17] Sudan Tribune, 2015, W. Equatoria youth group deny links with pro-Machar rebels, 29May2015（http://www.sudantribune.com/spip.php?article55145　2017年9月25日最終閲覧）

女性、子ども、老人などをNGOの車に乗せて周辺の安全な場所に避難させる活動を行っていたが、ジュバで政府の公安に逮捕された。彼は、まもなく解放されたが、その後、ウガンダに避難し、カンパラで難民申請を行い、ウガンダでLCEDのNGO登録を行った。

　2015年8月、ジュバではARCSS調印によって、SPLM/AとSPLM/A-IOが停戦に合意したが、2015年7月から11月にかけて、モルではニャランゴと政府軍との攻防は続いていた。9月、マチャルは、ウェレベを公式にSPLA-IOの司令官に任命し、その後、ニャランゴはIO傘下の武装勢力として政府から認識されるようになる。彼らは、2015年前半には、政府軍の車列を待ち伏せするなどのゲリラ的な襲撃を繰り返していたが、10月にはムンドゥリにある政府軍の兵営を襲撃した。これに対して、政府軍は、戦闘ヘリを使ってニャランゴが潜んでいると想定した地域一帯を無差別に攻撃するという反乱鎮圧作戦を行い、これにより、市民約5万人が家を追われた（UNOCHA 2016a; UNOCHA 2016b）。11月には、キリスト教会の仲介のもと、SPLA司令官とモルの代表との間で停戦協定が結ばれ、避難民が少しずつ町に戻ってきたが、治安部隊による若者たちの恣意的な逮捕や拷問が相次いだ（HSBA 2016：9）。さらに、2016年2月には、政府軍がニャランゴを急襲し、ムンドゥリの町周辺から追い出した。その後、ウェレベの軍勢はモルの南部に拠点を移動させ、ムンドゥリ西郡は、北部を政府軍、南部をSPLA-IOが支配するようになり双方の地域で兵士による掠奪や強制的な兵士動員が行われるようになった。

　2016年4月、マチャルがジュバに帰還し、暫定統一政府が誕生したが、わずか3カ月後の7月には大統領府でキール大統領とマチャル第一副大統領それぞれの警護隊の間で銃撃戦が勃発し、その後の戦闘でSPLA-IOはマチャルとともにジュバを撤退した。この戦闘は、マチャルの殺害を

狙ったものと考えられ、政府軍はIOを追撃して、マチャルの避難ルートにあたると想定した中央・西エクアトリア州の町や集落に攻撃を仕掛けた。ジュバの銃撃戦の2日後には、ムンドゥリが攻撃され、重装備した政府軍が町を蹂躙し、空から爆撃を加えた。この攻撃により、町は再び壊滅的な打撃を受けた。最終的に、マチャルを含めたIOメンバーは、ムンドゥリ東・西郡の南部のブッシュを通り抜け、コンゴ民主共和国へと脱出し、そこで国連PKOによって救出された（HSBA 2017：3-4）（図2）。10月に入ると、今度はSPLA-IOがモルにあるSPLAの兵営を攻撃し、死者11人、負傷者5人という事件が発生した。

　以上のように、モルでは、2015年5年以降、ディンカ遊牧民とモル農耕民の間で高まった緊張関係が政治的な対立へとつながる一方、

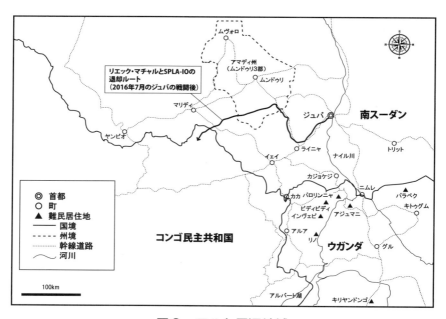

図2　モルと周辺地域
（HSBA 2017より筆者作成）

SPLM/A-IOが政府に対するモルの不満と不信を利用する形で反政府武装活動が活発になる。さらに、2017年に入り、バリ人のトマス・シリロ（Thomas Cirillo）元参謀副総長が、SPLA-IOと異なる反乱軍、国民救済戦線（National Salvation Front, NAS）を立ち上げると、エクアトリア地方のIO傘下の反政府軍のなかにNASに加わる動きがみられるようになる[18]。このため、SPLM/A、SPLM/A-IO、それ以外の複数の武装勢力の関係はより複雑になっており、国内の紛争解決の道筋はさらに不透明になっている。

4．地域社会組織による避難民の支援

4.1　LCEDによる緊急人道支援

　2016年、LCEDは、ウガンダでNGOとして認可され、現在、パトリックは、カンパラ近郊にオフィスのほか、ジュバ、ムンドゥリにオフィスを構え、外国人スタッフを含めた18人のメンバーで、モルの国内避難民や難民に対する支援活動を続けている。2015年5月以降の繰り返される戦闘により、援助機関がモルにアクセスすることが困難な状況が続いていた。そのようななかで、LCEDは国連機関から現地の人道支援のニーズに関する調査を委託され、被害状況の調査と食料や物資の配布の双方を続けている（LCED 2014；LCED 2016b；LCED 2017a）。さらに、2015年からは、モル難民が多いウガンダのキリヤンドンゴ難民居住地においても生計や治安に関する調査を行っている。

　LCEDの報告書によれば、2014年8月、2016年10月、2017年2月にム

---

[18] Radio Tamazuj, 2017, Gen. Thomas Cirillo declares new rebel group, 6 Mar. 2017 (https://radiotamazuj.org/en/news/article/gen-thomas-cirillo-declares-new-rebel-group 2017年9月27日最終閲覧）

ンドゥリ3郡において、シェルター、教育、女性への暴力などに関する調査を実施し、それに基づき、支援活動を行っている。たとえば、2014年8月時点で、西エクアトリア州で13,835人、中央エクアトリア州で12,660人が国内避難民となっているが、地域によって受診可能な医療サービスや水へのアクセスに差があるとしている（LCED 2014：10）。また、とくに緊急支援の需要が高いものとして、フードセキュリティ、ヘルスサービスへのアクセス、水へのアクセスをあげている（LCED 2014：12）。彼らは、UNHCRやIOMが調達した毛布、プラスチックシート、料理道具、蚊帳、ゴザ、洗剤などの食糧以外の生活物資[19]を町や集落に届ける活動を行っている。たとえば、2016年、2月には3,500世帯、5月には1,500世帯に生活物資の配布を実施した（LCED 2016a；LCED 2016b）。また、2017年には、ムンドゥリ郡の80世帯を対象にローカルマーケットで生活物資との引き換えが可能な金券[20]を配布した（LCED 2017b）。

　また、LCEDは、モル難民に対しても生活の再建を促進するためのプログラムを計画している。キリヤンドンゴ難民居住地では、2015年に228世帯の難民を対象に、食料、水、保健、医療サービス、シェルター、教育などに関して聞き取り調査を行い、難民の生計の概況を明らかにした。（LCED 2015b）

　この調査に基づき、現在、パトリックが計画しているのは、キリヤンドンゴ難民居住地の近隣の町での小学校の建設である。パトリックによれば、この学校は、南スーダンの難民だけではなく、ウガンダ人も受け入れる予定である。教育への需要は難民一般に高いが、急増する児童数

---

[19] 人道支援においては、非食料物資（Non-Food Items, NFIs）といわれる。
[20] 3,000南スーダンポンド（約3,200円）相当の金券。

に、教員や教室の数が追いついていないのが現状である。LCEDが2015年に行った調査では、キリヤンドンゴ難民居住地の5つの小学校では、平均して1人の教員が55人の児童を担当しており、ウガンダの平均的なクラスと比較しても多いことが示された（LCED 2015b）（表1）。また、筆者が子どもをもつ複数の難民にインタビューしたところ、ほとんどの親が、難民居住地内の公立の小学校[21]は、机やイス、教科書が足りておらず、授業の教育レベルも低いと指摘した。また、難民居住地内の小学校には、多くのディンカやヌエルの子どもたちが通学しているが、彼らとモルの子どもたちの間でしばしばケンカが発生しているが、モルの親たちがこうした争いに過敏になっている。難民居住地外に私立の小学校を建設することは、教育レベルの向上につながるだけではなく、学校での子どもたちの間の争いを避け、同時にホスト住民との軋轢も軽減できると考えられているのである。

表1　キリヤンドンゴ難民居住地の小学校における教員と児童の数と割合

小　学　校	Canrom	Bidong	St. Bakita	Panyadoli	Arnold	計
児　童　数	2,866	1,190	501	1,411	2,376	8,344
教　員　数	49	17	15	31	34	146
教員と児童の割合	1：58.5	1：70.0	1：33.4	1：45.5	1：69.9	1：57
教員と児童の割合の平均						1：55.5

（LCED 2015b：15より抜粋）

4.2　難民居住地におけるCBO活動

　ジョセフは、2013年以降の南スーダンの紛争のなかで、キリヤンドンゴに避難した最初のモル人である。彼によれば、キリヤンドンゴについて事前に詳細な情報をもっていたわけではなかったが、南スーダン－ウ

---

[21] St. Bakita以外の4つの小学校。

ガンダ国境に近いほかの難民居住地に比べて、近隣のマーケットやカンパラに近く、降水量も比較的多いことからより良い生活環境ではないかと判断してキリヤンドンゴへの避難を決めたということであった。彼は、難民登録を終えると、居住地内を見て回り、まだ農地として使われていない肥沃な土地が広がっている場所があることを確認し、OPMやほかの難民と交渉して8エーカー（約32,000平方メートル）の耕作可能な土地を手に入れた[22]。その土地は、彼の後に来たモル人に配分され、また、モルの教会建設のための敷地として確保された。こうした彼の努力もあり、キリヤンドンゴには次々にモル難民が集まるようになり、2017年時点で約3,000人のモル人がキリヤンドンゴで難民登録していた[23]。2015年には「モル居住区」が形成されており、新しい水道がひかれ、2つの教会、1つの保育施設が建設された。こうした公共施設を建設するための資金は、教会やNGOの寄付からだけではなく、モル難民たちが、難民居住地の一部をコミュニティの共有農地として確保し、その土地で生産されたトウモロコシや野菜を販売することで調達された（写真1）。

2017年の調査時、ジョセフは、当初、手に入れた土地のほとんどをほかのモル難民に分け与え、1.5エーカー（約6,000平方メートル）の土地を自分の耕作地として、トウモロコシのほか、ナス、トマト、スクマウィキ[24]、バナナなど多様な作物を栽培していた（表2）。キリヤンドンゴ

---

[22] 難民のなかには土地を割りあてられても、マーケットから遠い、井戸がないなどの理由で利用していない人が多くいる。土地の割りあてはOPMが行うが、交渉次第では、すでに別の難民に割りあてられている土地を、新しく来た難民に割りあてることがしばしば行われている。

[23] 2017年8月、ジョセフへの筆者インタビュー。2015年以降、キリヤンドンゴ難民居住地では、民族別の難民数については集計していないため、正確な人口は不明である。このデータは、2016-17年にかけて、ジョセフがキリヤンドンゴでのモル人の難民登録者数を集計した結果による。

[24] ケニア、タンザニア、ウガンダなど東アフリカで栽培されているケール。結球しないので葉キャベツともいわれる。

第6章　難民の市民社会組織にみるローカルな生存戦略

写真1　トウモロコシ畑で除草を行うモル難民

に居住する南スーダン人としては珍しく、農薬や肥料を使用するなど、より近代的な農法を取り入れながら難民居住地での農業生産の拡大を目指している（写真2）。

また、彼は、南スーダンで現金創出活動などを目的としたCBOを組織していたが、キリヤンドンゴにおいてもメンバーを集めて新しいCBOを結成した。キリヤンドンゴでは、生計支援プログラムの一環として、農業生産とVSLAを行う生計グループを組織することが求められており、彼は2015年

写真2　スクマウィキの苗床をつくるジョセフ

265

に、NGO「A」のもとで、15人のメンバーから構成される生計グループ「T」（仮名）を立ち上げた。その後、「T」は、ウガンダのCBOとして認可されたが、CBO結成後もNGO「A」の支援対象には選ばれず、「T」はグループとしての活動実績はほとんどなく実質的な活動はしていなかった。

2017年からは、NGO「B」が同様の生計支援プログラムをはじめ、ジョセフは、25人のメンバーからなる新しい生計グループ「S」（仮名）を立ち上げて活動を始めた。「B」は、各生計グループに対し、試験的な菜園を設けさせ、キャッサバの根やタマネギの種子などを配布して、食料生産の増加と換金作物の栽培促進を図っている。NGO「B」の生計支援プログラムのなかで、ジョセフと「S」は高く評価されており、2017年後半には「模範農家」に選ばれる可能性が高い。彼が、NGO「A」から評価されなかった理由は不明であるが、彼は、NGO「A」とは良い関係ではなかったのは確かである。一方、NGO「B」からは高い評価を受けており、良い関係を維持している。

現在、ジョセフは、南スーダン国内のCBOのメンバーと協力して、キリヤンドンゴ難民居住

表2　ジョセフが栽培する農作物の種類と面積と割合

栽培作物	栽培面積／栽培本数
トウモロコシ	4,000㎡
オクラ	150㎡
スクマウィキ	150㎡
ナス	50㎡
トゥーラ[25]	50㎡
サツマイモ	500㎡
キャッサバ	500㎡
タマネギ	15㎡
バナナ	30本
オレンジ	30本
マンゴー	15本
ユーカリの木	6本
グアバ	11本

（2017年8月時点、フィールド調査より筆者作成）

[25] ナス科の植物

地で生産したトウモロコシを国境のマーケットを介して南スーダンで販売しようと計画している。ウガンダ－南スーダンのトウモロコシの販売は、ウガンダ人の仲買人に専有されている。難民居住地でのトウモロコシの土地生産量は決して周辺地域と比較して少ないとはいえないが、より低い価格で買い取られるため、実際の生産量に比して手に入る現金収入は少ない。

　一方、ウガンダ人の仲買人は、安く買い取ったトウモロコシをケニアや南スーダンの国境のマーケットで販売して、大きな富を得ている。こうした現状に対して、ジョセフは、故郷と南スーダンで組織したCBOのネットワークを通してトウモロコシの生産と販売の両方を行うことで、より大きな収入創出の機会を得ようとしている。

5．考察

　パトリックやジョセフを含め、南スーダンのエクアトリア人たちは、南スーダンの紛争の長期化を予想し始めている。ジョセフが、筆者とのインタビューのなかで、「私たちはSPLAという名前がつくものをもはや必要としていない」と話すように、モルを含めエクアトリア人のなかには、現政権に対しても、反政府勢力の主力でもあるSPLM/A-IOに対しても不信感を抱くようになっている。このことは、エクアトリア地方のローカルな反政府活動が、再編成されながら、新たな形で展開される可能性を示している。難民となったエクアトリア人の間には、南スーダンの紛争が、政府、SPLM/A-IOのどちらが勝利しても、自分たちとは異なる特定の地域集団を利する結果にしかならないのではないかという強い疑念を抱いている。また、それは、CPA以降、国家建設やジュバの都市開発が急速に進む一方、地方のインフラ整備や経済開発が遅々として進まず、多くのエクアトリア人が中央の政治から排除されてきたと

いう事実に直面してきたからでもある。

　モルは、南スーダン国内では、降水量に恵まれている地域であり、そのため農業生産の拡大による開発の潜在性が高い。LCEDの活動にみられるように、「伝統的に」農耕民であったモルの人々は、内戦終結後、近代的な農法も取り入れながら穀物や換金作物の生産を増やし、国内での販売市場を確保することによって地域開発を進めようとしてきた。しかしながら、肥沃な牧草地と水場が広がるこの地域は、隣接する遊牧民にとっても魅力的な場所であり、2005年以降、政府と連携しながら武装化するディンカ人による侵入を毎年受けるようになる。こうして、内戦終結後、モルとディンカとの対立は深まり、お互いが自警団という形で準軍事組織を結成するようになった。2015年5月以降、両者の争いは、SPLM/A対SPLM/A-IOというより政治化した文脈のなかで再定置され、武力紛争が加速化することになる。

　パトリックとジョセフは、モルと政府との対立が深まるなかで、政府から反乱分子とみなされウガンダへ亡命した。彼らは、ウガンダに避難した直後から、自主的にNGOやCBOを再び組織することで、故郷の人々へ物質的な支援を行ったり、避難先のウガンダでの生計を確保したりしている。彼らは、難民という概念が想起させるような「外部からの支援なくしては生きられない紛争の犠牲者」や「単なる支援の受益者」とはいうことはできない。むしろ、国際機関が主導するグローバルな支援の理念や制度を積極的に取り込みながら、故郷の人々の安全と生活を保障するという戦略の下、外部の支援者とローカルな人々の結節点として活動するアクターとなっているといえる。

　キリヤンドンゴ難民居住地において、ジョセフはUNHCRやNGOの支援活動に積極的に参加し、自分が穀物や換金作物の栽培にどれほど力をいれているか、また、CBOによる貯蓄活動をどれほど適切に行って

いるかを示すことで、彼個人とモルコミュニティ全体の能力をアピールしようとしている。現在、ウガンダで導入が進められている難民支援戦略、ReHoPEは、難民の自立支援という方針を掲げ、難民に対して単に外部からの支援を待つ受益者ではなく、彼ら自身が積極的に支援プログラムを推進する参加者であることを求めている。UNHCRはキリヤンドンゴを「難民居住地の成功例」となる可能性があると期待しており、ReHoPE下での支援の成功例としたいと考えている。そのため、ジョセフのような積極的な参加者は、支援側の期待をかなえてくれる「善い難民」ととらえられる傾向にある。ただし、現実には、NGO「A」とNGO「B」が彼に異なる評価を下したように、支援側と受益者との関係は一筋縄ではないが、少なくても現在、ジョセフは「模範農家」と評価されるようになり、支援側と良好な関係が築かれつつある。

　モル人が自主的に結成したCSOは、故郷そして難民居住地において、彼らの安全と生計の確保のために社会的、経済的、精神的に重要な役割を果たしている。ただ、こうしたCSOの活動は、必ずしも計画通りに進んでいるわけではない。たとえば、LCEDは、今も小学校建設に必要な資金の提供先を探し続けているし、ジョセフが構想するウガンダ－南スーダン間の越境ビジネスも人材不足から具体的にはまだ始まってはいない。今後の進展については、引き続き調査を行うなかで明らかにしていきたい。

謝　辞

　本研究は、2015年度松下幸之助記念財団研究助成（助成番号15－181）、および2017年度JSPS科研費特別研究費（課題番号JP17J09937）の助成を受けて行われた。本研究の実施にあたり、OPM，UNHCR，NGOの職員およびキリヤンドンゴ難民居住地のモル難民に多大な協力

をえた。また、本文執筆にあたり、共同研究者の方々に貴重なご指摘をいただいた。この場を借りてお礼申しあげます。

文　献

Fraser, Eileen, 1938, *The Doctor Comes to Lui: A story of beginnings in the Sudan*, London: Church Missionary Society.

Goffman, Erving, 1961, *Asylums: Essays on the condition of the social situation of mental patients and other inmates*, New York: Anchor.（＝1984, 石黒毅 訳『アサイラム ―施設被収容者の日常世界』誠信書房．）

Government of Uganda, 2016, *Non-Governmental Organizations Act*, Government of Uganda.

Harrell-Bond, Barbara E., 2002, Can Humanitarian Work with Refugees be Humane?, *Human Rights Quarterly*, 24：51-85.

HSBA (Human Security Baseline Assessment) for Sudan and South Sudan, 2016, *Conflict in Western Equatoria*, Geneva: Small Arms Survey.

HSBA (Human Security Baseline Assessment) for Sudan and South Sudan, 2017, *Spreading Fallout: The collapse of ARCSS and new conflict along the Equatorias-DRC border*, Geneva: Small Arms Survey.

Human Rights Watch, 2017, *Soldiers Assume We Are Rebels: Escalating Violence and Abuses in South Sudan's Equatorias*, 1August 2017, Human Rights Watch.

Hyndman, Jennifer, 2000, *Managing Displacement: Refugees and the politics of humanitarianism*, Chicago: University of Minnesota Press.

Jacobsen, Karen, 2005, *The Economic Life of Refugees*, Bloomfield: Kumarin Press, Inc.

栗本英世，2017，「難民を生み出すメカニズム 南スーダンの人道危機」駒井洋，人見泰弘（編著『難民問題と人権理念の危機 国民国家体制の矛盾』明石書店，62-81頁．

LCED (Lacha Community and Economic Development), 2014, *Multi Cluster Humanitarian Needs Assessment -Community Level*, Juba: LCED.

LCED, 2015a, *Agricultural Training in Lacha Village*, Juba: LCED.

LCED, 2015b, *Kiryandongo Refugee Settlement Basic Needs Survey Report*, Juba: LCED.

LCED, 2016a, *Emergency Shelter and Non-food Items Distribution in Mundri West*, Juba: LCED.

LCED, 2016b, *Inter-Agency Needs Assessment: Mundri West, Mundri East and Mvolo Counties-WES*, Juba: LCED

LCED, 2017a, *Multi-Sector Humanitarian Needs Assessment: Mundri West and East Counties*, Juba: LCED.

LCED, 2017b, *Cash Voucher Pilot Project, Mundari West County, Final Report*, Juba: LCED.

Malkki, Liisa H., 1995a, *Purity and Exile: Violence, Memory, and National Cosmology among Hutu Refugees in Tanzania*, Chicago: University of Chicago Press.

Malkki, Liisa H., 1995b, "Refugees and Exile: From "Refugee Studies" to the National Order of Things", *Annual Review of Anthropology*, 24：495-523.

村橋勲, 2015, 「戦火の一年 —南スーダンにおける内戦と和平の行方」*JANES Newsletter*, 22：24-34.

Nabuguzi, Peter, 1998, "Refugees and Politics in Uganda", In A.G.G. Ginyera-Pinycwa (ed.), *Uganda and the Problems of Refugees*, Kampala: Makerere University Press, 53-78.

Nalder Leonard. F., 1937, *A Tribal Survey of Mongalla Province*, New York: Negro University Press.

OPM (Office of the Prime Minister), 2017, Statistical Summary: *Refugees and Asylum Seekers in Uganda*, Kampala: OPM.

OPM (Office of the Prime Minister) and UNHCR Uganda, 1999, *Strategy Paper: self-reliance for refugee hosting areas in Moyo, Arua and Adjumani Districts, 1999-2005*. Kampala: OPM&UNHCR Uganda.

Pendle, Naomi, 2015, "'They Are Now Community Police': Negotiating the boundaries and nature of government in South Sudan through the identity of militarized cattle-keepers", *International Journal on Minority and Group Rights*, 22：410-434.

Sharland, Roger W., 1989, "Indigenous Knowledge and Technical Change in a

Subsistence Society: Lessons from the Moru of Sudan", *ODI Agricultural Administration*, Network Paper 9, London: ODI.

Turner, Simon, 1999, "Angry Young Men in the Camps: Gender, age and class relations among Burundian refugees in Tanzania", *UNHCR New Issues in Refugee Research*, Working Paper 9. Geneva: UNHCR.

UNHCR, 2015, Protection Situation Update Mundri West and East Counties, Western Equatoria State (1 May-10 December 2015), Humanitarian Response (https://www.humanitarianresponse.info/en/node/117044)

UNHCR, 2017, South Sudan Situation Information Sharing Portal (http://data.unhcr.org/SouthSudan/regional.php)

UNHCR, 2017, Uganda Refugee Response South Sudan Situation as of 4 August 20 (http://reliefweb.int/sites/reliefweb.int/files/resources/123_Uganda%20Operational%20Update%2 0on%20the%20South%20Sudan%20Emergency%20Response%204%20August.pdf)

UNOCHA, 2016a, Inter-Agency Rapid Needs Assessment Report: Mundri East (12-16 April 2016) (https://www.humanitarianresponse.info/sites/www.humanitarianresponse.info/files/assessments/ 160523_irna_mundrieast_0.pdf)

UNOCHA, 2016b, Inter-Agency Rapid Needs Assessment Report: Mundri West (1-5 March 2016) (https://www.humanitarianresponse.info/en/operations/south-sudan/assessment/inter-agency-rapids-needs-assessment-report-mundri-west-western)

Voutira, Eftihia and Barbara E. Harrell-Bond, 1995, "In Search of the Locus of Trust: The Social World of the Refugee Camp", Daniel, E. Valentine and John Chr. Knudsen (eds.), *Mistrusting Refugees*, Berkeley: University of California Press, 207-224.

索　引

A−Z

HIV　　151〜156, 159, 160, 164, 167〜172, 174, 177〜179
ReHoPE（Refugee and Host Population Empowerment）　　249〜251, 269
SPLM/A　　246, 255, 259, 261, 268
SPLM/A-IO　　246, 247, 258, 259, 261, 267, 268
UNHCR　　107, 240, 241, 243, 244, 251, 252, 262, 268, 269

あ行

NGOの世代論　　61, 63
エンパワーメント　　61, 62, 65, 86, 92, 119, 122〜124, 127, 128, 132, 134, 136, 137, 197, 219, 223, 249

か行

家父長制　　118, 119, 122, 123, 137, 200, 201, 203, 221, 223, 225, 228, 230〜232
管理費　　40, 41, 47, 48, 71〜79, 81, 83, 88, 96, 97
キャパシティ・ビルディング　　48, 53
共同組合　　145, 147, 148
草の根　　12, 13, 31, 62, 104, 117, 123〜127, 136, 137, 179, 198, 199, 231
構造調整　　16
抗レトロウイルス治療（ART）　　151〜156, 167〜170, 172, 175, 178
国際NGO　　12, 13, 20〜27, 29, 64〜66, 68, 80, 81, 97, 104, 128, 141, 145, 176, 185〜187, 190, 192, 194, 197, 199, 207, 208, 226, 240, 251

国際協力機構（JICA）　　114, 142, 144〜146, 148
国内NGO　　11〜13, 30, 197, 230, 251
互助組織　　12, 198, 199
5人組　　121, 129〜131

さ行

CSO法　　37〜40, 42, 43, 45〜47, 49, 53, 58, 59, 65〜73, 75, 80, 82, 84〜94, 96〜98, 111, 115, 116, 124, 136
ジェンダー　　24, 41, 81, 82, 84〜86, 92, 95, 116, 123, 137, 221, 223, 243
事業費　　41, 48, 72, 74, 75, 77, 78, 92, 96, 97
自警団（community police）　　246, 247, 252, 254, 256〜258, 268
慈善団体　　27, 39, 40, 47, 48, 67, 163
　エチオピア──　　27, 39, 41, 43, 52, 66, 71, 73, 81, 83, 84, 124, 136
　エチオピア在住──　　27, 39, 43, 45, 47, 48, 53, 66, 71, 73, 81, 95, 111, 113, 114, 136
　外国──　　27, 39, 40, 114, 116
慈善団体・市民団体庁（ChSA：Charities and Societies Agency）　　26, 27, 30, 40, 41, 43, 45, 47, 50, 67, 72, 77, 79, 81, 89, 91, 94, 113, 115
市民社会基金（CSF：Civil Society Fund）　　51, 52
市民団体　　11, 18, 27, 39, 40, 47, 48, 67, 111
　エチオピア──　　27, 39, 40, 41, 43, 47, 50, 52, 95
　エチオピア在住──　　27, 39, 114
住民参加　　145, 186
女性兵士　　116, 122, 123, 125
自立戦略（Self-Reliance Strategy）　　249
人権　　24, 42, 47, 48, 51, 53, 54, 57, 64, 74, 81〜84, 86, 87, 89〜92, 116, 240

273

──アプローチ　　23, 64, 65, 86, 87, 90, 97
　──活動　　42, 43, 49, 53, 74, 83
　──問題　　24, 26, 38, 47, 53, 83, 84, 86, 87, 92
　女性の──　　51, 85, 193
新自由主義　　12, 14
生計支援　　243, 251, 252, 265, 266
聖水　　151, 152, 155, 156, 160, 167, 171, 172, 174〜178
政府系NGO(GONGO)　　11, 22, 26, 50, 52, 95, 105〜108, 112〜116, 136, 140
村落貯蓄貸付組合(VSLA)　　252, 265

た行

地域社会組合　　12, 13, 197, 198
地域社会組織(Community-Based Organization, CBO)　　12, 197, 199, 240, 261

な行

難民居住地(refugee settlement)　　240〜242, 244, 245, 248, 249, 251, 258, 261〜265, 267, 268, 269
ニュー・ポリシー・アジェンダ　　14, 15
農村女性　　118〜120, 122, 123, 125, 126, 133, 134

は行

ベーシック・ニーズ・アプローチ　　64, 65
平和構築　　234〜238, 254
牧畜社会　　201
ボトムアップ・アプローチ　　14

ま行

マイクロファイナンス　　109, 127, 130, 132〜136

ら行

ローカルNGO　　16, 17, 22, 23, 26, 27, 53, 58, 64〜66, 68〜82, 84〜91, 93, 94, 96, 104〜108, 112〜117, 136, 140, 141, 143, 179, 185, 186, 192, 193, 195, 234

執筆者紹介

宮脇　幸生（みやわき　ゆきお）
大阪府立大学大学院人間社会システム科学研究科教授。京都大学大学院文学研究科修士課程修了。博士（人間・環境学）。専門はエチオピアを中心とする文化人類学・比較社会学。著書に『辺境の想像力－エチオピア国家支配に抗する少数民族ホール』（世界思想社、2006年）、『サハラ以南アフリカ』（編著、明石書店、2008年）など。

利根川　佳子（とねがわ　よしこ）
早稲田大学大学院アジア太平洋研究科助教。神戸大学大学院国際協力研究科博士後期課程修了。博士（学術）。在エチオピア日本大使館草の根・人間の安全保障無償資金協力外部委嘱職員、NGO職員等を経て、現職。専門は開発学（市民社会、比較国際教育）。著書に『Analysis of the Relationships between Local Development NGOs and the Communities in Ethiopia: The Case of the Basic Education Sub-Sector』（ユニオンプレス、2014年）。

児玉　由佳（こだま　ゆか）
アジア経済研究所新領域研究センター主任研究員。イースト・アングリア大学開発学部修士課程修了。修士（開発学）。専門はエチオピア地域研究および農村社会学。著書に主著作として、『現代アフリカの土地と権力』（共著、アジア経済研究所、2017年）、『現代エチオピアの女たち－社会変化とジェンダーをめぐる民族誌』（共著、アジア経済研究所、2017年）など。

眞城　百華（まき　ももか）
上智大学総合グローバル学部准教授。津田塾大学大学院国際関係学研究科博士課程単位取得退学。博士（国際関係学）。専門はエチオピア史・アフリカ史・国際関係学。著書に『現代アフリカ社会と国際関係－国際社会学の地平－』（共著、有信堂、2012年）、『現代エチオピアの女たち－社会変化とジェンダーをめぐる民族誌』（共著、明石書店、2017年）など。

松村　圭一郎（まつむら　けいいちろう）
岡山大学大学院社会文化科学研究科准教授。京都大学大学院人間・環境学研究科博士後期課程修了。博士（人間・環境学）。専門は文化人類学・経済人類学。著書に『所有と分配の人類学－エチオピア農村社会の土地と富をめぐる力学』（世界思想社、2008）、『基本の30冊 文化人類学』（人文書院、2011）、『うしろめたさの人類学』（ミシマ社、2017）。

吉田　早悠里（よしだ　さゆり）
　南山大学国際教養学部准教授。名古屋大学大学院文学研究科博士後期課程単位取得退学。博士（文学）。専門は文化人類学。著書に『誰が差別をつくるのか－エチオピアに生きるカファとマンジョの関係誌』（春風社、2014年）、『The state of status groups in Ethiopia: Minorities between marginalization and integration』（共著、Reimer、2018）など。

佐藤　美穂（さとう　みほ）
　長崎大学熱帯医学・グローバルヘルス研究科助教。長崎大学大学院医歯薬学総合研究科博士課程修了。博士（医学）。専門は保健システム研究。大学での教育、研究活動の傍ら、日本の政府開発援助による主にアフリカでの保健プロジェクトに短期専門家として参画している。著書に『国際保健医療学』（共著、杏林書院、2013年）など。

田川　玄（たがわ　げん）
　広島市立大学国際学部教授。一橋大学大学院社会学研究科博士後期課程修了。博士（社会学）。専門は文化人類学。著書に『アフリカの老人－老いの制度と力をめぐる民族誌』（共編著、九州大学出版会、2016年）、『動物殺しの民族誌』（共著、昭和堂、2016年）など。

藤本　武（ふじもと　たけし）
　富山大学人文学部教授。京都大学大学院人間・環境学研究科博士課程単位取得退学。博士（人間・環境学）。専門は文化人類学。著書に『食と農のアフリカ史』（編著、昭和堂、2016年）、『喧嘩から戦争まで』（共著、勉誠出版、2015年）など。

佐川　徹（さがわ　とおる）
　慶應義塾大学文学部助教。京都大学大学院アジア・アフリカ地域研究研究科博士課程修了。博士（地域研究）。専門は人類学、アフリカ地域研究。著書に『暴力と歓待の民族誌－東アフリカ牧畜社会の戦争と平和』（昭和堂、2011年）など。

村橋　勲（むらはし　いさお）
　日本学術振興会特別研究員PD。大阪大学大学院人間科学研究科博士後期課程単位取得退学。修士（人間・環境学）。専門は文化人類学、移民・難民研究。南スーダン、ウガンダを主なフィールドとする。主な業績に『マスメディアとフィールドワーカー』FENICS100万人のフィールドワーカーシリーズ第6巻（共著、古今書院、2017年）など。

OMUPの由来

大阪公立大学共同出版会(略称OMUP)は新たな千年紀のスタートとともに大阪南部に位置する5公立大学、すなわち大阪市立大学、大阪府立大学、大阪女子大学、大阪府立看護大学ならびに大阪府立看護大学医療技術短期大学部を構成する教授を中心に設立された学術出版会である。なお府立関係の大学は2005年4月に統合され、本出版会も大阪市立、大阪府立両大学から構成されることになった。また、2006年からは特定非営利活動法人(NPO)として活動している。

Osaka Municipal Universities Press (OMUP) was established in new millennium as an association for academic publications by professors of five municipal universities, namely Osaka City University, Osaka Prefecture University, Osaka Women's University, Osaka Prefectural College of Nursing and Osaka Prefectural College of Health Sciences that all located in southern part of Osaka. Above prefectural Universities united into OPU on April in 2005. Therefore OMUP is consisted of two Universities, OCU and OPU. OMUP has been renovated to be a non-profit organization in Japan since 2006.

国家支配と民衆の力
── エチオピアにおける国家・NGO・草の根社会 ──

2018年3月20日　初版第1刷発行

編　著	宮脇　幸生
発行者	足立　泰二
発行所	大阪府立大学共同出版会(OMUP) 〒599-8531　大阪府堺市中区学園町1-1 大阪府立大学内 TEL　072(251)6533　FAX　072(254)9539
印刷所	和泉出版印刷株式会社

©2018 by Yukio Miyawaki, Printed in Japan
ISBN978-4-907209-83-4